王新生 主编

社会法学论丛

（2017年卷 总第3卷）

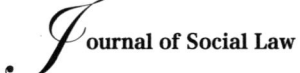
ournal of Social Law

社会科学文献出版社
SOCIAL SCIENCES ACADEMIC PRESS (CHINA)

《社会法学论丛》编委会

本 刊 顾 问：叶静漪　常　凯
编 辑 委 员 会 主 任：谢　勇
编辑委员会副主任：傅如良
编 辑 委 员 会 委 员：（按姓氏笔画排序）
　　　　　　　　　　马长生　王红艳　王新生　田兴洪
　　　　　　　　　　刘文华　刘林平　李　晴　陈　醒
　　　　　　　　　　肖北庚　余卫明　张承安　邹宏如
　　　　　　　　　　庞圣祥　周艳红　胡平仁　胡旭晟
　　　　　　　　　　高中权　卿定文　唐政秋　彭亚东
　　　　　　　　　　傅如良　谢　勇
主　　　　　编：王新生
执 行 编 辑：张敏纯　董　婷　梁　名　唐思佳

卷首语

经过近两年的准备，第 3 卷《社会法学论丛》得以面世。本卷《社会法学论丛》共推出了 5 个栏目，发表了 23 篇学术论文，主要涉及社会法的基础理论及当前社会法领域的热点、难点问题。

"劳动与社会保障制度专题"栏目共发表了 4 篇文章。蒋韬寒撰写的《浅议我国劳动合同试用期的法律制度》一文针对劳动合同实施过程中，用人单位利用试用期制度的缺陷，侵犯劳动者的合法权益的现象，对我国现行试用期的法律进行解读并对其存在的问题进行分析，最终提出完善我国劳动合同试用期法律制度的建议。吴勇、吕丹玉撰写的《第三人侵权责任与工伤保险责任竞合的法律适用及立法完善》一文针对第三人侵权责任与工伤保险责任竞合的现行规定及法律适用困境，从工伤保险立法目的的角度对该问题进行了分析，并提出了立法完善建议：提高立法位阶，至少纳入《工伤保险条例》层面来；明确工伤保险制度目的尤其是工伤保险基金的有效利用这一目的；在我国《工伤保险条例》中明确第三人侵权责任和工伤保险责任竞合的具体处理规则。阳明武撰写的《论我国住房公积金制度的完善》一文梳理了我国住房公积金制度的产生与发展的过程及其存在的缴存差额大、资金闲置多、覆盖面不广、监督乏力等主要问题，提出了完善我国住房公积金制度的建议。唐政秋撰写的《最低生活保障标准及其实施研究》一文展现了我国最低生活保障标准的演变过程，指出了《社会救助暂行办法》颁布之前最低生活保障标准存在的主要问题，并就该办法对最低生活保障标准的继承与完善进行了分析，最后提出有效实施我国最低生活保障标准的建议。

"劳动者权利保护专题"栏目共发表了5篇文章。王霞、付丹撰写的《基层群众自治组织工作人员职业伤害救济制度研究》一文从具体案例出发,针对基层群众自治组织法律地位不清晰、其工作人员职业伤害救济在理论与实践中存在诸多争议等问题,提出要运用劳动关系理论对现有制度进行完善,把基层群众自治组织工作人员职业伤害纳入工伤保险制度体系。王红艳、唐思佳撰写的《加班制度下的"过劳死"问题》一文从"过劳死"的成因、司法实践的处理以及法律规制三个方面进行分析,提出三个对策:规制加班制度;将"过劳死"认定为工伤;加强实践中的具体维权。徐莉、陈怡灵撰写的《中国涉外劳工权利保护研究》一文针对我国海外劳工权益受损问题,通过对我国相关现行法律规范和国外法制进行评析,提出要从国内法制和国际法制两方面入手完善海外劳工权利保护机制。王译曼、梁名、李睿周撰写的《农民工权益的劳动诉讼保障机制研究》一文指出农民工权益的劳动诉讼保障机制仍存在着农民工劳动关系未厘清、行政程序与司法程序相交叉的问题,对此应当从立法、制度和农民工自身法律知识层面完善农民工权益的劳动诉讼保障机制,以达到保障农民工权益的应有之效。高中权、王艺霖、熊亚云撰写的《论二孩政策背景下女性劳动就业权的保障》一文通过对二孩政策对女性劳动就业权产生的负面影响及其原因的分析,提出女性劳动就业保障的对策:促进《反就业歧视法》的出台,设立专门的保护女性平等就业与职业权益的机构,完善生育保险制度以及建立就业歧视奖惩制度。

"海外建设工程劳务用工专题"栏目共发表了2篇文章。杜卫红、胡骜撰写的《境外工程劳务派遣问题研究》一文针对目前境外中资企业劳务派遣过程中存在的输入国市场准入限制、境外工程劳务派遣合同的签订和履行等法律问题,提出了解决境外工程劳务派遣问题的法律措施:立法层面制定专门性法律,完善管理体制以及规范劳务市场。王新生、谭雨燕撰写的《海外建设工程劳务用工法律问题探析——以缅甸某电厂建设工程为例》一文分析了海外工程建设劳务用工的主要问题及其原因,基于中国企业在缅甸某电厂工程建设的具体案例分析,提出了海外建设工程劳务用工冲突的解决机制：根据国际法原则解决问题，依照两国间的国际条约或者共同国际组织相关规定解决劳务矛盾，扩展海外派遣劳动者维权的救济途径以及积极借鉴他国劳务用工纠纷解决经验。

"社会治理机制研究专题"栏目共发表了5篇文章。唐琼、禹航撰写的《国内外新型城镇化进程中的"城中村"治理实践研究》一文从"新型城镇化"、"城中村"概念出发，结合国外自主性居住区及国内广州珠海的改造经验，联系社会实际，提出以"三赢"为目标、及早规划城市建设和增强城市包容性这三个"城中村"改造建议。张承安、李浩撰写的《社区治理法治化：社区共同体建设的根本出路》一文通过指出社区共同体建设法治化的现实困境，提出了社区共同体建设法治化应坚持的原则，以及社区共同体建设法治化的路径：明确社区主体的法律地位、完善社区法律体系、增强社区居民的法律意识和提升社区治理法治化能力。艾超、王建剑撰写的《社会工作组织管理机制研究——基于行政立法监督视角》一文指出了社会工作组织在自我管理、政府管理等监督管理活动中的漏洞，通过使用数据分析法、小范围的访谈法以及典型现象观察法等实证研究方法，提出了社会工作组织管理的法律建议。田兴洪、尤金亮、郭健撰写的《论我国社区矫正的经费保障》一文针对目前我国社区矫正经费保障存在的经费保障不到位、相关制度不健全等问题，通过借鉴国外社区矫正经费保障经验，提出我国社区矫正经费保障需要从加快社区矫正经费保障立法、建立全额的动态增长的社区矫正经费保障机制、构建社区矫正经费保障中央和省级财政分级负担体制、设立社区矫正专项建设基金、加大社区矫正基层基础建设保障力度、完善现行社区矫正经费划拨制度等方面加以完善。屈振辉撰写的《我国社会工作立法相关问题研究》一文主要围绕我国社会工作立法展开。首先，指出了社会工作立法对和谐社会建设的意义。其次，对社会工作立法性质进行理论探讨，认为新时期我国的社会工作立法应属社会立法。再次，探讨了中国社会工作立法的主要生成途径，有借鉴和移植国外社会工作立法、"伦理法律化"以及"政策法律化"三种形式。最后，对未来我国社会工作立法提出了三个方面的预想。

"风险社会及其他问题研究"栏目发表了 7 篇文章。申纯撰写的《论"风险社会"与"社会风险"的刑法应对》一文认为尽管源于社会学的"风险社会"理论对刑法学的基础理论产生了较大冲击,但在当前中国,所谓的"风险社会"并未到来。刑法面临不断增加的"社会风险",应坚持有所为有所不为。对于传统的社会风险,应当在坚守刑法的基本立场和基本原则的基础上,积极予以应对;而对于现代科技进步所带来的现代性风险,应保持刑法的消极保守立场,防止刑事法网的不恰当扩张。戴谋富、李玉林撰写的《物业管理法律问题研究》一文针对我国物业管理存在的问题,通过借鉴境外先进的物业管理立法模式,在立法和具体执行方面提出了相应的完善建议。陈淑芬、王颖撰写的《新环保法下湘江流域环境保护法律机制研究》一文从生态环境退化、环境事故多发、环境诉求强烈、环境压力加大四个方面剖析了湘江环保问题的趋向,从明确政府的环境责任、解决违法成本过低的问题等四个方面解读了新环境保护法,剖析新环保法存在的问题并提出相应完善对策,最后以此为基础对湘江环境保护法制建设进行了探讨。乔英武、李娟、吴一冉撰写的《论损害额认定制度在环境公益诉讼中的确立与完善——基于全国首起检察机关提起的环境民事公益诉讼案的实证分析》一文以首起宣判的检察机关提起的环境民事公益诉讼案件作为实证分析的基础,首次提出在环境民事公益诉讼领域确立损害额认定制度。在针对司法实践中的适用问题并参考国内外立法实践的基础上,进行了损害额认定制度的具体构建,包括其适用的原则、范围及所需考量的因素。易顶强、杨柳独秀撰写的《"小官巨贪"的整治研究》一文以某些村干部以权谋私、欺上瞒下、化公为私、优亲厚友、贪污受贿、权钱交易等腐败问题为研究对象,通过总结"小官巨贪"的表现特征、形成原因,对这一问题的治理提出了几点应对之策。熊世遥撰写的《论 P2P 网络借贷政府监管制度的构建》一文针对我国 P2P 网络借贷发展现状及存在的法律、道德、政府监管问题,通过借鉴国外政府监管经验,提出构建我国 P2P 网络借贷政府监管制度的建议。张敏纯、王悦、董婷撰写的《网络预约出租车法律规制分析》一文分析了政府对于网约车的规制现状并对其规制主体、规制必要性和适度性方面进行了法律分析，指出了对于网约车当前立法规制的不足，并提出完善相应行政法规、健全行政部门监管体制和健全网约车平台安全管理体系的法律完善建议。

目 录 CONTENTS

劳动与社会保障制度专题

浅议我国劳动合同试用期的法律制度 …………………… 蒋韶寒 / 3
第三人侵权责任与工伤保险责任竞合的法律
　　适用及立法完善 …………………………… 吴　勇　吕丹玉 / 17
论我国住房公积金制度的完善 ……………………………… 阳明武 / 31
最低生活保障标准及其实施研究 …………………………… 唐政秋 / 44

劳动者权利保护专题

基层群众自治组织工作人员职业伤害
　　救济制度研究 ……………………………… 王　霞　付　丹 / 57
加班制度下的"过劳死"问题 ……………………… 王红艳　唐思佳 / 70
中国涉外劳工权利保护研究 ………………………… 徐　莉　陈怡灵 / 80
农民工权益的劳动诉讼保障机制研究 …… 王译曼　梁　名　李睿周 / 97
论二孩政策背景下女性劳动
　　就业权的保障 …………………… 高中权　王艺霖　熊亚云 / 112

海外建设工程劳务用工专题

境外工程劳务派遣问题研究 ……………………… 杜卫红　胡　鹜 / 127
海外建设工程劳务用工法律问题探析
　　——以缅甸某电厂建设工程为例 ………… 王新生　谭雨燕 / 136

社会治理机制研究专题

国内外新型城镇化进程中的"城中村"治理
  实践研究 ·················· 唐　琼　禹　航 / 153
社区治理法治化：社区共同体建设的根本出路 ··· 张承安　李　浩 / 164
社会工作组织管理机制研究
  ——基于行政立法监督视角 ········· 艾　超　王建剑 / 175
论我国社区矫正的经费保障 ·········· 田兴洪　尤金亮　郭　健 / 190
我国社会工作立法相关问题研究 ················ 屈振辉 / 205

风险社会及其他问题研究

论"风险社会"与"社会风险"的刑法应对 ············ 申　纯 / 233
物业管理法律问题研究 ················· 戴谋富　李玉林 / 245
新环保法下湘江流域环境保护法律机制研究 ······ 陈淑芬　王　颖 / 257
论损害额认定制度在环境公益诉讼中的确立与完善
  ——基于全国首起检察机关提起的环境民事公益
  诉讼案的实证分析 ········· 乔英武　李　娟　吴一冉 / 268
"小官巨贪"的整治研究 ················ 易顶强　杨柳独秀 / 285
论 P2P 网络借贷政府监管制度的构建 ·········· 熊世遥　易顶强 / 294
网络预约出租车法律规制分析 ········· 张敏纯　王　悦　董　婷 / 308

劳动与社会保障
制度专题

浅议我国劳动合同试用期的法律制度

蒋韶寒[*]

摘 要：劳动合同试用期作为劳动合同存续期间的一个特殊阶段，对规范劳动关系中当事人双方权利和义务具有重要的意义。然而在劳动合同实施过程中，用人单位利用试用期制度的缺陷，侵犯劳动者的合法权益的现象较为普遍，且较为复杂。因此规范劳动合同试用期法律制度对劳动者权利的保护是必要的。本文首先阐述了试用期的概念及意义，然后对我国现行试用期的法律进行解读，对存在问题进行分析，最终提出完善我国劳动合同试用期法律制度的建议。本文的观点独辟蹊径，并对劳动合同试用期法律的制定与完善提供了参考意见，具有较强的现实意义。

关键词：劳动合同；试用期；劳动关系；《劳动合同法》

一 试用期的概述

劳动者一般处于劳动关系的弱势地位，因此在《劳动法》中体现的立法精神是对劳动者的倾斜保护。其中，劳动合同试用期作为劳动法律的一项特殊专有的制度，在保护用人单位和劳动者双方的合法权益上都能起到积极的作用。

何为"试用期"，学术界对其解释不一。首先，《汉语大辞典》对

---

[*] 蒋韶寒，女，湖南永州人，桂林电子科技大学信息科技学院专任教师，主要从事经济法学、劳动法学研究。

"试用"的定义是"使某人受到一段时期的检验或试工以便能确定这人是否适合于做某事"。因此"试用期"即指上述试用所发生的期间。其次,有些学者认为,"劳动合同的试用期是当事人双方在合同中约定的试用工作的期限,即指用人单位和劳动者为相互了解、选择而约定的一定期限的考察期"①。再次,还有这样一种观点,"劳动合同试用期,是劳动关系当事人双方建立劳动关系时,依照法律规定,在平等自愿、协商一致的基础上订立劳动合同的同时,在劳动合同期限之内特别约定的一个供当事人双方互相考察的、合同解除条件亦无严格限制的期间"②。

关于试用期,我国法律并无明确之定义。我国于1994年的《劳动法》中首次确定了试用期制度,《劳动法》第21条规定:"劳动合同可以约定试用期。试用期最长不得超过6个月。"2007年6月29日,第十届全国人民代表大会常务委员会第二十八次会议通过的《中华人民共和国劳动合同法》(以下简称《劳动合同法》),对于试用期制度的规定相对《劳动法》而言更加详细与完善,但是仍未给出试用期的明确规范的定义。但在劳动部办公厅对《关于劳动用工管理有关问题的请示》的复函中有如此描述:试用期是用人单位和劳动者建立劳动关系后为相互了解、选择而约定的不超过6个月的考察期。该项表述明确而完整,应为我国法律上对试用期的定义。本文所指试用期便采取上述观点。

从前文所述的各项观点及法律法规中可以看出,劳动合同试用期制度是当事人实现双向选择的过程,有利于劳动合同的双方当事人。一方面,对用人单位来说,直接招聘劳动者存在风险及不确定性,不能全面地了解劳动者的个人素质,也不能判断该劳动者是否符合用人单位的需求。在劳动合同试用期,用人单位可以通过劳动者的具体表现,对其各项能力进行充分考察与评估,判断劳动者对用人单位的合适性。且试用期阶段通常工资较低,对于用人单位来说也是极为节省成本的。另一方

---

① 郑尚元:《劳动合同法的制度与理念》,中国政法大学出版社,2008,第195页。
② 石先广:《劳动合同法下的员工关系管理》,中国劳动社会保障出版社,2008,第225页。

面，对于劳动者，在劳动合同试用期可充分了解及熟悉工作环境、工作内容等各项制度，并可做出是否有兴趣长期从事此项工作的二次选择。若不合适，也不会因为解除合同而付出昂贵的代价。因此，试用期是立法者考虑劳动合同当事人双方的利益而产生的一项合理制度。但是在实践中，法律本身存在的缺陷以及劳动关系的复杂性，使得劳动合同试用期的纠纷也出现了较为复杂的状况。因此，如何通过法律的规制及完善确保试用期制度在保护劳动合同双方当事人权利的层面上最大程度地发挥作用，是我们需要考虑及研究的。

二　我国劳动合同试用期制度的立法现状

纵观我国《劳动合同法》，关于试用期的条款共有 8 条，分别是第 17 条、第 19 条、第 20 条、第 21 条、第 37 条、第 39 条、第 70 条和第 83 条，主要涵盖了试用期的适用规则、期限、劳动者待遇、试用期劳动合同解除及经济赔偿金等方面，下文将根据这几个方面进行详细论述。

（一）劳动合同试用期的适用规则

我国《劳动合同法》第 17 条规定，"劳动合同除前款规定的必备条款外，用人单位与劳动者可以约定试用期、培训、保守秘密、补充保险和福利待遇等其他事项"。由规定可以看出劳动者与用人单位可以自行协商，约定试用期，而试用期不是法律规定的必要事项，只有双方同时接受和认可，试用期才具有法律效力。同时为了保护弱势的劳动者，《劳动合同法》第 19 条和第 70 条分别规定："以完成一定工作任务为期限的劳动合同或者劳动合同期限不满三个月的，不得约定试用期"；"非全日制用工双方当事人不得约定试用期"。非全日制用工的特殊性就在于劳动关系的不确定性和间歇性，非全日制员工只是为了完成某一时期的特定任务，并且他们的工资相对于正式员工通常较低，因此不适宜对其约定试用期。

(二) 试用期的期限规定

我国《劳动合同法》第 19 条对试用期的期限进行了规定。我国的试用期的期限与劳动合同期限相结合，根据劳动合同期限的不同对试用期期限进行划分，共有三个档次，具体来说：劳动合同期限三个月以上不满一年的，试用期不得超过一个月；劳动合同期限一年以上不满三年的，试用期不得超过二个月；三年以上固定期限和无固定期限的劳动合同，试用期不得超过六个月。

详细的期限规定，限制了用人单位随意延长试用期限的行为，有效防止了用人单位违法设立较长的试用期或者擅自延长试用期的行为，从法律上保障劳动者的合法权限。此外，《劳动合同法》还规定了试用期必须包含在劳动合同期限内，有利于保障劳动者的福利以及试用期满后的相关权益。

(三) 试用期的待遇

《劳动合同法》第 20 条规定"劳动者在试用期的工资不得低于本单位相同岗位最低档工资或者劳动合同约定工资的百分之八十，并不得低于用人单位所在地的最低工资标准"。关于该条款中"或者"的歧义，《劳动合同法实施条例》第 15 条对该条条款进行了明确，"劳动者在试用期的工资不得低于本单位相同岗位最低档工资的 80% 或者不得低于劳动合同约定工资的 80%，并不得低于用人单位所在地的最低工资标准"①。从以上表述来看，试用期的待遇受两个条件限制，一个是选择性条件，两个 80% 可任取其一；还有一个限制性指标，即不得低于当地的最低工资标准，该项为试用期工资待遇的底线。

在社会保险方面，《劳动合同法》第 17 条明确规定社会保险为劳动合同必不可少的条款。只要建立了劳动关系就必须缴纳社会保险费，即

---

① 王志强：《论超长试用期的法律效力》，《经济师》2011 年第 1 期。

用人单位自用工之日起需为员工缴纳社会保险的原则。

(四) 试用期劳动合同解除以及经济赔偿金

对于用人单位的单方解除合同的条件,《劳动合同法》第 21 条、第 39 条及第 40 条进行了详细的描述,具体而言分别为:劳动者在试用期间被证明不符合录用条件、劳动者有严重过错、劳动者患病或者非因工负伤、劳动者不能胜任工作等。其中患病或非因工负伤解除合同的前提是医疗期满。对于试用期劳动者单方解除的条件,《劳动合同法》第 37 条指出,试用期内劳动者可以随时提前三日通知用人单位,立即解除劳动合同。通过这一表述不难看出,试用期劳动者的单方面解除劳动合同,与用人单位的单方面解除相比,具有较为宽松的外部环境,这也是立法倾向保护劳动者的一个体现。[①]

在实践中,很多用人单位认为试用期内与劳动者形成的劳动关系不正式。故存在着试用期随意和劳动者解除合同的情形,这种行为是违反法律的,若违法则需承担相应的法律责任。

若属于《劳动合同法》第 36 条协商一致解除劳动合同,不需要经济补偿金。若属于第 38 条规定解除合同的,则用人单位需支付补偿金。若属于第 39 条规定的六种情形之一解除劳动合同的,无需支付补偿金。若用人单位依据第 40 条第 1 项、第 2 项规定解除劳动合同的,用人单位需要支付劳动者经济赔偿金。

(五) 违反约定试用期的法律责任

对于违反约定试用期的法律责任追究,在我国《劳动合同法》第 83 条规定如下:"用人单位违反本法规定与劳动者约定试用期的,由劳动行政部门责令改正;违法约定的试用期已经履行的,由用人单位以劳动者试用期满月工资为标准,按已经履行的超过法定试用期的期间向劳动者

---

① 陈海挑、石顺光:《"试用期"质疑——我国现行试用期制度之批判》,《私法研究》2011 年第 2 期。

支付赔偿金。"因此违反约定试用期主要有三种情况：①不得约定试用期而违法约定的；②只约定试用期没约定劳动合同期限；③超过法律规定的最长试用期期限。依据《劳动合同法》，上述情况约定的试用期无效，用人单位需要支付劳动报酬或赔偿金。

三 我国劳动合同试用期法律制度存在的问题

（一）试用期内工资待遇问题

《劳动合同法》规定的试用期最低工资待遇的保障制度，有效地保障了劳动者的合法权益。该制度的贯彻执行，最大的好处就是能够帮助劳动者维持个人以及家庭的基本生活。但是在具体实践中，用人单位通过封闭消息、曲解政策等手段，试图将试用期员工的工资收入控制到最低工资水平之下，剥夺劳动者的合法权益。这显然违反了《劳动合同法》保护劳动者的初衷。[①] 举个例子，若某单位和劳动者约定在合同试用期满后的工资为2000元，当地的最低工资水平为1800元。试用期工资为合同期满后工资的80%，这样试用期工资即为1600元。在这个例子中，约定的工资即是违法的，违反了当地的工资标准。此案例中，用人单位需要在原来的基础上每月补差价200元。上述情况在以农民工等外来务工者为主的企业单位中较为突出，由于外来务工者自身文化水平有限，并且缺乏对当地的劳动保障制度的了解，在合同的签订中往往处于被动地位，其应有的劳动合法权益无法得到有效保障。

除工资外，对于社会保险等福利待遇，《劳动合同法》第17条明确规定社会保险为劳动合同必不可少的条款。但有些单位以员工处于试用期为借口，不为其办理社会保险，或者用商业保险"移花接木"替代社会保险，企图获得"廉价短工"，而劳动者缺乏相应的法律知识，导致自

---

① 尹明生：《劳动合同试用期制度之改善探析——以促进就业为视角》，《中国劳动》2015年第6期。

己的合法权益受到侵害。①

此外，关于社保的问题，还有一种情况比较容易产生纠纷，即试用期中医疗期的执行问题。在实践中，劳动者经常会遇到在试用期中生病住院，之后便被用人单位以"不符合录用条件"为由辞退的情况。由于缺乏对法律的了解，多数劳动者碰到上述情况，只能被动接受。但是，根据《企业职工患病或非因工负伤医疗期规定》的相关描述，医疗期是指企业职工因患病或非因工负伤停止工作治病休息，但不得解除劳动合同的期限。至于医疗期的长度与劳动合同签订的长短有关系。一般情况下，若职工签订的劳动合同为五年以下的，医疗期为三个月。《劳动合同法》第 42 条第 3 项规定：劳动者有下列情形之一的，用人单位不得依照本法第四十条、第四十一条的规定解除劳动合同：患病或者非因工负伤，在规定的医疗期内的。试用期员工均适用于该种情况。根据相关规定和《劳动合同法》，在试用期的劳动者应该享受三个月的医疗期，用人单位不得以任何理由解雇劳动者，终止劳动合同。但是在实践中，医疗期和试用期相遇时，会有以下几种情况发生。

1. 医疗期未满劳动者康复并可以继续工作

这种情况劳动者完全可以继续上班，但是在试用期内存在劳动者的医疗期，这段时间内劳动者是无法正常工作的。用人单位也可能不能准确判断劳动者是否适合本单位，但是依据《劳动合同法》第 40 条："劳动者不能胜任工作，经过培训或者调整工作岗位，仍不能胜任工作的"，这种情况可以正常解雇劳动者，而不需要付法律赔偿。但是此时用人单位要明确劳动者是否真的不能胜任工作，不能随意将其辞退。

2. 医疗期和试用期同时结束，并且劳动者可继续工作

此时形式上，劳动者通过了试用期，但是实质上却没有。因为和上一种情况类似，劳动者由于医疗期无法工作，用人单位无法对其能否胜

---

① 董保华：《名案背后的劳动法思考》，法律出版社，2012，第 96 页。

任该工作作出有效评价。因此要是不分青红皂白录用劳动者,这对用人单位也不公平。此时用人单位可利用明确的公司章程,确定不符合录用条件的具体条款,若两者同时结束时,在劳动者不符合录用条件的情况下,用人单位完全可以正常解雇劳动者。

3. 医疗期结束时,劳动者仍未康复

此时情形较为简单,根据《劳动合同法》第40条以及第41条可解雇劳动者。

(二) 试用期只能约定一次

《劳动合同法》第19条规定"同一用人单位与同一劳动者只能约定一次试用期"。该条的设立,也是为了防止用人单位招用劳动者反复试用,损害劳动者权利。但是这种"一刀切"的做法值得商榷。如果同一劳动者被同一单位再次招用,而且工作性质和岗位与原岗位相同或近似,则没必要再次约定试用期。

如果同一劳动者再次被同一单位招用,但是这一次劳动者面对的是不同的岗位和工作性质,与原先的工作存在区别,那么,这种情况很有必要设定试用期。这是由于同一劳动者虽在同一单位,但是面对不同的岗位可能业务不熟悉,技能不熟练,再次的试用期可以让用人单位判定劳动者是否满足职位需求,劳动者也可以判断该项新工作是否适合自己。①

(三) 试用期延长或缩短的合法性

《劳动合同法》第19条规定"同一用人单位与同一劳动者只能约定一次试用期"。那么初次约定试用期后,是否可以对试用期进行延长或者缩短,法律中对此倒无明文规定。实践中,不少用人单位通过各种借口延长劳动合同试用期,这明显损害了劳动者的合法权益。因此明确试用

---

① 高大慧:《关于劳动合同试用期的若干问题》,《北京市工会干部学院学报》2007年第3期。

期延长或缩短的法律制度对保护劳动者具有积极的意义。

有的学者认为，如果双方约定的试用期并未达到法律规定的范围上限，且劳动者还处在试用期内，用人单位若想延长试用期，只要与劳动者协商一致，且不超过对应的法律上限，即为有效。但是另一部分学者认为，《劳动合同法》已经明确规定同一用人单位与同一劳动者只能约定一次试用期，若再次约定试用期，即使法律上限没达到，但仍属于二次约定，已经违反了《劳动合同法》，因此不能延长试用期，否则用人单位需要承担法律责任。

相比较于延长试用期，缩短试用期则能使劳动者较早地享受正式员工的工资待遇，对劳动者的积极因素明显多于消极因素，因此较为赞成缩短试用期的做法。

能否延长或缩短试用期给实践中的双方当事人带来了较大的困扰，而有些强势用人单位存在长期使用廉价劳动者的嫌疑，肆无忌惮地延长试用期，侵犯劳动者合法权益，因此亟须明确在试用期长度制定上的规定。

（四）试用期间"不符合录用条件"缺乏明确标准

《劳动合同法》第 39 条规定，劳动者在试用期内被证明不符合录用条件的，用人单位可以解除劳动合同。

但"不符合录用条件"这一条规定较为抽象和宽泛，相关的法律和司法解释都没有明确的界定，这样，在实际操作中仅由用人单位来决定，这极有可能会对劳动者权益造成伤害。因此需要在各公司规章制度中对"不符合录用条件"这一项进行细化。

（五）违反约定试用期法律后果的问题

《劳动合同法》第 83 条规定"用人单位违反本法规定与劳动者约定试用期的，由劳动行政部门责令改正；违法约定的试用期已经履行的，由用人单位以劳动者试用期满月工资为标准，按已经履行的超过法定试用期的期间向劳动者支付赔偿金。"虽然,该项法律对试用期劳动者的法律保护给出了详细的规定,避免了"空头支票"的出现,但是,该项表述仍存在缺陷:没有规定试用期工资约定不合法与用人单位违反本法规定和劳动者约定试用期发生竞合的具体处理办法。也就是说,若试用期约定的工资远低于法定标准,以满月工资为标准向劳动者支付赔偿金会继续损害劳动者的权益,不能使劳动者因利益受到侵犯而得到合情合理的赔偿。①

四 完善我国劳动合同试用期法律制度的建议

(一) 健全劳动合同试用期劳动者权利保障机制

为解决用人单位可能对试用期劳动者权利造成侵害的问题,如随意辞退员工、不为员工办理社会保险、工资待遇不合理等现象,造成试用期成为"白用期"、"廉价期",除了完善立法外,严格执法也具有重要的意义。因此,提出以下几点建议。

第一,政府部门应通过各种方式加大对《劳动法》、《劳动合同法》、《劳动合同法实施条例》的宣传力度,改变用人单位对规范工作的法律意识淡薄、劳动者法律知识欠缺和维权能力弱的现状,使劳动者可以利用法律制度来维护自己切身利益,并且使用人单位能知法守法。

第二,行政监察部门应加大监察力度,严格依法对用人单位的行为进行监督检查,对损害劳动者合法权益的行为加以制止、整改及处罚。

第三,司法部门对于试用期劳动纠纷,应严格按照事实证据,以法律为原则,正确处理相关的案件,维护试用期劳动者的合法权益。

除此之外,我国立法部门应该加强解雇保护制度的建设,加强对劳动关系中的弱势群体——劳动者的保护。

---

① 丁海防:《论"试用期"条款的理解和适用》,《安徽工业大学学报》(社会科学版) 2009 年第 3 期。

（二）试用期约定次数的确定

我国原劳动部（现人力资源和社会保障部）《关于实行劳动合同制度若干问题的通知》第4条规定："用人单位对工作岗位没有发生变化的同一劳动者只能试用一次"。这一规定较为合理，原劳动部的规定充分考虑了在劳动合同履行的过程中，工作岗位发生变动的可能。因此，劳动立法应该对试用期的约定次数，根据工作岗位的变化，重新作出规定：一方面对于劳动者在同一用人单位的工作岗位未发生变化时，当事人双方只能约定一次试用期；另一方面，对于劳动者在同一用人单位的工作岗位出现重大调整、岗位性质发生重大变化时，结合该岗位对劳动者综合素质的要求，确有必要对劳动者进行考验的，当事人双方之间可以再次约定试用期。[①] 由此既可以避免用人单位和劳动者多次反复约定试用期的违法现象发生，又能满足劳动者重新上岗的试用需求。

（三）合理把握延长和缩短试用期的条件

延长试用期是否合法的关键焦点在于对约定试用期这一行为的含义界定。认为可变更试用期的，是主张延长不属于约定的范畴，另一方却认为延长属于约定方式当中的一种。但是合法延长试用期关键要把握两个原则：一是延长后的总期限不得超过法律规定的上限，此为底线；二是在此前提下，只要是双方自愿协商的，法律就应该鼓励并给予相应的保护。

因此，对原试用期的延长，其仅仅属于对原来试用期限的一次更正，而非第二次约定，不违反《劳动合同法》只能约定一次的规定。同时，试用期是劳动合同的重要组成部分，若用人单位需要延长试用期，只要获得劳动者的同意，并且没有超过合法试用期约定的上限，就应该受到法律的保护。

---

① 李俊武：《浅析劳动合同试用期相关立法的完善》，《法制与经济》2012年第2期。

而缩短试用期虽然争议较小，但是要给劳动者提前转正，用人单位仍需征得劳动者的同意，需要双方协商一致，才可以进行试用期的缩短。

（四）建立完备的试用期考核机制

录用条件在用人单位单方面解除试用期劳动合同中占据关键地位，明确录用标准并建立完备的考核机制则十分重要，这样才能最大程度减少用人单位单方面过于主观地以"试用期不符合录用条件"为由辞退劳动者的现象。

录用条件是用人单位根据岗位的特定需求而设立的一系列需要劳动者达到的标准。对于标准涉及的具体要素，包括学历、年龄、特长、岗位要求等硬性条件，从加强对员工的科学化管理角度来看，用人单位应该及早制定一套完备的录用条件。

首先，在法律层面上，应明确法律条文中"录用条件"的司法解释，对录用条件进行界定，让标准的制定有法可依。在实践中，可对现有的一些零散的录用条件进行梳理汇总，形成一个相对规范统一的指导性框架，并加以立法明确。[①]

从宏观方面，录用条件可从岗位职责及劳动者自身情况考虑。录用条件体现的是用人单位对人才的需求，因此无需和劳动者进行协商，只需按照用人单位的实际需求，自行确定。虽然录用条件由用人单位单方面确定，但是仍不能侵犯劳动者合法权益，不能违反法律规定，如劳动者性别及劳动者婚姻、怀孕状况等条件不能作为录用该劳动者的评价标准。

其次，因为录用条件和用人单位的岗位设置有着密切的关系，所以用人单位应及早制定一套完备的录用条件细则或标准，并公示。录用条件一旦确定，必须通过直接公开的方式进行告知，目的即是让每一个劳动者都能清晰地了解单位对其各个方面的条件和能力的要求，使他们对

---

① 王林清、崔文举：《劳动合同试用期司法实务问题》，《人民司法》2010年第23期。

自己有一个合理的定位。这样制度的设立，也有利于员工清晰地认识自身的缺陷和不足，并在以后试用期期间不断地加以改进和提高，以尽快满足单位用人要求。因此实行事先公示，有利于加强对员工的管理。

最后，为了尽可能地减少劳动纠纷，在实践中需要注意以下细节。

第一，向劳动者说明录用条件时，做到书面告知与口头告知相结合，并保存相关资料。

第二，用人单位若想解雇劳动者，需要在试用期内完成，否则试用期满，无法以"不符合录用条件"为由解除劳动合同。

第三，解除说明需要证明劳动者不符合录用条件的原因与岗位有一定关联性，而不能因为劳动者个人的表现不当便认为其不符合录用条件。

第四，解除说明尽量采用书面形式，劳动者需当面确认。

（五）违反约定试用期法律后果的法规细化

明确试用期工资约定不合法与用人单位违反《劳动合同法》规定和劳动者约定试用期发生竞合的具体处理办法。此时应该由仲裁机构或法院对试用期合法最低的工资水平进行重新核算，然后按照合法的工资标准对劳动者进行赔偿，同时鉴于用人单位的违法行为，应该按照最低工资标准再次进行补偿，即合法权益受到损害的劳动者可以获得双倍工资的赔偿。

On the Legal System of Probation Period of Labor Contract in China

Jiang Shaohan

Abstract: The trial period which as a special stage of labor contracts, has a great significance to regulate labor relations in the rights and obligations of both parties. However, in the process of implementation of the contract labor, employers take advantage of flaws in the trial period system, the phenomenon of infringement of the lawful rights of workers is relatively common and complex. So, it's necessary to standardize labor contract probation legal system to protect workers' rights. First, this paper describes the concept and significance of the trial period. And then, the paper interpret the legal system of current trial period in our country, and analysis the existing problems. At last, the paper give advice to perfecting our country's legal system of labor contact trial period. This paper has a special point of view, and has a strong practical significance.

Keywords: Labor contract; Trial period; Labor relations; Labor contract law

第三人侵权责任与工伤保险责任竞合的法律适用及立法完善

吴 勇 吕丹玉[*]

摘 要：随着我国工业化进程的不断发展，工伤事故频频发生。在实践中，第三人侵权造成的工伤事故处理在理论界和实务界一直都有很大的争议。最高人民法院《关于审理工伤保险行政案件若干问题的规定》第八条部分解决了这些争议，但仍旧存在很大的问题。为了平衡劳动者、用人单位、侵权行为人和社保机构之间多方的利益，有必要提高解决该问题的立法位阶，进一步明确工伤保险制度的立法目的，并在立法中明确相应的处理机制，在制度设计中坚持改良的"补充模式"和"替代加补充模式"的立法思路。

关键词：第三人侵权；工伤保险；责任竞合

第三人侵权责任与工伤保险责任的竞合，是基于第三人侵权导致劳动者受工伤这一法律事实的出现，可以同时适用劳动法和民法两个部门法来进行处理，形成了适用法律条文的竞合。劳动法和民法分别从工伤保险关系的角度和工业事故无过错责任特殊侵权行为的角度对工伤事故加以规范，构成了工伤事故这一法律关系的双重性质。它既属于特殊侵

---

[*] 吴勇，湖南慈利人，湘潭大学法学院教授，研究方向为经济法；吕丹玉，湖南湘乡人，湘潭大学法学院研究生，研究方向为经济法。

权行为，又属于工伤保险。这种竞合是两个基本法的法规竞合。① 按第三人身份的不同，第三人侵权责任和工伤保险责任竞合可以分为两种类型：一是本单位以外的第三人侵权损害赔偿责任与工伤保险赔偿责任的竞合，二是本单位内的第三人侵权损害赔偿责任与工伤保险赔偿责任的竞合。这里的本单位第三人侵权既包括单位内的其他劳动者因执行职务而造成劳动者受到人身伤害的情形，也包括用人单位内部非自然人造成劳动者受伤的情形。

在实践中，第三人侵权行为而导致的工伤事故时有发生，而我国现行立法对此却并无系统规定，导致在实务上处理此类案件时出现同案不同判的情形，使得劳动者、用人单位、侵权行为人和社保机构之间的权利义务关系无法得到稳定的配置。理论界对第三人侵权责任与工伤保险责任竞合该采取何种解决模式也存在较大争议。② 本文试图从工伤保险立法目的的角度对该问题进行分析，并在此基础上作出制度设计，以期能对我国相关立法的完善有所裨益。

一 第三人侵权责任与工伤保险责任竞合的现行规定及法律适用困境

（一）现行规定

目前有关第三人侵权责任与工伤保险责任竞合的规定散见于我国不同位阶的劳动立法中。在法律层面，我国《社会保险法》第四十二条③对

---

① 杨立新：《工伤事故的责任认定和法律适用（上）》，《法律适用》2003年第10期。
② 张新宝教授的《工伤保险赔偿请求权与普通人身损害赔偿请求权的关系》（《中国法学》2007年第2期）主张"采用替代模式辅之以特别情形下的选择模式"；秦艳华等的《第三人侵权引起工伤的法律适用问题辨析》（《山东审判》2005年第5期）主张"实行兼得/累加模式取代现行的补充模式"；吕琳的《工伤保险与民事赔偿适用关系研究》（《法商研究》2003年第3期）认为"采用'补充'模式不失为合理的选择"。
③ 《社会保险法》第四十二条："由于第三人的原因造成工伤，第三人不支付工伤医疗费用或者无法确定第三人的，由工伤保险基金先行支付。工伤保险基金先行支付后，有权向第三人追偿。"

第三人侵权责任与工伤保险责任竞合的法律适用及立法完善

第三人侵权与工伤保险赔偿竞合问题重点规定了"医疗费用"可由工伤保险先行赔偿，之后社保机构享有针对第三人的代位求偿权。该规定使劳动者在医疗费上得到了保障。这采取的是选择模式。[①] 除此之外，《职业病防治法》第五十九条[②]以及《安全生产法》第五十三条[③]也对该问题做了规定，这两个法律明确地规定了劳动者在受到工伤时可以同时获得工伤保险赔偿和侵权损害赔偿。

由于高位阶的法律法规对第三人侵权责任与工伤保险责任的竞合问题的解决未予以统一，各个地方的地方性法规规章对该问题的解决做了不同的规定。《上海市工伤保险实施办法》的第四十五条[④]就规定了劳动者在遭受第三人侵权后只能先向第三人请求赔偿，在劳动者无法从第三人处得到赔偿时，才能向工伤保险机构提出请求。对于先行支付的款项社保机构享有向第三人的追偿权，以及向劳动者在其获得第三人赔偿后的追偿权。这里采取的是选择模式，并在此基础上赋予社保机构追偿权。

---

① 对于如何处理第三人侵权责任与工伤保险责任的竞合问题，主要有四种解决模式。第一，选择模式，是指工伤事故发生后，劳动者只能在侵权损害赔偿责任和工伤保险赔偿责任之间选择其一，而不能同时获得两种救济，劳动者一旦选择其中一种责任进行救济即视为放弃另一种救济方式。英国就曾采用过一段时期该模式。第二，替代模式，是指劳动者一旦发生工伤事故，只能向工伤保险单位要求工伤保险赔偿，不能请求侵权损害赔偿，即用工伤保险赔偿责任完全替代一般的侵权损害赔偿责任，不存在两者间选择的问题。此解决模式被德国、法国、瑞士等国家所采用。第三，兼得模式，是指当工伤事故发生时，劳动者可以同时取得侵权损害赔偿和工伤保险赔偿的"双重赔偿"的模式。运用这种救济模式的国家较少，英国是典型代表。第四，补充模式，是指在发生工伤事故以后，劳动者可以同时主张侵权损害赔偿和工伤保险赔偿，但所获得的赔偿数额应以实际遭受的损失为限。即无论首先主张何种赔偿责任，若所获赔偿没有弥补实际损失，则可以主张另一种赔偿责任。此种模式以日本作为主要代表。

② 《职业病防治法》第五十九条："职业病病人除依法享有工伤保险外，依照有关民事法律，尚有获得赔偿的权利的，有权向用人单位提出赔偿要求。"

③ 《安全生产法》第五十三条："因生产安全事故受到损害的从业人员，除依法享有工伤保险外，依照有关民事法律尚有获得赔偿的权利的，有权向本单位提出赔偿要求。"

④ 《上海市工伤保险实施办法》第四十五条："由于第三人的原因造成工伤的，由第三人支付工伤医疗费用。第三人不支付工伤医疗费用或者无法确定第三人的，由工伤保险基金先行支付。工伤保险基金先行支付后，社保经办机构有权按照规定向第三人追偿。由用人单位或者工伤保险基金先行支付的停工留薪期工资福利待遇、一次性伤残补助金、一次性工亡补助金等其他工伤保险待遇的费用，工伤人员或者其近亲属在获得第三人赔偿后，应当予以相应偿还。"

湖北省①也有类似规定。而《山西省实施〈工伤保险条例〉试行办法》第二十三条②以及《西安市工伤保险实施办法》第三十二条③是典型的补充救济模式，在第三人侵权赔偿不足时由社保机构予以补足，社保机构可以先行垫付，但享有追偿权。

在司法解释层面，我国现有两部司法解释对第三人侵权责任与工伤保险责任竞合的问题进行了规定，其中第一部是2003年通过的《最高人民法院关于审理人身损害赔偿案件适用法律若干问题的解释》（以下简称《人损解释》），其第十二条规定了"依法应当参加工伤保险统筹的用人单位的劳动者，因工伤事故遭受人身损害，劳动者或者其近亲属向人民法院起诉请求用人单位承担民事赔偿责任的，告知其按《工伤保险条例》的规定处理。因用人单位以外的第三人侵权造成劳动者人身损害，赔偿权利人请求第三人承担民事赔偿责任的，人民法院应予支持"。即有第三人造成侵权时，劳动者可以获得工伤保险和人身损害的双重赔偿的兼得救济模式，在司法实践中，不少法官也据此条来保护劳动者的利益。另一部是2014年出台的《最高人民法院关于审理工伤保险行政案件若干问题的规定》（以下简称《规定》），其第八条规定了"职工因第三人的原因受到伤害，社会保险行政部门以职工或者其近亲属已经对第三人提起民事诉讼或者获得民事赔偿为由，作出不予受理工伤认定申请或者不予认定工伤决定的，人民法院不予支持。职工因第三人的原因受到伤害，社

---

① 《湖北省工伤保险实施办法》第三十九条："由于第三人的原因造成工伤，第三人不支付工伤医疗费用或者无法确定第三人的，从工伤保险基金中先行支付。工伤保险基金先行支付后，有权向第三人追偿。职工因第三人的原因导致工伤，工伤职工或者其近亲属可以按照有关规定索取民事赔偿。经办机构不得以工伤职工或者其近亲属已经对第三人提起民事诉讼为由，拒绝支付工伤保险待遇，但第三人已经支付的医疗费用除外。"

② 《山西省实施〈工伤保险条例〉试行办法》第二十三条："由于交通事故等民事伤害造成的工伤，除伤残津贴、供养亲属抚恤金外，其他相关赔偿额低于工伤保险待遇标准的，按照'分项对应、累计相加、总额对比'的计算方法，由经办机构或者用人单位按规定补足差额。经办机构或者用人单位先期垫付的费用，工伤职工或者其亲属获得民事伤害赔偿后应当予以偿还。"

③ 《西安市工伤保险实施办法》第三十二条："工伤事故兼有民事赔偿（包括交通事故）的，先按民事赔偿处理，赔偿金额低于工伤保险待遇标准的，其差额由工伤保险基金补足。"

保险行政部门已经作出工伤认定，职工或者其近亲属未对第三人提起民事诉讼或者尚未获得民事赔偿，起诉要求社会保险经办机构支付工伤保险待遇的，人民法院应予支持。职工因第三人的原因导致工伤，社会保险经办机构以职工或者其近亲属已经对第三人提起民事诉讼为由，拒绝支付工伤保险待遇的，人民法院不予支持，但第三人已经支付的医疗费用除外。"这对该问题进行了最新也最为系统的规定。《人损解释》第十二条与《规定》的第八条均对第三人侵权责任与工伤保险责任的竞合问题进行了规定，从条文内容看来，除医疗费外《规定》的第八条也趋向于肯定劳动者可以获得双赔的兼得救济模式。《规定》的出台并未与《人损解释》相冲突，只是两部司法解释分别适用于民事审判庭和行政审判庭，在审理案件时民事审判庭会依据《人损解释》，而行政审判庭在审理这类案件时则会依据《规定》。

另外，最高院的答复以及各高院的指导意见等文件也对该问题的解决给出了不同的处理意见。2006年最高人民法院《关于因第三人造成工伤的职工或其亲属在获得民事赔偿后是否还可以获得工伤保险补偿问题的答复》[①]肯定了双重赔偿。河南省高级人民法院的指导意见[②]则对该问题做了不同的规定，不仅区分了单位内第三人侵权与单位外第三人侵权的情形，且采用补充模式保证劳动者的损害能够得到充分救济，有第三

---

① 《关于因第三人造成工伤的职工或其亲属在获得民事赔偿后是否还可以获得工伤保险补偿问题的答复》："因第三人造成工伤的职工或其近亲属，从第三人处获得民事赔偿后，可以按照《工伤保险条例》第三十七条的规定，向工伤保险机构申请工伤保险待遇补偿。"

② 河南省高级人民法院《民事审判第一庭关于当前民事审判若干问题的指导意见》第十四条："劳动者因侵权行为遭受人身损害，经劳动行政部门确认为工伤，在获得工伤保险赔偿以后，就工伤保险赔偿与实际损失的差额，向依法应当承担民事责任的用人单位或者第三人请求民事损害赔偿的，人民法院应当予以支持。工伤保险经办机构在赔偿金额范围内，对实施侵权行为的第三人或者因故意或者重大过失造成损害的用人单位享有代位求偿权。侵权人是用人单位或者受雇于同一用人单位的其他劳动者，受害人应当申请工伤保险赔偿；受害人请求民事损害赔偿的，人民法院不予受理。侵权人是用人单位以外的第三人的，应当由该第三人承担侵权损害赔偿责任；侵权损害赔偿低于工伤保险赔偿的，其差额部分由工伤保险赔偿予以补足。工伤保险机构先行支付工伤保险赔偿的，在赔偿金额范围内对实施侵权行为的第三人享有代位求偿权。"

人侵权的社保机构还享有先行支付后的追偿权。

（二）法律适用的困境

1. 立法性文件对该问题的规定不完整

根据我国上述的现行规定可以看出，相关法律、行政法规都未能很好地解决第三人侵权与工伤保险竞合的问题，其中《社会保险法》规定的范围过于狭窄，仅对"医疗费用"这一具体的费用劳动者该如何请求赔偿的问题进行了规定，且未区分"单位内"与"单位外"第三人侵权，难以具体适用；《职业病防治法》和《安全生产法》是分别针对患职业病的劳动者和安全生产领域的特殊法律，不具有针对第三人侵权与工伤保险竞合问题的普适性。《工伤保险条例》作为处理工伤事故时可直接援引的行政法规，是遭受工伤的劳动者的保护伞，本应就第三人侵权与工伤保险竞合问题的救济作出具体规定，但现行法规中对该问题的解决迟迟未予明确，司法机关无法从《工伤保险条例》中找到任何关于解决该问题的法条依据，而只能寻求下位法来作为裁判依据。

2. 不同法律文件之间冲突明显

我国现有的针对第三人侵权责任与工伤保险责任竞合的法律、司法解释、地方性法规规章及其他规范性文件之间有明显的冲突，从而造成实践中不同地方的法官适用不同的法律依据，形成"同案不同判"的司法现象。《社会保险法》的规定过于狭窄，其他两部法律又属于特殊领域的规定，最高人民法院颁布的司法解释成为法院判案的主要依据。而第三人侵权责任与工伤保险责任的竞合问题既可能由民事审判庭审理，也可能由于社保机构不予赔付导致劳动者提起行政诉讼而由行政审判庭审理。在《规定》出台前，司法机关主要依据《人损解释》来判案，《规定》出台后，行政审判庭在审理该类案件时援引的就是《规定》的内容，与民事审判庭所援引的《人损解释》内容有所出入，所以即使是在同一法院，也会由于不同审判庭援引司法解释的不同而出现审判结果不同的现象。另外各个地方的法规规章规定不同，在该类案件未进入司法审判领域前,行政机关会援引本地区的地方性规章来处理此类案件,导致各地处理结果不同。进入司法程序后,也存在不同法院适用法律依据不同而带来案件处理结果的不同的现象。

二 第三人侵权责任与工伤保险责任竞合规则的反思

第三人侵权赔偿责任与工伤保险赔偿责任竞合的法律适用问题的出现,是有深层次原因的,主要体现在以下几个方面。

(一) 司法解释的思路与工伤保险制度目的不相契合

工伤保险制度的设立本就有其特定的目的。首先,保护劳动者的利益。保障劳动者在受到侵害时能及时获得救济,损失能得到及时弥补是工伤保险制度设立的首要目的。在工伤事故中,受害的劳动者处于弱势地位,出于对遭受工伤的劳动者的生命健康权进行特别的保护,要给予受伤的劳动者更多的人文关怀。工伤保险制度能够及时、稳固地救济劳动者,填补他们的损失,维持他们的基本生活。[①] 有学者认为工伤保险制度"充满了人文关怀和社会温情,使受害人感受到的是受害威胁与社会补偿安全的有机统一,通过社会保障使受害人获得生存和发展的权利"。[②]

其次,分担用人单位的用工风险。用人单位只需依法为劳动者缴纳工伤保险费用,参加工伤保险,便可完全免除或部分免除发生工伤事故时的赔偿责任。由社保机构分担用人单位的风险,有利于用人单位摆脱本应由自己负担的高额给付赔偿责任而造成的困境,减少用工及经营的风险。[③]

---

① 唐孝东、唐海山:《以人为本视角下的工伤赔偿——谈工伤保险赔偿与普通人身损害赔偿的关系》,《广西政法管理干部学院学报》2009年第6期。
② 郑尚元:《工伤保险法律制度研究》,北京大学出版社,2004,第32页。
③ 张新宝:《工伤保险赔偿请求权与普通人身损害赔偿请求权的关系》,《中国法学》2007年第2期。

最后，保证工伤保险统筹基金的有效利用。工伤保险基金是为了能够使受工伤的劳动者及时得到救助和享受工伤保险待遇而筹集的资金，其主要资金来自国家通过法律强制向规定范围内的用人单位征收的社会保险费。工伤保险基金存入社会保障基金财政专户，实行统筹，任何人不得挪作他用。但工伤保险基金就像一个基金池，其容量有限，若一味地滥用工伤保险基金，在其他侵权主体能满足受害劳动者的合理赔偿请求时，仍利用基金来救助劳动者，不但会导致基金池内基金的不断减少，直至枯竭，还会使得后来有真正需要的受工伤的劳动者难以获得及时、充分的救济。

司法解释《规定》第八条体现了对于劳动者的保护，也体现了对用人单位用工风险的分散，但明显忽视了保证工伤保险统筹基金有效利用这一重要制度目的，《规定》第八条最终也未能跳出劳动者既可获得第三人的侵权损害赔付，还可获得工伤保险救济的"兼得模式"，这样的规定明显与工伤保险制度的目的不相契合。工伤保险基金作为一种社会保险基金，应体现社会性和保障性，侧重于"雪中送炭"而非"锦上添花"。尤其是工伤保险基金并没有国家的财政资金支持，而是由用人单位所缴的费用构成的，对其使用更应当慎重。[1]

（二）司法解释适用的现实局限性

立法的缺陷使司法解释成为我国在实践中解决第三人侵权责任与工伤保险责任竞合这一问题的重要依据，但司法解释有其局限性，其立法位阶低于法律、行政法规，且解释权限有限。"司法解释是法官和审判组织根据宪法赋予的司法权，在审判工作中为具体运用法律所必要时，结合社会发展现状和法律价值取向对审判依据包括法律事实所作的具有司法强制力的理解和阐释。"[2] 1981年全国人民代表大会常务委员会《关于

---

[1] 谢增毅：《工伤保险赔偿与第三人侵权赔偿关系的再认识——基于实体和程序的双重视角》，《法商研究》2011年第3期。

[2] 转引自蔡祺艳《司法解释效力论》，《中南民族大学学报》（人文社会科学版）2003年第2期。

加强法律解释工作的决议》第二条就明确了"凡属于法院审判工作中具体应用法律、法令的问题，由最高人民法院进行解释"。《中华人民共和国人民法院组织法》在第三十二条中也规定"最高人民法院对于在审判过程中如何具体应用法律、法令的问题，进行解释"。上述法条明确了司法解释只能就法律的具体应用问题进行解释，而我国现行的《规定》却超越了其对法律、法令具体应用的解释框架，设定了劳动者、用人单位、侵权的第三人以及社保机构各方的权利义务关系，而权利义务关系只能通过立法性文件来设定，司法解释不能越俎代庖，在"司法立法化"的路上越走越远。

（三）解决模式选择的纠结

解决第三人侵权与工伤保险责任的竞合问题有四种模式，即选择模式、替代模式、兼得模式和补充模式，究竟选择哪一种来立法确认，我国立法界和理论界一直存在争议，缘由在于这四种解决模式各有利弊。

若是采用选择模式，意味着劳动者在受到侵害后只能绝对地选择侵权损害赔偿请求或是工伤保险赔偿请求中的一种方式请求赔偿，一旦选择了其中一种，则不能选择另一救济方式，然而侵权损害赔偿的民事诉讼中劳动者会面临"举证不能"和"执行难"的问题，同时工伤保险赔付相对于侵权损害赔偿数额会相对低，但比较稳定，更能迅速地保护劳动者的权益。所以劳动者为降低风险会选择工伤保险赔付，一旦冒着风险选择了前者，又出现了前面所说的情况，则对劳动者极为不利，也就不能达到填补损失的目的。

若是采用替代模式，则意味着完全免除了侵权行为人的责任，在工伤事故满足工伤保险赔偿请求时，劳动者只能请求工伤保险赔付，不能请求侵权损害赔偿。这种模式分散了用人单位的经营风险，符合工伤保险制度创设的初衷，也有利于最大限度地减少累诉，节约司法资源，使劳动者能及时得到赔付。但是工伤保险赔偿数额较低，不能保证劳动者的损失能完全得到填补，且免除侵权行为人的责任不符合常理，还会造成对侵权行为人的纵容，不利于事故的预防，甚至造成道德危机。对于用人单位来说，这种模式可能会导致其为了追求利益、降低生产成本，不积极采取预防事故的措施，也不增加防护设备。这种模式也可能不能完全填补劳动者的损失，甚至导致更坏的结果。

若是采用兼得模式，就是对劳动者的过分保护，就会使得该模式完全背离了工伤保险创设的目的。工伤保险的建立是为了减轻用人单位的责任并使责任社会化，分担用人单位的用工风险，而兼得模式不仅没有使用人单位免责，反而加重了用人单位的负担。除此之外，在此种模式下，受害人可以获得双重赔偿，其所得赔偿款总额可能会超过其实际所受损害，从而违背了"受害人不应因遭受侵害获得意外收益"的准则。[1]

若采用补充模式，则能使劳动者在受到侵害后，合法权益得到保障，得到与其遭受的实际损失相当的赔偿，这既实现了填补劳动者损害的功能，又分散了用人单位的风险。我国许多学者赞同这种救济模式，认为该模式逻辑严密，更符合社会公平正义观念。[2] 但该模式也有不足之处，体现在：一方面，若为"单位内"第三人侵权，用人单位还要承担其事先无法预料的赔偿责任，使用人单位风险增大，工伤保险制度的降低用人单位风险的立法目的难以实现；另一方面，若劳动者在赔偿主体的一方未能获得全部的损失赔偿金额，还需另行提出请求，请求赔偿程序复杂。

四种模式各有利弊，造成出现在不同时期、不同地区的相关法律文件作出了不同的选择，也造成了现实中法律适用的乱象。

三　第三人侵权责任与工伤保险责任竞合的立法完善

（一）提高立法位阶

当前我国的法律法规以及司法解释对第三人侵权责任和工伤保险责

---

[1] 张新宝：《工伤保险赔偿请求权与普通人身损害赔偿请求权的关系》，《中国法学》2007年第2期。

[2] 吕琳：《工伤保险与民事赔偿适用关系研究》，《法商研究》2003年第3期。

任竞合时的处理存在诸多问题。上位法对具体制度的规定过于宽泛与笼统，不同的法律文件之间规定的内容存在较大冲突，在实践中难以操作；司法解释也存在与立法思路不相契合及适用的局限性问题。所以重新完善第三人侵权责任与工伤保险责任竞合问题的解决模式，提高立法的位阶，将如何处理第三人侵权与工伤保险竞合的具体规定至少纳入《工伤保险条例》中来，不仅是当前劳动者和用人单位的迫切要求，更是完善工伤保险制度的必然选择。同时，有了统一的上位法，第三人侵权与工伤保险竞合问题就有明确的法条可依，地方便可根据《工伤保险条例》的立法目的和理念制定地方性法规规章，从而解决各地的地方性立法冲突的矛盾，避免"同案不同判"的司法裁判继续发生。

（二）明确工伤保险制度目的

我国《工伤保险条例》明确了保护劳动者和分散用人单位风险的制度目的，但忽略了工伤保险基金的有效利用这一目的。工伤保险制度是国家从人权保障的角度出发，以社会为本位，在工业社会相互协作、相互依赖程度不断增强的同时，关注弱势群体的诉求，以工伤保险基金作为物质基础，利用社会的整体优势来保障工伤劳动者及其供养的亲属的基本生活，从而扭转劳动者遭受工伤而基本生活无法得到保障的悲剧，是促进社会良性发展、保护各方利益的重要制度。但是目前我国工伤保险制度的设计仍然有其不足之处，且工伤保险基金的支付能力仍然十分有限，只有进一步完善这一制度，充分保证社会整体利益，才能使人们深信其制度价值。所以立法者应当加快我国对第三人侵权责任与工伤保险责任竞合的立法完善，充分考虑劳动者、用人单位以及社保基金三者的利益平衡，明确工伤保险制度的目的，在立法中充分体现工伤保险制度的三大目的，实现工伤保险制度建立的初衷。

（三）明确处理规则

笔者认为，应当在我国《工伤保险条例》中明确第三人侵权责任和工伤保险责任竞合的处理方式。区分"单位外第三人"与"单位内第三人"两种不同类型侵权的具体救济途径。

（1）"单位外第三人"侵权时竞合的处理。"单位外第三人"侵权较常见，如劳动者在上下班途中被第三人撞伤的情形。笔者认为可以采用改良后的"补充模式"来解决"单位外第三人"侵权时的竞合问题。首先，应当明确应由第三人承担全部的责任，将第三人的赔偿责任放在首位，但是受害劳动者享有选择权，可以选择第三人侵权赔偿或是工伤保险赔偿，保证发生事故后能及时得到救济。其次，若是先选择第三人赔偿的，在未能填平劳动者的损失时，劳动者可就损失的差额部分向社保机构请求工伤保险赔付；若选择工伤保险赔付的，劳动者也可就差额部分向第三人请求赔偿，以保证劳动者能充分得到救济，但劳动者所获赔偿金额以其实际损害为限。最后，社保机构在对劳动者进行赔付后有权向第三人追偿。改良后的补充模式明确了第三人的完全赔付责任以及社保机构的追偿权，既保证了劳动者及社保机构的合法权益，又充分地惩戒了侵权的第三人，逻辑更为严谨。

（2）将"单位内第三人"造成劳动者损害的侵权行为作为例外处理，采用改良后的"替代加补充模式"。首先，劳动者发生工伤事故后，只能向工伤保险单位要求工伤保险赔偿，不能向单位内第三人请求侵权损害赔偿，用工伤保险赔偿责任替代侵权损害赔偿责任。其次，当工伤保险赔付未能填平劳动者损失时，劳动者可向用人单位就差额部分请求补充赔偿。最后，在单位内第三人过失导致劳动者遭受侵权损害时，用人单位可对第三人进行内部行政处分；若是其故意为之导致，用人单位则可向侵权的单位内第三人追偿。单纯的替代模式和补充模式都不能较为完美地解决"单位内第三人"侵权时的竞合问题，所以笔者将替代模式与补充模式相结合，并予以改良，补充赔偿的主体不是侵权的单位内第三人而是用人单位（这里体现的是民法中的雇主责任），以解决替代模式中不能充分填补劳动者的损失以及补充模式中提高用人单位的用工风险的弊端。

上述对于"单位外第三人"与"单位内第三人"侵权时竞合问题的

规定顾全了劳动者、用人单位、社保机构三方的利益。首先，劳动者在遭受损害时，均可以在第一时间里请求工伤保险赔偿，若是劳动者主张第三人侵权，又出现了举证困难或是执行困难时还有另一种救济方式，能够充分保证劳动者得到迅速有效的救助；其次，用人单位的风险已转移给了社保机构，社保机构会为买了工伤保险的劳动者赔偿损失，从而分散了用人单位的风险，使企业更好地发展，让社会经济迸发出更多的活力；最后，给予社保机构追偿权，让社会保险统筹基金用到实处，将工伤保险统筹基金用在最需要帮助的人身上，而不是为了个人利益而忽视整体利益。劳动者若是已从第三人处获得了足够的赔偿，其损失已得到公平的填补，就不应再获得社保统筹基金的赔付，否则就会使社保统筹基金失去其本身的价值。

The Applicable of Law and Improvement of Legislation to the Concurrence of Tort Liability for the Third Party and Liability of Work Injury Insurance

Wu Yong, Lv Danyu

Abstract: With the continuous development of China's industrialization process, work accident occurred frequently. In practice, the third party tort caused by the work injury accident treatment in theory and practice have always had a lot of controversy. The supreme people's court of some issues concerning the trial of administrative cases of work injury insurance regulations in article 8 part of resolving the dispute, but there is still a big problem. To balance various interests between the laborer, corporation, the tort feasor and the social security institutions, it is necessary to improve the legislative hierarchy to solve the problem, to further improve the legislative purpose of work injury insurance system, and clearly the corresponding processing mechanism in legislation, adhere to the modified in system design "supplementary mode" and "alternative and complementary model" legislative ideas.

Keywords: the Third party tort; Work injury insurance; Concurrence of liability

论我国住房公积金制度的完善

阳明武[*]

摘　要：住房公积金制度在我国是一项重要的社会福利制度，具有社会性、保障性、福利性等特征。自1999年国务院颁布《住房公积金管理条例》以来，住房公积金制度在我国已实施了十几年，为许多职工提供了购房、建房、翻建、大修自住住房的资金，帮助他们改善了住房条件，缓解了住房压力，在促进城镇住房建设、提高城镇居民的居住水平方面功不可没。但我国住房公积金制度仍存在缴存差额大、资金闲置多、覆盖面不广、监督乏力等问题，亟须在实践中加以完善，以便更好地发挥公积金在住房建设、改善民生方面的作用。

关键词：住房公积金；覆盖面；监管

一　我国住房公积金制度的产生与发展

住房公积金，是指国家机关、国有企业、城镇集体企业、外商投资企业、城镇私营企业及其他城镇企业、事业单位、民办非企业单位、社会团体及其在职职工缴存的长期住房储金。

1991年，上海市人大常委会借鉴新加坡中央公积金制度，通过了《上海市住房制度改革实施方案》，明确"推行公积金、提租发补贴、配

---

[*] 阳明武，男，湖南衡东人，长沙理工大学文法学院副教授，主要从事劳动与社会保障法学研究。

房买债券、买房给优惠、建立房委会"这"五位一体"的上海房改方案,在全国率先推行住房公积金制度。同年11月,国务院办公厅以国办发〔1991〕73号转发了国务院住房制度改革领导小组《关于全面推进城镇住房制度改革的意见》,提出了"公积金是建立个人住房基金的有效方式,各地区要紧密联系各地区的特点和经济能力,正确引导,逐步推行"。1992年推广至广东、北京、天津、江苏、浙江等地,1993年继续扩展到辽宁、吉林、黑龙江、河北和湖北等地。1994年7月国务院以国发〔1994〕43号下发了《国务院关于深化城镇住房制度改革的决定》,明确提出在全国建立住房公积金制度。1996年上海在认真总结5年实践的基础上,由上海市人大常委会讨论通过了《上海市住房公积金条例》,这是全国第一部关于住房公积金的地方性法规,该条例把上海在公积金管理中形成的"房委会决策、中心运作、银行专户、财政监督"的管理模式具体化、规范化。1998年7月国务院以国发〔1998〕23号下发了《国务院关于进一步深化城镇住房制度改革加快住房建设的通知》,要求"全面推行和完善住房公积金制度"。作为推行公积金制度最晚的省份,西藏自治区也于1998年建立了住房公积金制度。1999年4月3日,国务院在总结以上海为主的全国各地住房公积金管理经验的基础上,发布、施行了《住房公积金管理条例》(以下简称《条例》)。《条例》规定了公积金的性质、缴纳比例、管理机构、提取和使用、监督、法律责任等,为住房公积金制度的全面实施提供了法律依据。

为更好地加强住房公积金的管理,规范监督行为,保证住房公积金的规范管理和安全运作,国务院于2002年3月24日修改了《条例》,随后制定与实施《关于完善住房公积金决策制度的意见》、《住房公积金行政监督办法》、《全国住房公积金监督管理信息系统管理暂行办法》等。2005年1月10日,建设部、财政部、中国人民银行颁布了《关于住房公积金管理若干具体问题的指导意见》(建金管〔2005〕5号),在强化和巩固公积金制度现有框架和职工维权方面提出了新措施,规定单位和职工住房公积金缴存比例不应低于5%,原则上不高于12%。2015年,住房和城乡建设部、财政部、中国人民银行调整了住房公积金使用政策，主要是降低住房公积金使用门槛，全面放开提取住房公积金支付房租，推行异地使用住房公积金用于住房消费，简化手续，改进服务，提高效率，方便职工提取和使用。2015年11月20日，国务院法制办将住房和城乡建设部上报的《住房公积金管理条例（修订送审稿）》全文公布，向社会各界广泛征求意见，目前正在根据各方面反馈的意见，抓紧修改完善。

此外，各省、自治区、直辖市根据《条例》规定和各地实际情况，制定了相配套的地方性法规、政策，为我国住房公积金制度的规范、有序、快速、健康发展提供了制度保障。

经过多年发展，我国缴纳住房公积金职工人数和住房公积金归集额、提取额有了大幅度增长，个人贷款额逐年稳步增加，贷款资产质量不断提高，取得了显著成绩。据住房和城乡建设部副部长陆克华在2016年4月15日下午举行的新闻发布会上的介绍，自住房公积金制度建立以来，累计缴存职工2.17亿人，缴存总额9.18万亿元，提取总额5.03万亿元，贷款总额5.54万亿元（含收回再贷部分），目前的结余资金为6779亿元。已经有1亿多名缴存职工使用住房公积金，解决了住房问题。①

总之，我国住房公积金在推动住房制度改革、房地产发展、住房保障等方面发挥了积极的作用，为职工购房、改善住房条件提供了有力支持，强化了住房分配由福利分房转变为货币购房，促进了住房货币化、商品化、社会化进程。然而，住房公积金制度在建立、改革与实施过程中，诸多不尽如人意的地方也逐渐显现出来，存在许多值得深思的问题，这些问题受到越来越多人的关注，甚至有人开始质疑。世界银行2006年11月14日发布的一期《中国经济季报》中称："住房公积金贷款主要是使收入较高的家庭受益，他们只是城镇人口的一小部分。如果它没有真正关照到最需要它的中低收入者，还有存在的必要吗？"2015年两会期间，也有全国人大代表提出"取消住房公积金"的建议。如内蒙古团费

---

① 住房和城乡建设部：《5月1日起住房公积金缴存比例不得超12%》，中央政府门户网站，www.gov.cn，最后访问日期：2016年4月19日。

东斌代表建议国家出台其他类型住房保障政策，逐步取消住房公积金制度；广东团李东生代表（系 TCL 集团股份有限公司董事长）建议取消住房公积金，将其改为薪酬由企业发放，由员工自由支配。

二 我国住房公积金制度存在的主要问题

（一）住房公积金缴存比例、数额差距太大，是严重的分配不公，易引发社会矛盾

《条例》规定职工和单位住房公积金的缴存比例均不得低于职工上一年度月平均工资的 5%；有条件的城市，可以适当提高缴存比例。具体缴存比例由住房公积金管理委员会拟订，经本级人民政府审核后，报省、自治区、直辖市人民政府批准。

因《条例》仅规定缴存比例下限而没有规定上限，不同地区、不同行业、不同单位工资水平、工资组成差别很大，同时单位性质、资金来源不同，导致不同地区、不同行业、不同单位及其职工缴存比例大不相同、数额差异甚大，缴存比例最低为 5%（一些困难企业还可申请降低缴存比例或者缓缴），缴存比例的上限则未作规定。虽然建金管〔2005〕5号文件规定单位和职工住房公积金缴存比例不应低于 5%，原则上不高于12%，但实际上有相当多的行业或单位突破该文件规定的缴存比例和缴存基数的限制。垄断行业、垂直部门普遍高于竞争性行业、地方管理单位，诸如银行、证券、保险、电力、电信、烟草等高收入垄断行业缴费较高，最高月缴费可达 1 万元以上，而一些竞争性的低收入劳动密集型行业，如餐饮、纺织、服装行业则缴费较低，往往月缴费在 100 元左右，缴费最高与最低相差百倍以上。山东省 2006 年度审计报告披露，中国网通山东省分公司月均工资基数 2.13 万元，公积金缴存比例为 15%，月人均缴存 6389 元；而济南水箱厂月均工资基数 141.2 元，缴存比例为 4%，月人均缴存只有 11 元。违规操作的公积金账户成为变相福利和逃税工具，社会收入分配差距在这里进一步拉大。该审计报告还显示，公积金

贷款投向主要集中在较高收入群体和收入稳定的机关事业单位人员。经对淄博市15880笔贷款分析，机关事业单位12095人，贷款6.58亿元，分别占贷款总人数的76.2%和贷款总额的75.3%；企业3785人，贷款2.16亿元，分别占贷款总人数的23.8%和贷款总额的24.7%，且贷款人主要集中在金融机构和国有大中型企业中。①2006年，国家审计署对4个直辖市和41个大中城市住房公积金进行的审计结果表明，2005年，住房公积金个人贷款的44.9%发给了排在缴存额前20%的高收入人群，排在缴存额后20%的低收入人群仅得到3.7%的贷款。另据浙江省的审计调查，全省实际最高月缴存额达13000元，最低月缴存额仅为4元，全省每月实际缴存额500元以下的职工人数为125.26万人，占缴存职工总人数的62.98%，每月实际缴存额501~2000元的职工人数为72.17万人，占缴存职工总人数的36.28%，每月实际缴存2001元以上的职工人数为1.47万人，占缴存职工总人数的0.74%。②2013年1月7日和8日，《人民日报》连续刊发《公积金百倍差距怎么办》、《住房公积金当姓"公"》两篇报道，指出住房公积金缴存差距悬殊的问题。据调查，均在山西上班的企业职工，住房公积金缴存差距达到惊人的141倍，最低的每月缴存公积金仅为120元，最高的达到惊人的16950元。

  以上调查统计数据表明，住房公积金客观上帮助了收入相对高者，使高收入的职工及家庭受益，大部分非正规企业的或失业的低收入者无法参加公积金缴存或使用公积金贷款。这明显有悖于制度设计初衷，加剧了社会不公，易引发社会矛盾。这印证了世界银行在2006年11月15日发布的《中国经济季报》中指出的，中国的公积金贷款主要是使收入较高的家庭受益。因为住房公积金与就业和收入挂钩，真正低收入家庭无法从住房公积金中获益。③

---

① 王娅妮、张晓晶：《公积金贷款投向集中高收入群体》，《北京青年报》2007年7月30日。
② 张才杰、刘金红：《住房公积金存在的问题与对策研究》，《企业家天地》（理论版）2007年第10期。
③ 刘群、韩锋：《我国住房公积金制度的现状及未来走向》，《产业与科技论坛》2008年第10期。

（二）住房公积金沦为高收入群体避税的重要手段

《条例》第 23 条规定，单位为职工缴存的住房公积金，机关在预算中列支、事业单位由财政部门核定收支后在预算或费用中列支、企业在成本中列支。同时，住房公积金有关制度规定，职工个人缴存的住房公积金，不计入个人所得税纳税基数，职工按规定提取的住房公积金本息，免缴个人所得税。这些规定的本意是为建立住房公积金制度提供政策鼓励与支持，提高城镇居民的住房购买力。但实际运行的结果是一些高收入垄断性行业、经费充足的机关、事业单位和个人利用政策的漏洞规避国家税收和变相提高福利水平，让富者更富，住房公积金沦为高收入群体避税的重要手段。

（三）住房公积金支取难、贷款难，资金沉淀过多，资金使用效率低

《条例》规定，职工个人缴存的住房公积金和职工所在单位为职工缴存的住房公积金，属于职工个人所有。无论是单位还是个人缴纳的住房公积金，个人应享有充分的支配权才是，但其实不然，职工个人提取和使用公积金的门槛高，条件苛刻，程序复杂。在住房公积金提取方面限制条件多，提取难度大，一些地方对提取时间、数额、资金用途等均有苛刻的要求。在住房公积金贷款方面手续繁琐，程序复杂，审批时间长。职工在申请住房公积金个人贷款时，贷款手续比商业银行贷款繁琐，其主要原因是公积金个人贷款从申请到领到房款须经资金中心收件审批、承办银行复核、缴纳保险金、房地产抵押登记、公证 5 个程序，每个部门都要求留档，所需材料也就比较多。[①] 此外，公积金个人贷款的担保方式、贷款余额及规模受到较大限制。这些严重制约了职工提取和使用住房公积金贷款的积极性，影响了住房公积金的使用效果。

据国家住房和城乡建设部统计，2008 年末，住房公积金使用率（个

[①] 孙保营、赵丽娜：《完善我国住房公积金制度之对策》，《河南商业高等专科学校学报》2008 年第 9 期。

人提取总额、个人贷款余额与购买国债余额之和占缴存总额的比例）为72.81%，同比降低1.78个百分点。2008年末，全国住房公积金银行专户存款余额为5616.27亿元，扣除必要的备付资金后的沉淀资金为3193.02亿元。沉淀资金占缴存余额的比例为26.35%，同比上升3.59个百分点。2015年6月8日住房和城乡建设部、财政部、中国人民银行发布的《全国住房公积金2014年年度报告》中显示，中西部地区公积金资金运用率普遍较低，其中山西省运用率仅为25%。

一方面是普通百姓购房资金严重短缺，另一方面是住房公积金的巨大闲置，这两者的反差是何其强烈！

（四）住房公积金监管缺位，大案、要案频发，住房公积金在高风险中运行

现行公积金监管体制可概括为："公积金管理委员会决策、管理中心运作、银行专户存储、财政部门监督"。然而，在实际执行中，公积金管理委员会其实是"管而不理"，属于一个松散的、临时性的非常设机构，其监管权往往流于形式。从管理委员会的性质看，它既不是政府部门，也不是政府的议事机构，而是由社会各界人士组成的一个松散的决策机构。从法律层面看，它没有明确的法人资格，没有独立的财产，也就无法对外承担民事责任。从住房公积金管理委员会的人员构成看，人民政府负责人和建设、财政、中国人民银行等有关部门负责人以及有关专家占1/3，工会代表和职工代表占1/3，单位代表占1/3。实际上，该机构的工作人员多由社会上知名人士兼任，这些人时间、精力十分有限，大多欠缺相应的专业知识，且管理委员会缺乏统一、详细、可操作性强的议事规则，平时很少开会议事，导致一些地方的管委会不能实行有效决策和监督，实质上形同虚设，流于形式。就管理中心而言，住房公积金管理中心作为自收自支的公益事业单位，不以营利为目的，又不得不追求收益，实行企业化运作，以实现公积金的保值、增值，作为独立的法人单位，不决策却要承担决策后的风险和责任，这就造成了决策和管理责任的空档。就"银行专户存储"来说,《条例》仅仅要求在银行设立住房公积金专户,对账户的管理、使用、监督等没有相应的配套规定,导致所谓的"银行专户存储"变成了纯粹的存款业务,银行与管理中心的关系就像银行与储户的关系一样,公积金管理中心是银行的大客户,完全掌握着资金调度的主动权,作为托管银行对资金的流动起不到实质的监督作用,只履行中介和服务职能的义务,并未发挥《条例》希望以专户形式强化资金管理的立法意图。至于财政部门监督,虽然住房公积金管理中心每年要向财政部门递交财务报告,但因同级财政不参与具体业务,无法对住房公积金的资金实行实时监督,也很难监督到位。因此,住房公积金的管理、决策权往往集中于当地主管副市长、管理中心主任等少数人手里,甚至集中于管理中心主任一人之手。

权力过于集中和缺乏监督,必然导致贪腐现象的发生,一些见利忘义的不法之徒乘机行动,贪污、挤占、挪用住房公积金等违法违规现象时有发生,住房公积金方面的大案、要案频发。如湖南郴州市住房公积金管理中心原主任李树彪贪污、挪用住房公积金1.2亿元之巨,造成7700多万元的损失;2006年成都住房公积金管理中心原主任杨灿智、原副主任严安、计财科原科长王锐、会计科原科长李杰蓉、原主任助理庄道军5人因合谋挪用2亿元公款买国债被判刑;衡阳市住房公积金管理中心2.53亿元巨额资金不翼而飞;甘肃省兰州市住房公积金管理中心原主任陈其明和中国建设银行兰州市铁路支行原副行长王景旭等人,合谋挪用兰州市住房公积金管理中心的公款达1亿余元;河北保定市住房公积金管理中心将3亿元交给航空证券公司进行委托理财,而被不法分子席卷一空。① 住房公积金大案、要案频发说明了我国对住房公积金的监管是何等薄弱和无力!我国住房公积金一直在高风险中运行。

(五)住房公积金覆盖面不广泛,难以惠及全体劳动者

目前我国大部分城镇地区和企事业单位已经基本上建立了住房公积

---

① 黄朱文:《大要案向我国住房公积金管理体制敲警钟》,《金融经济》2009年第11期。

金制度，特别是在东部沿海地区住房公积金的覆盖面已达到职工人数的90%以上。实施住房公积金制度情况较好的是国家机关、事业单位和效益好的国有企业，这些单位的职工是住房公积金制度的主要受益者。而一些私营企业、民办非企业单位等非公有制经济组织则实施情况不够理想。中国建设银行进行的一项问卷调查结果显示，70%的私营企业不为职工建立住房公积金账户或只为部分职工缴存住房公积金，其中30%的私营企业尚未建立住房公积金账户，也未为职工缴存住房公积金，40%的私营企业虽已建立住房公积金账户，但只为部分职工缴存住房公积金。[①] 这一状况的主要原因是住房公积金归集手段软弱、相关法律责任不健全。

此外，我国住房公积金制度的缴存覆盖面也存在盲区。《条例》规定，国家机关、国有企业、城镇集体企业、外商投资企业、城镇私营企业及其他城镇企业、事业单位、民办非企业单位、社会团体及其在职职工应当缴存住房公积金，而将城镇中个体工商户、自由职业者以及乡镇企业职工、外来进城务工人员、在城市有固定工作的农民工等群体排除在外。而这些人往往是我国社会中的弱势群体，是最需要得到国家与社会帮助的群体。覆盖面不广泛的问题进而导致了人们对住房公积金制度公平性的质疑。

三 我国住房公积金制度的完善

（一）统一标准，明确住房公积金缴存比例的上下限，适当缩小缴存比例、数额的差距

可借鉴基本养老保险、基本医疗保险的规定，按照统一的比例来缴存，依据各地的实践经验，建议职工和单位住房公积金缴存比例不应低于5%，不得高于10%，缴存住房公积金的月工资基数最高不得超过职工

---

① 郁鸣：《住房公积金的缴存问题及对策研究》，《中国房地产》2013年第17期。

工作地所在地区城市统计部门公布的上一年度职工月平均工资的3倍。要严格管控缴存比例、缴存数额的过分差距，公积金缴存既要"保底"，又要"限高"。

（二）适当扩大住房公积金的使用范围，降低贷款门槛并简化程序，提高资金的使用效率

住房公积金制度设计的初衷是提高缴存公积金者的购房支付能力，在住房公积金尚未得到有效使用的情况下，应考虑扩大住房公积金的使用范围，适度放宽提取条件，提高其使用效率。住房公积金制度作为住房保障体系的重要组成部分，理应是社会保障体系的一部分，可借鉴新加坡等国的成功经验，扩大住房公积金的使用范围，允许住房公积金用于养老、教育和医疗等方面的支出。建议在《条例》规定可以提取住房公积金情形的基础上，新增加一些可提取住房公积金的情形：本人无住房而租住廉租房或经济适用房的；本人无收入来源或未达到当地最低生活标准而享受城镇居民最低生活保障的；因家庭遇到意想不到的事件以及本人或其配偶、父母、子女遭受重大疾病住院治疗需大笔费用而造成家庭生活特别困难的；与单位终止劳动关系、连续失业2年以上未找到工作，也就是没有新单位的；子女上学造成家庭经济特别困难的；月房屋租赁费用超出家庭月工资收入20%的。这是从有利于解决职工困难、保障职工及其家庭正常生活方面来考虑的，可以满足不同的消费需求，提高职工参与住房公积金的积极性，进而提高住房公积金的缴存率和覆盖率。

在住房公积金贷款方面，要降低贷款门槛，包括降低首付比例、适当提高贷款总额、延长贷款期限以及允许跨地区贷款等；要简化贷款审批程序与手续，建立个人住房贷款各环节的联合办公制度，实行"一条龙"服务，提高贷款工作效率；要尽可能降低公积金贷款的担保、评估、公证、保险、律师见证、抵押登记、委托代办等各种费用，切实减轻贷款人负担，真正发挥住房公积金作为政策性个人住房贷款的优势，提高资金的使用效率。

(三) 完善《条例》，加大宣传力度，严格执法和监督，最大限度地扩大住房公积金的覆盖面

完善《条例》，进一步扩大住房公积金的覆盖范围，逐步取消现行缴存政策中对户籍、身份的限制，明确规定无论是城镇何种形式的就业群体，无论何种形式的企事业单位职工，乃至个体工商户、自由职业者以及乡镇企业职工、外来进城务工人员、在城市有固定工作的农民工等群体，只要是雇员都应该纳入缴存范围，使住房公积金制度真正成为一项面向全体劳动者的、受益最广泛的住房保障制度。比如，长沙市、郑州市为了适应社会发展的要求，扩充了缴存主体范围、扩大了住房公积金资金归集面，特别规定城镇个体工商户、自由职业人员也可以申请缴存住房公积金，相关经验值得全国推广。

要加大宣传力度，提高住房公积金工作重要性的认识。要严格执法和监督，采取多种措施，努力提高住房公积金的归集率，督促有关单位按时足额缴存住房公积金，维护职工合法权益。凡用人单位招聘职工，单位和职工个人都须承担缴存住房公积金的义务。对不办理住房公积金缴存登记或不为本单位职工办理住房公积金账户设立手续、不缴或少缴住房公积金的单位，住房公积金管理机构要严格根据有关规定对其进行行政处罚，并可申请人民法院强制执行。

(四) 加强住房公积金的监管，维护住房公积金资金的安全

按现行体制，公积金的管理实行住房公积金管理委员会决策、住房公积金管理中心运作、银行专户存储、财政部门监督的原则。公积金管委会、银行、政府财政等部门都是负责监管的。这样的体制看似面面俱到，实质上是种典型的"多头管理"，造成了管理中心工作不到位，相关部门想管的管不了、不该管的也得管。

住房公积金管理应坚持决策、运作、监督相对分离的原则，完善住房公积金管理监督机制,加强住房公积金监管,要改变住房公积金管理中心既是管理者又是经营者的状况,建议成立专门的监督机构——住房公积金监督委员会,切实履行好监督职责,维护住房公积金的资金安全。监督委员会监督管理委员会和管理中心的工作,监委会与管委会、管理中心都对人民政府和缴存人负责,没有从属关系。监委会可由监察、财政、审计、银行监管等部门代表和单位代表、职工代表及其他特邀社会人士组成,管委会和监委会成员不得相互兼任。只有这样,才能对住房公积金的决策和运作有效地实施监管,切实维护住房公积金资金的安全。

(五) 提高立法层次

要尽快出台《住房公积金管理法》,现行《条例》是1999年颁布的,虽经2002年修订,但其已经远远滞后于目前住房公积金发展的形势,不能解决实际运行中的许多问题,如住房公积金管理中心的定位、城镇个体工商户、自由职业者的缴存、住房公积金的使用范围的扩大、基金投资风险谁承担、行业管理单位比地方单位缴存比例高的问题等。建议国家权力机关吸收地方的实践经验,在修订《条例》的基础上,尽快出台《住房公积金管理法》,使住房公积金管理法律化、制度化,也让司法部门在处理公积金违法犯罪活动时有法可依、有据可循。

The Improvement of the System of Housing Accumulation Fund

Yang Mingwu

Abstract:Housing provident fund in China is an important social welfare system. The characteristics of it are social, security, welfare and others. Since 1999, the State Council promulgated the "Housing Provident Fund Management Regulations", housing provident fund has been implemented in China for more than ten years. It provides housing, renovation, overhauling housing funds for many workers, to help them improve the housing conditions, to ease the housing pressure. In promoting the construction of urban housing, urban residents to improve the living level of credit. However, China's housing provident fund system is still a large gap between the deposit, the capital idle, not wide coverage, supervision and other issues. Housing provident fund needs to be perfected in practice, in order to play better in housing construction and improving people's livelihood.

Keywords: Housing provident fund; Cover area; Supervision

最低生活保障标准及其实施研究[*]

唐政秋[**]

摘 要：最低生活保障标准，是最低生活保障制度的重要内容。我国最低生活保障标准的逐步完善经历了比较长期的过程。《社会救助暂行办法》在继承城市居民最低生活保障制度优点的基础上实现了对城乡居民最低生活保障标准的整合，但也存在比较笼统、操作性欠缺等不足。应规范并健全最低生活保障标准的制定、测算、动态调整、督导考核、资金投入等机制，加快构建公平统一的城乡居民最低生活保障标准，促进最低生活保障制度的有效实施。

关键词：最低生活保障标准；最低生活保障制度；《社会救助暂行办法》

最低生活保障标准，是国家为了保障收入难以维持基本生活需求的居民而制定的一种救济标准。作为不同于传统社会救济制度的主要标志，最低生活保障标准是一国居民最低生活保障制度的核心内容之一。实证考察我国最低生活保障标准的变迁，分析、研究其相关内容以及实施情况，有助于构建公平、统一的最低生活保障制度，有助于我国社会救助法律制度的进一步完善。

---

[*] 本论文系民政部招标课题"社会救助法律制度相关问题研究"的研究成果之一。
[**] 唐政秋，男，湖南华容人，长沙民政学院教授，主要从事社会法方向研究。

一 我国最低生活保障标准的演变

我国的最低生活保障制度（以下简称低保制度）经历了从初创、建立到逐步完善的过程。在实施地域方面，经历了从"城市"到"农村"再逐步到"城乡统筹"；在法律制度表现形式上，经过了"通知"到"条例"再到"办法"的变化。与此相适应，我国最低生活保障标准的完善也经历了比较长的过程。

一般认为，我国低保制度建立于1997年，当年9月国务院下发了《关于在全国建立城市居民最低生活保障制度的通知》。1999年9月国务院颁布《城市居民最低生活保障条例》（以下简称《条例》），标志着法律意义上的低保制度的正式确立。2007年国务院颁布了《关于在全国建立农村最低生活保障制度的通知》（以下简称《通知》），从此我国城乡低保制度分别建立。

自低保制度建立以来，我国一直确立的是"维持居民基本生活"的最低生活保障标准（以下简称低保标准）。如《条例》规定，"城市居民最低生活保障标准，按照当地维持城市居民基本生活所必需的衣、食、住费用，并适当考虑水电燃煤（燃气）费用以及未成年人的义务教育费用确定。"在当时的历史条件下，我国城乡低保制度采用上述标准符合经济社会发展水平，在保障城乡最贫困、最脆弱群体的生活以及维护社会稳定等方面发挥了重要作用。

随着国家经济实力以及综合实力的进一步增强，让城乡居民分享经济社会发展成果已成为共识，国家也有条件让更多低收入的人群享受低保。2014年2月国务院颁布了《社会救助暂行办法》（以下简称《办法》）。《办法》规定："最低生活标准"按照"当地居民生活必需的费用"确定。该《办法》删除了我国原来的低保制度中规定的"居民基本生活必需的费用"中的"基本"二字，修正了过去低保标准过低的不足，使我国最低生活保障线发生了重大变化，低保标准确定的依据由原来的绝对贫困线转变为相对贫困线，能更加有效地保护低收入人群的合法权益，彰显了新时期党和政府新的执政理念。

二 《社会救助暂行办法》颁布之前最低生活保障标准存在的主要问题

（一）覆盖人群少，低保水平低

《办法》颁布之前，我国低保制度确立的低保标准仅仅考虑衣、食、住、水电等维持生存的必需项目，而几乎没有考虑医疗、教育、交通、通信等项目，实际上低保制度只能惠及城乡社会贫困人口中最贫困的那部分。按照国际贫困线确定的收入低于平均收入的50%就属于贫困人口的定义，原来的低保制度采用绝对贫困线的局限性更加明显。根据有关专家学者的统计，我国以前的低保制度只覆盖了20%左右的贫困人口。"维持居民基本生活必需的费用"的规定，实际上只是"保证基本生存"，低保水平过低。

（二）确定因素不科学，标准偏低

《条例》与《通知》都是按照绝对贫困线确立低保标准，实际上确定低保标准是十分复杂的工作，需考虑多种因素（不仅仅是衣、食、住以及水电燃气等），并采用科学方法测算。地方政府在测算上述费用时，一是计算方法不统一，不同地方采用不同的计算方法确定保障线，二是因为低保标准授权地方（实际中主要是县级政府）确定，而地方政府一般主要根据本地的经济发展状况与承受能力来制定，结果是低保标准往往实际上是"保证基本生存"的标准。

（三）设计比较单一

这体现为：一方面，《办法》之前的低保标准虽然分为城市和农村两套标准，但制度设计与结构中既没有体现城市或农村贫困家庭的具体致贫原因，也没有考虑一些特殊家庭（如单亲家庭）或特殊人群（如儿童、老年人、妇女、残疾人等）的特殊需要，而是一律按简单、固定的标准予以救济；另一方面，"一刀切"现象比较多，没有考虑不同地区经济发展水平和生活水平的差别，在经济发展水平不同的地区却使用相同的保障标准。

（四）缺乏具体、可操作的调整机制，且调整依据不尽科学合理

依据《条例》，"城市居民最低生活保障标准需要提高时，依照前两款的规定重新核定。"《通知》也规定，"农村最低生活保障标准要随着当地生活必需品价格变化和人民生活水平提高适时进行调整。"但上述标准是否应该调整，具体又如何调整才公平合理，以及标准调整的幅度限制与调整的期限安排等，都没有具体规定。

（五）制定与调整权限规定不恰当

纵观《条例》和《通知》，二者均授予县（含县级市）独立制定与调整本地区低保标准的权限，如此规定如果是考虑到调动地方政府积极性也未尝不可，但这也直接导致了全国低保标准太多、城乡分割严重，省级行政区域之间低保标准差距大等问题，给城镇低保的整合和农村低保的整合带来了很大困难，同时，难以避免与制止地方对低保标准的随意调整或"该调不调"，这直接影响低保标准的规范性与严谨性。

三 最低生活保障标准的继承与完善

（一）《办法》有关低保标准的规定分析

《办法》第10条规定："最低生活标准，由省、自治区、直辖市或者设区的市级人民政府按照当地居民生活必需的费用确定、公布，并根据当地经济社会发展水平和物价变动情况适时调整。"对上述规定，我们可以作出如下基本分析。

第一,低保标准的确定依据是"居民生活必需的费用"。衡量低保标准合理性的基本尺度应该是其能否维持居民生活,或者说低保标准取决于居民生活必需的费用,因此,居民生活必需费用所包含的项目、必需费用的计算方法以及准确分析统计等,就成为科学合理确定低保标准的关键。

第二,《办法》规定的低保标准依然属于地方低保标准。地方政府(最低为设区的市级人民政府)掌握着该地区低保标准的制定权、调整权及具体数额的确定权。因此,地方政府如何遵循法治准则,依照《办法》的原则与精神制定相关法规和规范性文件,以保证低保标准的严肃性、科学性、公正性和执行力,也成为《办法》规定的低保制度得到贯彻执行的关键。

第三,低保标准的构成要素,实际上主要是"居民生活必需的费用"的构成项目,应当包含居民衣、食、住、水电燃气开支,以及必需的教育、医疗、交通、通信等方面的支出,而这些项目费用的多少与调整取决于当地的经济社会发展水平与物价变动情况,同时也应与当地居民人均可支配收入和消费支出基本保持一致。

第四,低保标准调整的依据是"当地经济社会发展水平和物价变动情况。"因此,应建立并完善当地低保标准的动态调整机制,依据《办法》以及其他法规(含地方制定的有关低保的规范性文件),结合地方经济社会发展的具体状况和物价指数,适时、科学调整低保标准,这既是法律赋予地方政府的权力,也是地方政府必须履行的"保障公民的基本生活"职责。

(二)《办法》有关低保标准的继承与完善

第一,统一了城乡居民低保标准的制定主体、确定依据与调整依据等,为构建城乡统一的低保制度奠定了基础,符合社会救助法律制度的公平原则。

第二,修改了低保标准的确定依据。将原来《条例》、《通知》规定的按照"维持居民基本生活必需的费用"修改为按照"居民生活必需的费用"确定,反映了低保标准与经济发展的同步,有利于低收入群共享改革发展成果,符合共产党执政为民与保障民生的理念,符合社会正义。

第三,体现了原则性与灵活性相结合。《办法》之所以只是比较笼统地提出了"居民生活必需的费用",而没有列出其具体项目和内容,主要是考虑到我国各地经济社会发展水平的差异性,赋予了地方政府根据其经济社会发展的具体情况,通过制定地方性法规和规范性文件确定保障线的权力,这也是公平原则的体现。

第四,提高了低保标准的制定层级。明确规定低保标准由"省、自治区、直辖市或者设区的市级人民政府"确定,取消了《条例》、《通知》赋予的县(县级市)人民政府制定低保标准的权力,一方面为城乡低保标准的区域统一性奠定了基础,有利于更大地域范围内保证低保制度和社会救济的公平性,同时可以减少现实中一些地方政府(尤其是县级政府)在低保标准确定过程中缺乏科学测算、调整过程中主观随意性较大的问题,另一方面可以保证低保资金投入的稳定增长与低保标准的合理调整。

四 有效实施我国最低生活保障标准的建议

(一) 进一步明确低保标准的制定依据

《办法》有关"按照当地居民生活必需的费用"确定低保标准的规定,一方面提高了低保保障水平,为地方政府确定低保标准提供了准则和依据,另一方面,"居民生活必需的费用"与"居民基本生活必需的费用"有什么区别、其中包括哪些项目、应该如何测定与计算等,《办法》并没有明确。为了给地方政府制定低保标准提供明确的指导,规范、统一全国的低保标准制定工作,防止出现新的不平衡,真正让人民更多享受经济社会发展成果,民政部有必要出台有关低保标准制定的基本规范,其中要具体明确居民生活必需的费用的主要项目,统一其内涵与外延等。

（二）规范低保标准的测算

低保标准的测算，主要是居民生活必需费用的测算。制定一个科学合理的低保标准，不仅有利于节约社会资源，也有利于维护低收入阶层的权益。[①] 如果标准过低，难以满足低保人群的生活需求；反之，如果标准过高，则政府财政压力较大，且可能使某些低保户滋生懒惰行为。《办法》颁布之前我国低保水平偏低。因此，建议首先在省级行政区域内建立统一的低保标准测算方法，既可以缩小地区差异，又可以实现统一管理。

（三）健全低保标准的制定与动态调整机制

第一，规范、科学制定低保标准。享有制定低保标准权力的地方政府，应该出台相关政策法规，规定制定原则、制定部门、制定程序、测算指标与测算方法等，促进本级政府低保标准的制定工作的法治化、规范化。同时，要保证制定低保标准的科学性。"科学"除了要求客观、合理确定"居民生活必需的费用"的项目（或称支出清单）外，还要求科学地制定测定贫困的指标体系，科学测算居民生活必需费用。"科学"也要求体现差别。在现阶段，我国在不同的地域之间还只能实行不同的低保标准，甚至即使在同一地域的城镇居民和农村居民，也只能逐步过渡到同一低保标准。

第二，确立低保标准的动态调整机制。《办法》实施以前，因为没有通过法规制度确立动态的、可操作的调整机制，一方面可能带来低保标准调整的随意性，另一方面有可能使低保标准在面对物价上涨等突发问题时，应对能力不足。[②] 因此，运用法治方式，通过总结经验，制定法规制度来适时地调整低保标准，保持其科学性与动态性，具有相当重要的

[①] 陈亮：《中国城镇居民最低生活保障标准的统计测算》，《统计与决策》2012年第6期。
[②] 刘喜堂：《当前我国城市低保存在的突出问题及政策建议》，载杨立雄、刘喜堂编《当代中国社会救助制度回顾与展望》，人民出版社，2012，第354页。

意义。

地方政府应组织多方力量,依照《办法》相关规定,运用大数据分析、数学模型等方法手段,深入调查研究低保标准与当地经济社会发展水平和物价变动情况的具体关系,寻找并确定影响低保标准的具体指标和因素,吸收多方面人群的意见,按法定程序制定出符合法律法规与地方经济社会发展实际情况的、具体可操作的低保标准动态调整方案。

第三,确保低保标准的制定与调整的民主与公开公正。低保标准的制定、调整涉及各种群体和部门的利益,不同的社会阶层、不同的利益主体和相关政府部门会展开博弈。应该按照相关立法程序,确保低保标准制定、调整的民主性,以此来保障低保标准的科学性、客观性和公正性。举行听证会无疑是民主所必需的,要保证公民尤其是低保人群在制定、调整低保标准方面的知情权,要通过举行听证会、设立意见箱以及畅通网络信息收集渠道等方式吸收他们的意见,从而加强公民的民主参与和监督。只有在公平和公正的法律程序的约束下,那些将要被上升为法律和制度的政治决定才是真正具有正当性的。

(四) 切实加强低保标准的督导与考核

《办法》早已于2014年5月1日正式实施,如何有效落实《办法》规定的低保标准制定与调整权,已经成为低保标准有效实施的关键,这与我国数量庞大的低保人群的切身利益攸关。为了保证地方政府制定的低保标准的科学性、公正性、公平性和合理性,不偏离《办法》立法者的本意,不违背《办法》的规定,防止和杜绝地方政府制定、调整低保标准时的"不作为"或"乱作为"现象,建议国务院、民政部、省级人民政府出台相关考核与督导方面的规定,明确地方低保标准的考核原则、考核指标、考核办法和督导措施等,还可以为地方制定低保标准提供辅导,也可以制定一些约束性指标等,以促进低保标准的督导与考核机制的构建与完善。

（五）逐步整合、统一城乡居民低保标准

第一，通过统筹城乡低保资金与统一城乡低保水平实现整合。当前我国经济社会发展取得了很大进步，十八届三中全会提出要"推进城乡最低生活保障制度统筹发展"。城乡不同的困难人群都能享受到最低生活保障是公平型城乡低保制度的应有之义，而城乡低保水平不仅取决于地方经济发展水平，也取决于低保资金的统筹层次。一方面，要通过政策法规，逐步提高统筹层级，推动同一地域城乡低保在制度、管理、资金、标准、政策五个方面的统筹和衔接。另一方面，按照公平性要求，同一地域城乡同类困难人群应当享受同一低保，对城乡不同类型困难人群实施同一低保水平下群体有别的低保待遇；针对特殊困难人群，不仅应保障其享有城乡同一低保水平，还应根据其特殊情况提供必要的其他救助服务（如心理救助）。

第二，通过规范实施城乡差别性低保标准实现整合。2015年以来，北京、上海、南京、长沙等多地统一了城乡低保标准，对于打破城乡二元壁垒、保障民生底线公平、让更多困难群众享受到经济发展成果具有重要意义。但如果不顾地方客观条件，简单推行城乡低保标准的统一，与我国经济社会发展现状和社会保障制度发展规律不相符，也不是真正的公平。我们应当看到，当前影响我国城乡低保制度公平性的关键性因素是低保水平。承认城乡不同的经济发展水平，保证在同一地域的城乡经济发展水平下实施同一最低生活保障水平，才是低保制度公平性的体现，才能有效保障城乡低保人群公平享有基本生活保障的权利。因此，整合并规范城乡低保标准的实施，保证低保制度覆盖人群和地区的均衡，并使同一地域的同类人群享有一致或相近的保障水平，是目前构建统一城乡居民低保标准的关键。①

第三，稳步提高农村居民的低保标准。整合城乡低保标准，首先要科

---

① 李薇：《论城乡最低生活保障制度结构体系的整合》，《探索》2013年第5期。

学制定同一地域农村居民低保标准,我们认为这应该是地方政府制定低保标准的工作重点,其次在现有制度下要优先提高农村居民的低保水平和低保标准,缩小地区之间低保差距以及城乡居民的低保差距,经济社会发展好的地区可以逐步统一城乡居民低保标准,促进社会公平与社会和谐。

(六) 完善低保资金投入机制,强化地方政府的主体职责

现实中,我国中央财政每年虽然也投入了大量的低保资金,但是,并没有形成制度性的法定机制,这导致中央财政投入低保资金的数额、比例、时间、地区等都带有不确定性,并造成了中央财政与地方财政的博弈,一些地方政府根据其财政收入状况来确定低保标准,结果是法律规定的低保标准形同虚设,严重影响了低保制度功能的发挥和国家法规的落实。因此,建议以救助需求为导向,在科学制定低保标准的基础上,可以借鉴法国、韩国等国家的经验和做法,通过制定具体的政策法规,首先把低保资金明确列入中央财政的支出项目,其次要明确地方政府财政是落实低保标准的首要责任主体并督促落实,最后要明确规定中央、省、设区的市三级政府在低保资金投入方面的比例和职责,促进中央政府和地方政府财政共担低保资金机制的形成。

On the Standard of Minimum Living Security and its Implementation

Tang Zhengqiu

Abstract: The minimum living security standard is an important content of the minimum living security system. China's minimum living standards gradually improved through a relatively long process. "Interim Measures for social assistance" on the basis of succession to achieve the integration of urban and rural residents minimum living standards, but there are also more general, lack of operational and other deficiencies. We should standardize and improve the minimum living security standards such as the formulation, calculation, dynamic adjustment, supervision and evaluation, capital investment and other mechanisms to speed up the construction of a fair and unified urban and rural residents minimum living standards, and promote the effective implementation of the minimum living security system.

Keywords: Minimum living security standard; Minimum living security system; Interim measures for social assistance

劳动者权利保护专题

基层群众自治组织工作人员职业伤害救济制度研究

王 霞 付 丹[*]

摘 要： 基层群众自治组织在我国基层管理工作中起着不可替代的作用，然而，由于法律地位不清晰，其工作人员职业伤害救济问题在理论与实践中都存在诸多争议。为了充分发挥基层群众自治组织的作用，有必要运用劳动关系理论对现有制度进行完善，把基层群众自治组织工作人员职业伤害纳入工伤保险制度体系。

关键词： 基层群众自治组织；职业伤害救济；工伤保险

一 案例及问题

韩守定系唐河县龙潭镇史桥村党支部书记、村委会主任。2009年2月12日下午3时左右，韩守定到村委会开会的途中发生交通事故受伤。韩守定向南阳市人力资源和社会保障局提出工伤认定申请。南阳市人力资源和社会保障局经审查，认为不符合受理条件，决定不予受理，并于当天作出和送达不予受理通知书。韩守定不服，诉至南阳市卧龙区人民法院，请求撤销南阳市人力资源和社会保障局作出的不予受理通知书。

---

[*] 王霞，湖南岳阳人，湘潭大学法学院副教授，主要从事经济法研究；付丹，湖南岳阳人，湘潭大学硕士研究生，主要从事经济法研究。

南阳市卧龙区人民法院审理认为：村民委员会是群众自治组织，不同于民间非营利组织，其不在《工伤保险条例》和《河南省工伤保险条例》规定的用人单位范围内。村民委员会成员因工作而受到的伤害不属于工伤，遂判决驳回韩守定的诉讼请求。一审宣判后韩守定不服，上诉至南阳市中级人民法院，南阳市中级人民法院审理认为，南阳市人力资源和社会保障局依据相关法律、法规的规定作出不予受理的通知并无不妥，一审法院判决正确，维持原判，驳回上诉。[1]

本案的争议焦点包括村民委员会是不是用人单位，是否属于民间非营利组织。在本案中，判决理由认为村民委员会属于自我管理、自我教育、自我服务的基层群众自治组织，不属于《工伤保险条例》规定的用人单位范围。因此，韩守定的权益无法得到救济。从本质上说，韩守定是因工受伤，但根据现有法律规定不能得到救济。实践中，随着基层工作的复杂化，类似案例在我国各地频繁发生，处理的结果也不尽相同。产生争议的原因在于我国现行法律在这一块并没有相关规定，基层群众自治组织工作人员的职业伤害成为我国法律规范的一个"盲点"。本文从我国目前基层群众自治组织工作人员的职业伤害救济的现状入手，试图构建基层群众自治组织工作人员遭受职业伤害的救济制度，以期对其权益进行合理保护，最终实现基层群众自治组织职业伤害救济的预期目的。

二 基层群众自治组织工作人员职业伤害救济概述

（一）基层群众自治组织工作人员职业伤害救济的现状

笔者在中国裁判文书网中以"工伤保险"、"工伤"、"村民委员会"、"居民委员会"为关键词进行搜索，筛选之后找到7个与之相关

---

[1] 北大法律信息网，http://www.pkulaw.cn/case_es/payz_118092000.html? match = Exact，最后访问日期：2017年1月9日。

的判决书。从人员身份来看，这 7 个人中有 6 个受聘于村/居委会，1 个是村委会主任；从诉求来看，均是请求工伤保险赔偿；从判决书的时间来看，均是最近几年；从判决结果来看，法院均认为村/居委会与村/居委会成员及其聘用人员不存在劳动关系，村/居委会不属于《工伤保险条例》规定的用人单位范围，他们所领取的报酬是误工补贴而非薪金。笔者找出的判决书不一定涵盖了中国裁判文书网中所列举的全部相关判决书，而且类似案件也未必全部收录到了中国裁判文书网中，数据并不全面，但是具有一定的代表性。另外，我们从其他数据库以及司法实践中了解的情况来看，大部分法院和律师也都倾向于根据现有法律规范做文义解释，认为基层群众自治组织与其成员及其聘用人员之间不具有劳动关系，也不适用工伤保险制度，使得基层群众自治组织工作人员职业伤害救济陷入困境。然而，我们可以从中分析出目前我国基层群众自治组织工作人员的职业伤害救济现状和发展趋势，那就是将作为法律盲点的基层群众自治组织工作人员的职业伤害救济纳入工伤保险范畴已逐渐成为共识。

（二）基层群众自治组织工作人员职业伤害救济的现行规定

我国《民法通则》和《侵权责任法》均有关于侵权损害赔偿的法律规定。因此，基层群众自治组织工作人员因工受伤有侵权人的，可以直接通过民事诉讼的方式请求侵权人承担侵权损害赔偿责任；对于不存在侵权人的，基层群众自治组织工作人员没有专门的法律救济途径。根据《村民委员会组织法》的规定，村委会成员根据工作情况，可享受适当的补贴，基于村委会成员是不脱产的，这个补贴并非严格意义上的工资，应视为误工补贴。关于补贴费用的来源该法并没有规定。根据《城市居民委员会组织法》的规定，居民委员会成员享有生活补贴费，其范围、标准由政府规定，并由政府拨付，也可从居委会的经济收入中给予适当补助。但是补贴能否用于基层群众自治组织工作人员职业伤害救济，两部法律均未明文规定。其他法律、行政法规也未对基层群众自治组织工作人员的职业伤害救济作出规定。

尽管法律没有基层群众自治组织工作人员职业伤害救济制度，但是部分地区的地方性法规和规范性文件及地方工作政策中有相关的规定。例如，四川攀枝花市东区人力资源和社会保障局于2007年下发了《关于机关聘用人员和社区居委会委员参加工伤保险有关问题的通知》；2010年，海南省昌江县十月田镇才地村委会按照该县上一年度社平工资标准为该村委会两委班子成员购买了工伤保险；中共海安县委组织部、中共海安县委农村工作办公室、海安县人力资源和社会保障局以及海安县财政局联合颁布《关于印发〈全县在职在编村干部工伤保险试行办法〉的通知》；贵州省习水县将村干部全部纳入工伤保险统筹，截止到2014年9月，全县村（居）干部参加工伤保险人数达1102人；从2015年起，青海省门源回族自治县每年安排资金近10万元，为全县109个村在编在职的545名村干部缴纳工伤保险；[①] 2015年，贵州省水城县在推进全县乡镇村干部职业化管理工作时，决定将村干部职业伤害救济纳入社会保障体系，使其依法享受工伤保险等相关待遇；2015年，绍兴市柯桥区湖塘街道办事处颁布的《关于进一步完善村干部基本养老等社会保障的通知》中规定在职定编村（居）干部实行"五险"全覆盖。这些文件和政策只是部分列举，并未穷尽。根据时间和地区的跨度来分析，将基层群众自治组织工作人员职业伤害救济纳入工伤保险已成趋势。

（三）基层群众自治组织工作人员职业伤害救济现有制度存在的问题

虽然目前我国部分地区规范性文件及地方工作政策把基层群众自治组织工作人员职业伤害纳入工伤保险，但仍然存在很多问题。第一，这些文件或政策并未覆盖全国，而且规定笼统、零散，未形成统一的法律制度体系，不具有普适性。第二，法律效力不明确。在没有出台法律、

---

① 周军、李占光、马晓玲：《门源为545位村官缴工伤保险》，《西宁晚报》2015年6月10日。

行政法规的情形下直接下发规范性文件，属于下位法违背上位法，并且，政府政策并非法律。因此，上述规定的法律效力存在争议。第三，基层群众自治组织的定性不明确。我国法律仅规定村/居委会属于基层群众自治组织，没有基层群众自治组织属于法人、社会团体，或是其他的明文规定。在实践中，由于性质不明确，与之相关的很多问题都悬而未决。第四，我国法律没有将基层群众自治组织与其工作人员的关系纳入劳动关系。根据我国《工伤保险条例》，要认定工伤，用人单位与其职员必须存在劳动关系。从劳动关系的构成要件分析，基层群众自治组织与其工作人员并非劳动关系。上述问题增加了将基层群众自治组织工作人员职业伤害纳入工伤保险救济的难度。

三 基层群众自治组织工作人员职业伤害救济的必要性

（一）发挥基层群众组织积极作用的需要

村/居委会是中国独具特色的基层群众性组织，村民自治是我国现代化改革过程中的产物，是在我国农村社会的"内生性"和国家的"外推力"双重作用下产生的。[①] 村/居委会成员作为中国国家治理机制中最基层的管理者，既是政府部门和基层群众之间的纽带，也是基层群众内部矛盾的协调者，还是上面各级政府"三农"政策的执行者和下面农村经济发展的组织者和领导者。在社会主义新农村建设中，他们是最直接的组织者、领导者和实践者。[②] 村委会对国家社会经济发展建设起到了举足轻重的作用，特别是对农村经济。村/居委会成员不是"官"，但在某种程度上履行着机关工作人员的职能，是国家治安管理中维系社会稳定的基石。并且，村/居委会成员由公民直接选举产生，属于真正意义上的人

[①] 杨林：《新时期加强和完善我国村民自治研究》，硕士学位论文，西南大学，2010。
[②] 余秀江：《不完全契约条件下的激励机制研究——基于广东村干部激励的实证分析》，《学术研究》2007年第8期。

民当家做主。因此，确保基层群众自治组织工作人员的职业伤害得到救济，保障工作人员合法权益具有必要性。

（二）维护公平和提高基层自治组织工作效率的需要

如前文所述，当基层群众自治组织工作人员遭遇职业伤害时，从目前法律规定来看，两部基层群众自治组织法和其他法律均未规定救济措施。在第三人侵权和职业伤害竞合的情况下，可选择向第三人请求损害赔偿，却没办法保障非竞合情况下遭遇职业伤害的基层群众自治组织工作人员的合法权益。此外，基层群众自治组织工作人员虽不属于国家机关工作人员，却履行着部分国家职能，例如管理公共事务和公益事业，调解民间纠纷，协助维护社会治安，协助人民政府开展工作，执行与监督计划生育政策，进行社会治安综合治理等。这些工作占据了基层群众自治组织工作人员大部分的时间和精力。没有无权利的义务，基层群众自治组织工作人员遭遇职业伤害时无法得到救济，是对其极大的不公平，违背了公平原则。

此外，基层群众自治组织工作人员遭遇职业伤害，但没有合法有效的救济渠道和措施，这种情况容易引发他们的消极情绪，挫伤他们的工作热情和工作积极性，导致其消极怠工，工作效率低下，甚至出现其他负面影响，进而影响到国家新农村建设等政策，不利于社会和谐。

（三）社会保险制度全覆盖的要求

我国的社会保险制度起步较晚，落后于西方发达国家。但是我国一直致力于完善整个社会保障体系，"使公民共享发展成果，促进社会和谐稳定"。社会保险制度的方针从20世纪90年代的"广覆盖、低水平、多层次"，到《社会保险法》中规定的"广覆盖、保基本、多层次、可持续"，再到十八大报告中的"全覆盖、保基本、多层次、可持续"。虽然后面只有一个字的变化，却是社会保障理念的重大转变，是对国民社会保障权益的进一步完善。工伤保险是社会保险体系的重要组成部分，能够及时对人员进行赔偿，起到分散职业风险和分散损失的作用。我国目前的法律制度并未将基层群众自治组织工作人员的职业伤害纳入工伤保险，然而随着我国社会的转型及社会形势的日趋复杂，基层群众自治组织工作人员作为我国基层政治建设和经济建设的主力军，在我国社会发展进程中的作用日益凸显，基层群众自治组织工作人员职业伤害必将成为我国社会保险制度的重要一环，将其纳入工伤保险是实现社会保险制度全覆盖的要求。

四　基层群众自治组织工作人员职业伤害救济的可行性

（一）有域外经验可供借鉴

西方很多发达国家都是社会保险制度发达的福利国家，社会保险的覆盖面非常广，社会保险待遇高，社会保障体系完善。以美国为例，在工伤赔偿法最初实行时，几种类型的职业是被排除在外的，包括农业雇工、家庭仆人、州际贸易铁路工人、州内从事非危险职业的雇工。美国纽约州工伤保险覆盖了所有盈利企业雇员，包括兼职员工、借用的员工、租赁员工、家庭成员和为盈利企业工作的志愿者。[1] 在德国，工伤保险的参加者并不要求必须是劳动者。德国参加法定工伤保险的人员占全国人口的一半左右，参加事故保险的人员范围非常广泛，不但有雇员、学徒、残疾人、独立经营者、农业企业主、家务劳动者、临时工匠等，还有幼儿园的儿童、中小学和大学的学生等。[2] 在日本，早在1975年，就已经将工伤保险的覆盖面扩大到几乎所有的行业，2009年，其将工伤保险的保障范围扩大到精神伤害赔偿，使日本的工伤保险制度更加全面化和人性化。相比较而言，我国工伤保险的覆盖面较小，局限于《工伤保险条

---

[1] 李迪：《中美工伤保险制度的比较研究》，硕士学位论文，江苏大学，2010。
[2] 〔德〕霍尔斯特·杰格尔：《社会保险入门》，刘翠霄译，中国法制出版社，2000。

例》第二条的范围。① 还有离退休人员、农民工、基层群众自治组织工作人员等人群未纳入或未完全纳入工伤保险的范畴，从而导致很大一批人享受不到基本的社会保障待遇，违背了我国实现社会保险全覆盖的方针。国外工伤保险广覆盖的经验表明，在基层群众自治组织工作人员遭遇职业伤害时进行工伤保险救济是可行的，并且有利于实现我国社会保障体制广覆盖的目的。

（二）我国工伤保险制度走向成熟

保险制度的完善与改革一直是我国改革的重点，随着社会保险制度大统筹和广覆盖的步伐，工伤保险制度也在不断地发展。新中国社会保险起步的标志是1951年政务院颁布的《中华人民共和国劳动保险条例》。1996年劳动部颁发了《企业职工工伤保险试行办法》，2003年国务院颁布《工伤保险条例》，至此，我国的工伤保险制度逐渐形成一个系统的、完整的体系，并走向成熟。我国人力资源和社会保障部、最高人民法院、政府工作报告相继出台完善工伤保险制度的相关文件、政策，《工伤保险条例》的修订就是重要的体现。具体来说，修订体现在工伤保险适用范围的扩大、认定范围的扩大、工伤认定程序的简化、工伤保险待遇的提高、公民的保险权益得到进一步的保护和提升几个方面。目前，基层群众自治组织工作人员职业伤害虽然还未纳入工伤保险的范畴，但是将其纳入法律规制保护体系是我国工伤保险制度走向成熟的一个必经历程。

（三）基层群众自治组织的性质使然

关于基层群众自治组织的性质问题，学界争议不断。按照我国现行

---

① 《工伤保险条例》第二条："中华人民共和国境内的企业、事业单位、社会团体、民办非企业单位、基金会、律师事务所、会计师事务所等组织和有雇工的个体工商户（以下称用人单位）应当依照本条例规定参加工伤保险，为本单位全部职工或者雇工（以下称职工）缴纳工伤保险费。中华人民共和国境内的企业、事业单位、社会团体、民办非企业单位、基金会、律师事务所、会计师事务所等组织的职工和个体工商户的雇工，均有依照本条例的规定享受工伤保险待遇的权利。"

的行政管理体制，村/居委会成员未被纳入国家正常政府官员编制，《村民委员会组织法》中明确规定了村干部不改变农民身份。因此，村干部不是"官"。《宪法》第一百一十一条规定"城市和农村按居民居住地区设立的居民委员会或者村民委员会是基层群众性自治组织。居民委员会、村民委员会的主任、副主任和委员由居民选举。"《村民委员会组织法》第二条第一款、第十一条第一款、第六条第三款分别规定"村民委员会是村民自我管理、自我教育、自我服务的基层群众性自治组织"，"村民委员会主任、副主任和委员，由村民直接选举产生"，"对村民委员会成员，根据工作情况，给予适当补贴。"《城市居民委员会组织法》也有类似规定，由此可见，村/居委会成员与村/居委会既非劳动关系，又非劳务关系。同时，《宪法》、《城市居民委员会组织法》以及《村民委员会组织法》均把村/居委会的性质认定为"群众性自治组织"，这是一个很模糊且独特的概念，它不属于《工伤保险条例》第二条规定中的任何组织。

然而，正是基层群众自治组织的性质，决定了其应纳入工伤保险的范畴。我国《工伤保险条例》中规定构成工伤的要件有以下几个：首先必须存在劳动关系，其次必须存在职工遭受人身损害的事实，再次职工的损害必须发生在其履行工作职责过程中，最后事故必须是职工遭受损害的原因。从构成要件分析基层群众自治组织工作人员职业伤害能否纳入工伤保险救济，后面三个要件是符合的，唯一不符合的是第一个要件，即村/居委会与其成员之间不是劳动关系。原因在于基层群众自治组织的独特法律性质，其性质的特殊性决定了基层群众自治组织工作人员法律地位的特殊性，基层群众自治组织本身有着无可替代的地位和作用，进而决定了基层群众自治组织工作人员职业伤害纳入工伤保险救济的可能性。此外，从工伤保险制度建立的目的来分析，工伤保险制度作为国际社会通行的一项社会保险制度，其目的和作用不仅在于给予工伤职工或职业病患者经济上的补偿和医疗上的救治，它的实质在于分配劳动风险，通过使职员获得补偿的方式分散用人单位风险，同时保护职员权益。[1] 工伤保险制度走向成熟的一个标志就是工伤保险的适用范围和认定范围的扩大，实现全覆盖。因此，将基层群众自治组织工作人员职业伤害纳入工伤保险是基层群众自治组织的性质使然。

五　基层群众自治组织工作人员职业伤害纳入工伤保险的制度构建

（一）明确基层群众自治组织与其工作人员之间的劳动关系

根据《工伤保险条例》，构成工伤的要件之一就是职工与用人单位必须是劳动关系。一般来说，劳动关系包括狭义的劳动关系和广义的劳动关系。20世纪80年代，我国一种较为流行的看法是对劳动关系作扩大理解，构成劳动关系广义说。劳动关系广义说认为劳动关系是人们在劳动中结成的相互关系，包括雇佣关系及社会保障关系、社会保险关系。[2] 劳动关系广义说局限于时代背景和经济体制，在当时那个年代发挥着其独特的作用。我们现在所讲的劳动关系，一般指狭义的劳动关系，即一般仅指劳动法上的劳动关系。根据《劳动法》，劳动关系是指企业、个体经济组织与劳动者之间的关系。《劳动合同法》中，劳动关系是指企业、个体经济组织、民办非企业单位等组织与劳动者间的关系。但是《工伤保险条例》中的劳动关系的主体还包括基金会、律师事务所等组织。从以上三部法律法规可以看出，我国的劳动关系理论处在一个不断发展和扩张的过程中。我国村/居委会与其成员之间不存在隶属关系，基层群众自治组织工作人员也不直接服务于村/居委会，因而并不满足劳动关系的构成要件，不构成劳动关系。因此，司法实践中，基于这一点，基层群众自治组织工作人员遭遇职业伤害走工伤保险途径得不到救济。然而，法律的制定与修改是为了解决现实问题、处理社会矛盾、满足现实的需要，

---

[1] 王秋媛、谢增毅：《非全日制用工工伤保险制度的困境及其解决》，《海峡法学》2014年第4期。

[2] 李斌：《我国劳动关系法律问题研究》，硕士学位论文，贵州大学，2009。

学说理论的研究也是源于现实问题解决的必要性。因此，完善劳动关系理论，进一步扩展劳动关系的范围，明确基层群众自治组织与其工作人员之间的劳动关系就存在现实必要性。

（二）将基层群众自治组织工作人员职业伤害救济纳入工伤保险制度体系

1. 基层群众自治组织工作人员职业伤害救济的立法模式选择

要把基层群众自治组织工作人员职业伤害纳入工伤保险制度体系进行救济，就必须将其纳入法律规范体系。首先要考虑的就是基层群众自治组织工作人员职业伤害的定性问题，具体来说，就是怎样的职业伤害才能纳入工伤保险范围，即工伤认定的问题。笔者认为，《工伤保险条例》对工伤认定、申请等制度有详细的规定，这里均可适用。然后是立法模式的选择问题，有以下几种模式选择，首先是单独立法，其次是修改《工伤保险条例》，最后是修改《村民委员会组织法》和《城市居民委员会组织法》。我国已经有独立的基层群众组织自治法，也有独立的《工伤保险条例》，如果就基层群众自治组织工作人员职业伤害救济单独立法，有重复立法和浪费立法成本之嫌，因此并不合适。笔者认为，应当在《村民委员会组织法》和《城市居民委员会组织法》中增加将基层群众自治组织工作人员职业伤害纳入工伤保险的条款，同时在《工伤保险条例》中把基层群众自治组织纳入工伤保险的适用范围。另外，基于基层群众自治组织法律性质的特殊性，可出台基层群众自治组织工作人员工伤保险实施细则，规定投保主体、经费管理、监督等具体规则。

2. 基层群众自治组织工作人员职业伤害救济纳入工伤保险的具体制度

把基层群众自治组织工作人员纳入工伤保险范畴，需要解决的最大的现实问题就是谁来买单。按照《工伤保险条例》，工伤保险的购买主体是用人单位，但是基层群众自治组织并不是独立的法人，它本身没有独立的资金，也不向其成员下发工资，工作人员仅有误工补贴，而且村/居委会之间的穷富差距比较大。也就是说基层群众自治组织有可能没有能力为其成员购买工伤保险。有人提出，村/居委会是为了农/居民服务，就应由村/居委会下面的公民为村/居委会人员购买工伤保险，但这个现实操作性很低。

基层群众自治组织工作人员的补贴主要来自政府财政拨款，因此，政府为其购买工伤保险是最具现实操作性的。原因在于基层群众自治组织工作人员的职能，根据《宪法》第一百一十一条，《村民委员会组织法》第二条、第八条、第九条以及《城市居民委员会组织法》第三条、四条、第十三条的规定，村/居委会职能中带有明显的行政职能色彩。尽管，村/居委会也有其他职能，但是明显在行政职能上耗费的时间、精力更多。由此可以看出，我国的村/居委会虽然性质上是群众性自治组织，但行政性色彩浓烈，我们可以把政府视为委托机关，委托村/居委会行使部分行政职能，也可以把基层群众自治组织看作类似于政府的派出机构。因此，由政府为基层群众自治组织工作人员购买工伤保险理所应当。

接下来需要解决的问题是，政府为基层群众自治组织工作人员购买工伤保险的经费是否需要独立。政府经费支出一般是财政拨付，各个地方的经济发展水平和工资水平存在差异，加上基层群众自治组织工作人员的人数差异，因而拨付到各个基层群众自治组织购买工伤保险的经费也有差异。随之而来的可能还有政府预算问题、拨付经费的透明度问题、寻租问题等。另外，基层群众自治组织工作人员的误工补贴与工伤保险经费需要分开，否则容易造成基层群众自治组织内部管理的混乱。因此，有必要成立独立的经费管理部门及监管机构，从这笔政府支出经费的预算到经费的使用都要有相关的章程，做到公开、透明。这样才能真正保障基层群众自治组织工作人员的保险权益。

Research on the System of Occupational Injury Relief for Staff of Grassroots Self-government Organization

Wang Xia, Fu Dan

Abstract: Grass-roots mass self-organization plays an irreplaceable role in the management of our country at the grassroots level, however, because of their legal status is not clear, its staff occupational injuries remedy problems in both theory and practice, there are many controversial. In order to give full play to the role of grassroots self-organization, it is necessary to use the existing system of labor relations theory to perfect, the grass-roots mass self-government organization staff occupational injuries into the work injury insurance system.

Keywords: Grass-roots mass self-organization; Occupational injuries relief; Industrial injury insurance

加班制度下的"过劳死"问题

王红艳　唐思佳[*]

摘　要：近期我国出现了大量的劳动者由于过度加班而"过劳死"的事件，但是目前法律并没有认可"过劳死"的法律地位，死亡职工的权利得不到有效保障。文章通过分析"过劳死"的原因、工伤认定以及司法实践中法院如何裁判"过劳死"案件，从而提出了相应的对策。

关键词：过劳死；加班；工伤

随着我国经济的发展和社会竞争的日益激烈，劳动者长时间的超强度工作导致其长期处于亚健康状态，严重时甚至危及生命，"过劳死"事件时有发生。2016 年上半年，28 岁的网易女编辑由于过度疲劳患肝癌去世，她的微博转发了人民日报《从疲劳到癌症仅需 4 步！你还在透支身体吗？》一文，并配文"我就是例子啊"。华为员工魏延政不幸离世前的高强度工作也让人唏嘘不已。不仅在私企，就连很多政府机关也难以保证职工正常的休息时间。同年 7 月 30 日，辽宁省铁岭市清河区人民法院法官王鹏宇同仁患脑出血去世，享年 34 岁，生前朋友圈曝光其每天都在加班。

2016 年下半年，58 同城被爆出实行全员"996"工作制度，一时引起热议。所谓"996"工作制是指员工的工作时间为早上 9 点至晚上 9

---

[*] 王红艳，湖南邵阳人，长沙理工大学教授，法学硕士，硕士生导师，主要从事民诉法研究；唐思佳，湖南邵阳人，长沙理工大学硕士研究生，主要从事工程法学研究。

点，每周工作6天。并且58同城公司要求员工在没有任何补贴和加班费用的情况下实行"996"工作制，同时不能请假。"996"工作制并非58同城独有，事实上，许多互联网公司的部分部门已经实行了该工作制。不久后，济南浪潮集团出现的"奋进者申请书"更是"996"工作制的加强版，公司要求职工每天工作12个小时，每周工作6天。职工被迫放弃所有带薪年假，进行非指令性加班，除此之外，春节、国庆等大假期还需随叫随到，无条件加班。用工单位长期要求员工进行超负荷、超强度的工作，导致"过劳死"事件层出不穷，这再次引起了对于加班文化下"过劳死"现象的关注。本文将对"过劳死"的原因、当前的法律规定以及司法实践中对"过劳死"案件的判决进行分析，并在此基础上试图提出对"过劳死"进行法律规制的具体路径。

一 "过劳死"的概念界定及成因分析

（一）"过劳死"的概念

"过劳死"，简言之，乃指因过度工作而死。更专业的定义系指劳动过程中过重的身心负荷、疲劳的不断累积，造成既有的高血压或动脉硬化等疾病恶化，进而破坏劳工正常的工作和生命节奏，最终导致死亡。[①] 无论是极端长时间工作或者夜班打乱常规的休息模式，还是极端繁重的高负荷工作都可能造成"过劳死"。从客观上看许多"过劳死"并不是字面意义上的"累死"，而是长期的疲劳转化为某种病发进而导致死亡，因此判断疲劳和病发哪一个是死亡的主要原因常常很模糊，从而会导致"过劳死"责任分配上的不清楚。

（二）"过劳死"的成因

用人单位普遍超过法律规定的加班限制，劳动者出于种种原因被迫

[①] 孙国平：《"过劳死"的比较法思考》，《当代法学》2010年第1期。

加班，超强度的加班使得劳动者体力透支，甚至出现"过劳死"的现象，超负荷加班成为"过劳死"现象的一个最直接的原因。

1. 加班制度的法律规定

我国《宪法》第 43 条明确规定了劳动者享有休息权。为了保障劳动者《宪法》上休息权的实现，我国法律、法规对延长工作时间进行了限制，主要有《劳动法》、《劳动合同法》、《劳动保障监察条例》等。《劳动法》第 41 条规定："用人单位由于生产经营需要，经与工会和劳动者协商后可以延长工作时间，一般每日不得超过一小时；因特殊原因需要延长工作时间的，在保障劳动者身体健康的条件下延长工作时间每日不得超过三小时，但是每月不得超过三十六小时。"《劳动法》第 90 条规定："用人单位违反本法规定，延长劳动者工作时间的，由劳动行政部门给予警告，责令改正，并可以处以罚款。"《劳动合同法》第 31 条规定："用人单位应当严格执行劳动定额标准，不得强迫或者变相强迫劳动者加班。用人单位安排加班的，应当按照国家有关规定向劳动者支付加班费。"《劳动保障监察条例》第 25 条规定："用人单位违反劳动保障法律、法规或者规章延长劳动者工作时间的，由劳动保障行政部门给予警告，并可以按照受侵害的劳动者每人 100 元以上 500 元以下的标准计算，处以罚款。"这些法律法规规定了我国的工时制度，并且明确规定用人单位延长工作时间需要达到的条件以及违反规定带来的法律责任，这些规定都是为了避免用人单位滥用管理权，任意延长劳动者工作时间，损害劳动者休息权。

2. 加班法律制度现状

为了提高效益，企业希望最大限度地获取企业职工的价值，使得利润空间达到最大。在这样的利益驱动下，企业安排劳动者加班的情况已经是一种常态，在不少企业中，加班的多少成为考核职工的依据，甚至变成一种企业文化，作为体现职工工作态度和企业忠诚度的一种方式，更成为其能否继续留职和生存的重要指标。

目前，一方面，企业可以通过制度设计规避劳动法工时以及加班限制，企业只需要将加班和绩效考评相联系，员工为了更好的绩效不得不"自愿"去加班，这样企业既提高了效率，也无须承担安排员工加班的高额成本。① 事实上，之前发生的许多"过劳死"事件都涉及'员工自愿加班"的问题。从主观上看，许多企业从表面上并没有强制员工加班，加班都是员工的自愿行为，企业看似没有过错，也正是这样的"自愿"加班行为带来的"过劳死"常常会出现责任不清问题。另一方面，许多人推崇的"弹性工作制"实际上也并没有那么完美，反而给加班找了更多借口。许多互联网公司实行"弹性工作制"，说是员工可以自主安排具体的工作时间，但是往往他们会比规定的上班时间早到，而下班时间到了之后，由于上级指定的任务有时间截点，他们为了不影响自己的绩效和团队进度而"被加班"，甚至也会出于"其他同事都没有走，自己也不敢提前离开"这种心理导致下班时间被推迟。美其名曰的"弹性工作制"实际上给加班和通宵工作找了更多的借口。

"一方是要求生存的劳工基于无奈在高标准加班工资的刺激下主动希望加班，一方是基于节约成本充分挖掘员工潜力的雇主迎合劳工需要，而此时劳动监察部门的执法因面对普遍性违法显得力不从心，呈现'两打一'局面。而员工真正到劳动执法部门举报时，一般皆在其离职或与用人单位闹僵之后，此时，加班证据可能难以收集，况且我国劳动执法部门的执法权限存在先天性不足，只能进行劳动监察以及行政查处，不能直接执法。"②

二 "过劳死"适用的法律规定以及司法实践

（一）"过劳死"适用的法律规定

首先，"过劳死"与工作上的原因密切相关，所以"过劳死"的救济

---

① 董保华：《"过劳死"的法律探索》，《法治研究》2012年第2期。
② 孙国平：《"过劳死"的比较法思考》，《当代法学》2010年第1期。

方面与工伤紧密联系，实践中，死亡职工的家属也常会以工伤为理由要求赔偿。目前的工伤规定主要是《工伤保险条例》。《工伤保险条例》第 14 条罗列了 7 种情形应当被认定为工伤，明显"过劳死"不属于这 7 种情形。其次，立法者基于保护劳动者合法权益和给弱者提供救济的立法目的，放宽了上述 7 种情形认定的一般工伤的条件，在《工伤保险条例》第 15 条规定了"视同工伤"的 3 种情形，要求不一定同时具备工作时间、工作地点、工作原因三要素。《企业职工工伤保险试行办法》中，有与现行立法不同的规定。其第 8 条第 4 项明确将在生产工作的时间和区域内，由于工作紧张突发疾病造成死亡作为工伤的情形之一，其强调的是"由于工作紧张"。当时，我国离"过劳死"的认定只有一步之遥。《工伤保险条例》第 15 条第 1 款与该款相比，在突发疾病这一问题上，《工伤保险条例》只强调工作时间、工作岗位两个要素，没有要求突发疾病与工作紧张的关系，从对"过劳死"的救济角度而言，不得不说这是立法的一个退步。

（二）"过劳死"的司法实践

笔者以关键字"过劳死"在中国裁判文书网中进行检索后，去除重复上传案件，共发现 29 个法院涉及认定职工"过劳死"是不是工伤的案例。从案件的分析结果上看，其中有 8 个案件原告主张当事人死亡是因为"过劳死"，法院认定当事人属于工伤。笔者对这 8 个案件进行总结时发现法院最终认定工伤的裁判思路为：原告主张死亡职工是"过劳死"，因此属于工伤赔偿范围，但是法院避开了"过劳死"属于工伤情形，而是根据《工伤保险条例》以及劳动和社会保障部《关于实施〈工伤保险条例〉若干问题的意见》（劳社部函〔2004〕256 号），认为当事人死亡属于法律规定的工伤情形。首先，在以上案件中，法院对《工伤保险条例》第 15 条第 1 项的适用主张从立法目的上作适当扩张解释，不能仅仅针对字面意义进行理解，而要尽可能地朝着有利于劳动者利益的角度进行广泛理解，以显示保护弱者的立法宗旨。其次，《工伤保险条例》第 15 条第 1 项规定，职工在工作时间和工作岗位突发疾病死亡或者在 48 小时之内经抢救无效死亡的，视同工伤，《关于实施〈工伤保险条例〉若干问题的意见》实际上将48小时扩大解释了，将48小时的起算点认定为医疗机构的初次诊断时间。

笔者对29个案件进行总结时发现，这些案件可以分为两大类，一类主张当事人属于"过劳死"，应该得到工伤赔偿，另一类主张被告侵犯了当事人的生命权、休息权，根据《侵权责任法》第6条的规定，原告起诉被告人承担赔偿责任，需要证明被告人的过错以及被告人的过错和当事人死亡有因果关系。劳动者的家属应举证证明用人单位存在侵权行为，事实上，对于处于弱势地位的劳动者家属来说，举证用人单位存在强迫或者变相强迫劳动者超时超强度工作的过错，并且证明这种行为与劳动者的死亡有因果关系是相当困难的，那些主张侵权的案件中往往都是因为原告无法举证证明，从而承担举证不能的败诉后果。

三 "过劳死"的法律规制

（一）加班制度规制

1. 加重用人单位违法安排加班的处罚

法律实际上并不缺乏对加班制度的规定，但是对于违反加班规定的用人单位处罚太轻。法律应当更严格地规定法律后果，例如用人单位必须承担强制性的罚款，提高用人单位的违法成本，使得用人单位不再对违法加班抱有侥幸心理。只有对用人单位违法安排加班的行为进行更严厉的处罚，加班控制才可能得到实现。

《劳动合同法》第85条规定"用人单位安排加班不支付加班费的，由劳动行政部门责令限期支付劳动报酬、加班费或者经济补偿，逾期不支付的，责令用人单位按应付金额的百分之五十以上百分之一百以下的标准向劳动者加付赔偿金"。此条规定的赔偿金是在劳动行政部门责令后逾期不支付的情况下，才需加付的。实际上，立法在此处给用人单位提供了可钻的漏洞，既然按规定支付加班费和劳动行政部门责令后再支付是一样的，那么用人单位肯定会一再延迟支付，因为这样做没有任何违法成本，此规定显然是不合理的。应规定一旦用人单位安排加班不支付加班费，就需要向劳动者加付赔偿金。只有加大违法成本，用人单位才不会不交付加班费，也正是高额的加班成本必然使得用人单位不再随意地安排劳动者加班，加班控制才有可能实现。①

2. 提高劳动监察部门的执法能力和水平

《劳动法》以及《劳动合同法》都规定了劳动监察机构在工时方面的监督检查，监察部门就应该依靠法律赋予的权力主动执法，将权力落实于实处。首先，工作重心要着眼于日常劳动监督，加强对业主的监督检查，监督人员通过与工人的沟通，听取他们的发言，以充分了解雇主的规章制度，了解用人单位对法律所规定的工时、休息休假、工作强度等制度的执行与遵守情况。其次，劳动监察部门要建立企业内部档案备案制度。对存在过度加班导致员工"过劳死"现象的单位进行监督，并及时调查和纠正，发挥监察部门的威慑作用。

3. 完善工会维权机制

我国《劳动合同法》中，虽然只有98条规定，但与工会有关的规定已达到11条，占全部法律规定的11.2%。笔者认为，这在一定程度上反映了立法者对工会的高度期望。《劳动法》第41条规定：用人单位由于生产经营需要，经与工会和劳动者协商后可延长工作时间。说明针对加班，劳动者和工会均有权与企业就是否需要加班、加班的具体时间与条件以及加班给予劳动者的待遇水准等问题进行协商。基于我国劳动者相对企业普遍处于弱势的现实，工会便成了劳动者维护自身权益的现实依托。工会组织的集体谈判能力满足了劳动者与企业平等对话的要求。"保证工会的组建和独立性有利于提高工会集体谈判能力，同时也将大大有利于增强劳动者在与企业进行加班工时、加班工资协商时的话语权，对提高劳动者加班时的各项待遇，避免过度加班有重要意义。"②

---

① 王林清：《加班控制制度法律问题研究》，《法学杂志》2012年第8期。
② 郑功成：《社会保障概论》，复旦大学出版社，2005。

(二)"过劳死"的立法分析

我国对"过劳死"的立法途径在实践中有四种观点,四种观点根据不同的理念提出了修改现行立法的建议。"职业病说"主张将"过劳死"纳入职业病范畴,"工伤说"主张将"过劳死"加入工伤范围,"侵权说"认为"过劳死"属于侵权,"刑事制裁说"将"过劳死"视为刑事案件,认为雇主应受到刑事制裁。笔者比较赞成将"过劳死"认定为工伤。

按照《条例》规定,关于工伤认定的法律规定主要有四个方面的因素:一是完成工作任务或执行公务;二是满足工作时间、工作地点;三是从事与本单位或本职工作有密切联系的工作;四是从事的工作有利于国家或社会的发展,只要符合一条就可以构成工伤。劳动者"过劳死"往往具备上述一个或多个认定因素。首先,"过劳死"发生的前提是建立劳动者与用人单位的劳动关系,从而劳动者需要完成本职工作或用人单位分配的其他任务。其次,"过劳死"是用人单位违反法律规定,强迫劳动者超时、超强度工作,最终造成其死亡,因而多数情况下会在工作时间、工作地点发生。而对于"过劳死"劳动者所从事的工作往往也是有利于国家和社会发展的。因而,"过劳死"可以直接认定为工伤。现今社会最常用的《工伤保险条例》第 15 条第 1 款的"双工+48小时"的规定,虽然饱受诟病,但仍在一定程度上对"过劳死"劳动者的合法权益给予了法律保护。这些都是将"过劳死"直接纳入工伤的有益尝试。

(三)目前"过劳死"案件的维权

目前,并没有法律将"过劳死"认定为工伤,在法律未认可的情况下如何最大程度地保护死亡职工的利益,死亡职工的继承人如何进行维权有待思考。在出现"过劳死"时,应首先通过工伤保险制度获得赔偿,如果符合一定条件,劳动者家属可提起民事诉讼获得补充赔偿。家属应该争取将劳动者的"过劳死"认定为工伤,因为一旦被认定为工伤,家属即可通过工伤保险基金享受相应的工伤保险待遇,如丧葬补助金、一次性工亡补助金、供养亲属抚恤金等,如果用人单位没有为劳动者缴纳过工伤保险,则上述工伤保险费用并非由工伤保险基金支付,而是由用人单位承担给付责任。

其次,若劳动者的"过劳死"无法被认定为工伤,笔者认为家属可依据《侵权责任法》的相关规定向用人单位争取相应权利。在此类情况下,家属可以考虑依据《中华人民共和国民法通则》第132条:"当事人对造成损害都没有过错的,可以根据实际情况,由当事人分担民事责任"主张相应的权利。也有的学者认为,家属可以依据《侵权责任法》第2条:"侵害民事权益,应当依照本法承担侵权责任。本法所称民事权益,包括生命权、健康权"的规定或《最高人民法院关于审理人身损害赔偿案件适用法律若干问题的解释》第11条"雇员在从事雇佣活动中遭受人身损害,雇主应当承担赔偿责任"的规定主张相应的权利。因为"过劳死"的发生很大程度上是用人单位隐性地侵犯了劳动者的休息权,从而导致劳动者的生命权、健康权受到侵害。

从实际上看,主张侵权赔偿胜诉的可能性很小,因为当事人并没有办法举证用人单位负有过错,并且证明这种行为与劳动者的死亡有因果关系,反而主张工伤胜诉的把握更大。因为根据《工伤保险条例》第19条第2款和《工伤认定办法》的规定,用人单位应当承担证明否定工伤的举证责任,如果不能证明劳动者的伤害是由劳动安全以外的原因引起的,就应当认定为工伤。这说明,在工伤认定中实行举证责任倒置,即用人单位无论是原告还是被告,都要承担举证责任。法律在判决中的工伤认定,应以保护劳动者合法权益为出发点,从立法目的上对《工伤保险条例》进行适当的扩大解释。

四　结语

本文从"过劳死"的成因、司法实践的处理以及法律规制三个方面进行分析，提出三个对策：规制加班制度，将"过劳死"认定为工伤以及实践中具体的维权方法，能够帮助不幸地经历过"过劳死"的家庭在维权的道路走得更为平稳。

Simple Approach of "Karoshi" under Overtime System

Wang Hongyan, Tang Sijia

Abstract: Recently in our country, there are a lot of "karoshi" events. However, the current law does not recognize the legal status of "karoshi". The rights of the dead workers can not be effectively protected. This paper analyzes the causes of "karoshi", identification of industrial injury and adjudication of "karoshi" in juridical practice. the paper puts forward the corresponding countermeasures.

Keywords: Karoshi; Overtime; Industrial injury

中国涉外劳工权利保护研究

徐 莉 陈怡灵[*]

摘 要：随着经济一体化潮流的快速发展，在海外就业的中国公民越来越多，海外劳工权利受损情况也日益突出。面对这一突出问题，本文通过研究国内和国际法制，提出了完善海外劳工权利保护机制的建议。一方面从国内法制入手：要加强国内立法与完善管理机制，健全外交和领事保护的预防和应急机制，健全海外务工保险保障体系；另一方面从国际法制入手：要加强与国际劳工组织的联系，重视国际劳工标准及缔结劳务协定，积极参与国际劳务合作"新"规则的制定。只有国内法制与国际法制两方面协调与配合，才能更充分地保护海外劳工的合法权益。

关键词：海外劳工权利；国际劳务合作；国际法制

一 我国海外劳工权利保护现状

我国是世界上人口最多的国家，人口约 14 亿，约占世界总人口总数的 20%，劳动力资源总数超过 8 亿。2010 年海外劳工人数达 534 万，截至 2015 年 10 月底，对外劳务合作业务累计派出各类人员 791 万人。[①] 他们散布在全球 180 多个国家和地区，涵盖建筑工程、制造业、服装和机械

---

[*] 徐莉，湖南湘阴人，长沙理工大学文法学院副教授，法学博士，主要从事国际法学研究；陈怡灵，江西南昌人，长沙理工大学文法学院研究生，主要从事社会法学研究。

[①] 中国商务部网站，http://www.mofcom.gov.cn，最后访问日期：2016 年 12 月 23 日。

加工等领域。其中，外派劳务人员人数较多的国家和地区依次为：日本、新加坡、韩国、阿尔及利亚、中国澳门、俄罗斯、中国香港、阿拉伯联合酋长国、苏丹、约旦、塞班、中国台湾和毛里求斯。中国对外劳务合作的行业领域主要分布在制造业、建筑业、农林牧渔业、交通运输业和餐饮服务业。其中，建筑、纺织、渔工类劳务人员占外派劳务人员总数的80%以上。中国为国际建筑、纺织劳务和海员的重要来源地。此外，也有一些涉及咨询管理、科教文卫体、计算机技术服务等高级技术领域的劳务人员，但所占比例不大。我国海外劳工多集中在劳动力普遍短缺的发达国家，海洋捕捞、水产加工等劳动密集型低层次劳务占了绝大多数。[①] 我国是对外劳务输出大国，劳务输出大致包括：国际承包工程项目下的劳务输出，涉外劳务中介机构，招募，通过亲友直接同外国雇主签订合同四种方式。

我国国际劳务合作带来的经济效益和社会效益都很突出。有国内专家测算，中国目前外派劳务每年汇回和带回的外汇收入约20亿美元，价值可观。300多万外派劳务人员的家庭经济状况得到改善，并带领身边的人一起创业发家致富，也缓解了一部分我国国内就业的压力。对外劳务合作为我国劳务人员"走出去"提供了一条重要途径，让一部分劳务人员通过自己的劳动，实实在在地富裕起来，并促进了区域经济的发展。"派出一人，富裕一家，带动一片，安定一方"是对外劳务合作经济和社会效益的真实写照。因此，积极开展对外劳务合作，促进劳动力跨国流动，是促进就业和提高人们生活水平的有效途径，也是促进我国经济发展的重要方法，但对外劳务合作越是频繁，出现的劳工权利问题也就越多。

我国海外劳工权益受损主要表现在以下几方面。第一，海外劳工被隐瞒实情，包括工作的地点、时间、岗位、待遇、福利等，招工时说得很诱人，而实际情况却很糟糕。第二，劳动合同约定的权利没有兑现。

---

① 范姣艳、殷仁胜：《中国海外劳工权益保护法律制度研究》，中国经济出版社，2013，第339~340页。

如违反最低工资的约定，工资被无故拖延，延长工作时间并没有加班费，工作环境很差等。① 第三，人身权利受到限制。海外劳工有时会被限制人身自由，被要求上缴护照、身份证，抗议者会遭受人身攻击，被压榨，甚至被遣返回国。第四，社会权利缺失。海外劳工在当地社会地位比较低，不能享受国民待遇，缺少所在国基本的社会保障，很难组织参加工会，海外劳工的合法权益没有得到应有的保护，还遭受种种不公平待遇。虽然我国海外劳工权益的维护，已经引起了我国及其他国家政府、国际社会、社会组织等各方面的关注，但从整体上看，采用的仍然是个案处理的方式，国际社会并没有达成共识，国家之间存在分歧，国内方面也没有形成统一的法律制度。② 在全球化进程不断加快的今天，世界各国不是移徙劳工输出国就是输入国或过境国，甚至部分国家三者兼而有之，几乎不存在完全与移徙劳工无关的国家和地区。国际劳工迁徙关涉错综复杂的经济、政治、社会、民族宗教和国际关系等或重大或敏感的问题，因此海外劳工问题在许多国家和国际事务中日益占据重要地位。如何加强我国海外劳工权益的保护，还需要多角度、全方位和综合性研究。

二 我国现行法律规范对海外劳工的保护及评析

（一）我国国内法律规范对海外劳工权利的保护

国内现行的涉及保护海外劳务人员的法律规范主要有以下几部分。①法律。《中华人民共和国宪法》（以下简称《宪法》）规定国家尊重和保障人权；公民的人身自由不受侵犯；公民的人格尊严不受侵犯；等等。《宪法》作为我国的根本法，对公民基本权利的规定，为我国保障海外劳工权利奠定了基础。《劳动法》规定劳动者享有平等就业的权利；有取得报酬的权利；有提请劳动争议处理的权利；等等。《中华人民共和国涉外

---

① 常凯：《论海外派遣劳动者保护立法》，《中国劳动关系学院学报》2011年第1期。
② 王辉：《我国海外劳工权益保护探究》，《嘉应学院学报》2015年第4期。

民事关系法律适用法》（以下简称《法律适用法》）对涉外劳动合同的法律适用有所涉及，规定了劳动合同适用当事人选择的法律，在当事人没有选择的情况下，劳动合同适用劳动者工作地法律，难以确定劳动者工作地的，适用用人单位主营业地法律，劳务派遣则可以适用劳务派出地法律等。②行政法规。2012年8月1日我国《对外劳务合作管理条例》（以下简称《条例》）生效，我国对外劳务合作进入了一个新时期。《条例》制定的目的之一就是保护我国海外劳工的利益，这与以往不同，它规定的内容不是规范我国部门管理操作程序，而是保护海外劳工的权益。《条例》共五十三条，分为六个部分：第一部分是总则；第二部分是从事对外劳务合作的企业与劳务人员；第三部分是与对外劳务合作有关的合同；第四部分是政府的服务和管理；第五部分是法律责任；第六部分是附则。《条例》的主要内容包括：一是按照"属地管理、权责一致"的原则明确了"对外劳务合作由县级以上地方人民政府负责全过程监管以及各部门协调配合"的管理框架；二是严格经营资格管理，提高对外劳务合作企业的注册资本要求和缴纳对外劳务合作风险防范备用金的标准，并授权省级地方商务主管部门或设区的市级商务主管部门负责审批；三是按照"谁派出，谁负责"的原则，明确外派企业和劳务人员的权利义务，规范经营行为；四是严厉打击非法外派，维护正常的市场秩序；五是加强政府服务和管理。① ③地方性法规：《福建省闽台近洋渔工劳务合作办法》主要是为保护闽台近洋渔工劳务合作的。④政府规章：《安徽省对外民间劳务合作管理试行办法》、《四川省对外劳务管理办法》。⑤部门规章：对外贸易经济合作部、外交部、公安部关于《办理外派劳务人员出国手续的办法》；外交部领事司《外派劳务人员申办签证实施细则（试行）》；公安部《关于执行〈办理劳务人员出国手续的办法〉有关问题的补充通知》；对外贸易经济合作部《对外劳务合作项目审查有关问题的规定》；商务部办公厅《关于进一步加强外派劳务培训管理工作有关问题的

---

① 王辉：《国际劳务合作中的劳工权利保障研究》，浙江大学出版社，2013，第266~267页。

通知》；对外贸易经济合作部《外派劳务人员培训工作管理规定》；商务部《外派劳务培训管理办法》；外经贸合发《关于外派劳务培训收费标准的规定的通知》；商务部办公厅《关于进一步加强外派劳务培训管理工作有关问题的通知》；外经贸合发《关于印发〈劳务输出国合同主要条款内容〉的通知》等。

(二) 评析

由上可知，我国国内法对海外劳工权利的保护做了一些规定，尤其是《条例》的出台，使得国内法对海外劳工权利保护上升到了一个新高度，但仍存在不少问题。

第一，我国保护海外劳工权利的法律规范零散、不成体系，且位阶过低。《宪法》之规定抽象宏观，《劳动法》明确规定我国境内的用人单位及与其形成劳动关系的劳动者以及劳动合同关系适用我国法律，并未触及境（海）外之劳动关系调整，且并未对直接适用于涉外劳动关系的强制性规定做出界定。此外我国《劳动法》并未规定域外效力问题，不能将国内之规定辐射到涉外劳动纠纷中境（海）外劳工之保护。《条例》内容主要涉及制度的建立与健全，对整个对外劳务合作活动期间纠纷的预防与解决具有制度保障的作用，但其作为行政法规，不属于一项专门的权利保护性质的法律，还不足以保护海外劳工权利，地方性法规以及部门规章大多是以"办法"或"通知"的形式予以规定的，并且着重的是管理实践操作的程序。这对于保护海外务工人员的权利，不论是人身权抑或是财产权，作用都十分有限。我国对海外劳工权利保护的具体规定，主要散见于以上行政法规及相关部委颁布的针对对外劳务合作的部门规章。部门规章本身的位阶就比法律法规低，虽然可以应用，但是这种过分倚重部门规章的做法，在新时期显然不利于保护海外劳工的合法权益。究其原因在于：一方面在这些规章的相关规范中，虽然要求切实保护海外劳务人员之合法权益，但其零散杂乱、不成体系的个别规定难以将海外劳工权利维护诉求落到实处，如对海外劳工在劳动待遇、劳动报酬、劳动保险、劳动条件等方面的规定基本上处于空白境地；另一方面位阶过低的部门规章，渗透着一定的部门利益诉求，其政策化与利益化倾向突出，不利于稳定而公正地维护海外劳工之权益。①

第二，国内法规范的内容重点在于对外劳务合作的经济活动，而不在于劳工的权益保护。国内法规范的内容包括外派人员出国手续办理、申办签证、出国手续和合作项目审查、培训管理等方面，这些主要以部门规章形式出现的国内法，规定的都是国内各部门行业对劳务合作的综合管理、行政管理、行业管理、境外领事保护和服务，财政扶持、统计制度、行业准入、经营资格，以及市场准入及管理等广泛内容。规范的内容仍然不是以专门保护海外劳工权利为落脚点。《条例》对海外劳工权利的保护虽然到了新的高度，但对保护海外劳工权利缺乏针对性，并且位阶较低。《条例》的第二部分就基本上是规范对外劳务合作企业，严格经营资格管理，提高对外劳务合作企业的注册资本要求和缴纳对外劳务合作风险防范备用金的标准，并授权省级地方商务主管部门或设区的市级商务主管部门负责审批。例如，《条例》第6条规定申请对外劳务合作经营资格，应当具备下列条件：①符合企业法人条件；②实缴注册资本不低于600万元人民币；③有3名以上熟悉对外劳务合作业务的管理人员；④有健全的内部管理制度和突发事件应急处置制度；⑤法定代表人没有故意犯罪记录。②

第三，管理机制存在弊端。所有的规范都涉及执行的问题，执行需要监管，我国对外劳务合作由商务部统一管理，但是很显然，在劳工权益保护上，仅仅依靠商务部，无法适应对外劳务合作复杂的社会关系与法律需求，商务部的工作重点与重心都在商务合作方面，如为国家增加外汇收入、促进就业、带动地方经济发展、促进改革开放等，更多关注经济利益。而海外劳工的权益保护并不是其工作重点所在，其相关部门规章的规制重点都在于经济贸易活动，无论是规范其活动主体的资格、

---

① 孙国平：《我国海外劳工法律保护之检视》，《时代法学》2013年第2期。
② 参见《对外劳务合作管理条例》第6条。

行为、责任抑或是备用金等都是如此，而不在于保护劳工权益，这是显而易见的。况且海外劳工在海外遭遇的劳动权益问题一般都是工资、工时、不当解雇与歧视、社保待遇等问题，自然不是商务部工作之强项所在，而在相关海外中资企业或境外雇主与海外劳工之间一旦发生劳动权益冲突，商务部作为对外劳务合作的主管部门因而成为利害关系人理应回避却须解决争议，其实难以做到超然中立来维护海外劳工之合法权益。[1] 种种的保护缺失，都说明一点，就是我国在这方面法律机制还不健全。

三　国际法制对海外劳工权利的保护及评析

（一）国际法制对海外劳工权利的保护

国际上涉及保护海外劳务人员的法律规范主要包括以下内容。①国际公约对劳工权利的保护。第一，联合国大会在1990年12月8日通过了《保护所有移民工人及其家庭成员权利国际公约》，于2003年7月1日生效，目前已有42个国家批准。[2] 公约通过具有约束力的国际准则规定合法和非法移民工人及其家属享有人权和福利等各方面的权利，同时规定移民原始国和目的地国履行保障移民工人权利的责任和义务。第二，国际劳工组织制定的公约和建议书，比如1949年《移民就业公约（修正）》及其建议书，其适用范围一般包括移民工人，不分国籍、种族、宗教信仰，公约批准国有义务把它实施于未批准国家。公约为各类移民工人的招募、介绍安置、待遇、往返规定了恰当的原则标准，以保障他们的正当权益。《消除就业和职业歧视公约》对"歧视"做了定义，规定歧视是指"基于种族、肤色、性别、宗教、政治见解、民族血统或社会出身等原因，具有取消或损害就业或职业机会均等或待遇平等作用的任何区别、

---

[1] 孙国平：《我国海外劳工法律保护之检视》，《时代法学》2013年第2期。
[2] 王辉：《国际劳务合作中的劳工权利保障研究》，浙江大学出版社，2013，第84页。

排斥或优惠,其结果是剥夺或损害在就业和职业上的机会和待遇上的平等。"第三,世界贸易组织的保护,如《服务贸易总协定》中的"自然人流动"是指一成员方的服务提供者个人到另一成员方境内提供服务,其在他国的停留是暂时的,不能取得永久居住资格,不能永久居留和就业。自然人流动是服务贸易中的一种方式,虽然国际劳务合作与自然人流动有一定区别,但也存在密切联系,受《服务贸易总协定》的调整。②区域性多边劳务协定对劳工权利的保护:如《北美自由贸易协定》等,建立了适当地保护缔约国的劳工权利的制度。③国际双边劳务协定对劳工权利的保护:2000年11月3日,中俄双方在北京签订《中华人民共和国政府和俄罗斯联邦政府关于中华人民共和国公民在俄罗斯联邦和俄罗斯联邦公民在中华人民共和国的短期劳务协定》,规定双方劳动者在获得根据接收国引进和利用外国劳动力的法规而颁发的许可证后,方可在接收国进行劳动;2005年1月24日,中国和毛里求斯签署了《中华人民共和国政府和毛里求斯共和国政府关于双边劳务合作的协定》,约定保障双方劳工的权利,定期交流意见等。④国际惯例对劳工权利的保护:第一,劳务人员的收入,工资标准分为月工资标准、周工资标准、日工资标准和小时工资标准;第二,劳务人员的工作日与休息休假,国际市场上每日最长工作时间一般不超过8小时,劳务人员除每周公休日外,还应享受东道国的法定节假日或本国的正式节日的休假待遇,其间工资照发;第三,劳动合同的终止,在劳务合同执行过程中,任何一方不得无故终止合同。若遇人力不可抗拒的事故,导致合同不能正常执行,雇主有权终止合同,但需负担劳务人员由此而引起的损失,至少需要负担劳务人员回国的差旅费用。如雇主单方面要求终止劳务合同,雇主除承担劳务人员的旅费外,还应向劳务人员支付不少于3个月的工资。①

(二) 评析

综上,国际法制对劳工的保护涉及的领域很广,我国劳工在海外也

---

① 戎福刚编《WTO背景下的国际经济合作》,中国广播电视出版社,2005,第126页。

能受到国际法制的保护,这对加强我国的对外劳务合作起到了重要作用,进一步推进了我国的"走出去"战略。同时,国际法制有值得我国国内立法借鉴之处,我们可以根据国情,适当借鉴,以弥补我国国内法制的不足。然而,国际法制本身也不是尽善尽美的,亦存在不少缺陷。第一,国际公约中的移民工人公约批准率低,大部分只能适用公约批准国,而公约批准国又不多,非批准国的劳工就很难得到国际公约的保护。国际劳工组织目前通过了184个公约,中国只批准了23个(其中14个是承认了新中国成立以前批准的公约),由于其中3个公约被新公约所替代,实际有效的只有20个,在国际劳工组织成员中,属于批准公约数量较少的国家。[1] 这对保护我国的海外劳工权利十分不利。第二,国际多边劳务协定与国际双边劳务协定具有封闭性。区域一体化协定被看作规避多边贸易体制中最惠国待遇的有力工具,使区域外的劳务人员不能获得同等待遇。这会造成多边体制成员注意力的转移,削弱多边体制的多边性,使区域内和区域外劳务人员呈现内外差别。有可能扩大发达国家和发展中国家之间的差距,不利于世界经济的整体发展,[2] 多边协定是具有封闭性的,会导致一批优质的劳工被挡在区域之外,限制了全球性劳务的流动,造成人力资源的浪费。双边劳务协定更是如此,更加封闭而且劳务输入国与劳务输出国的力量悬殊,公平的劳务协定根本无法达成,其中规定执行与救济的内容也很少。第三,国际惯例没有强制执行力且内容杂乱,冲突较多。国际惯例是约定俗成的东西,是在国际贸易与交流过程中,久而久之产生的具有一般性质的规则,可它不具有国际组织所具有的强制执行力,没有强制性,就无法要求国家接受。国际惯例产生于不同国家不同区域以及不同行业,所以内容很杂乱,自然而然会产生惯例间的冲突,要使国际劳务合作各方都认可,存在很大的难度。随着社会的发展,国际法制的漏洞越来越明显,对劳工权利的保护不尽完

---

[1] 杨帅、宣海林:《国际劳工标准及其在中国的适用》,法律出版社,2013,第159页。
[2] 陶凯元:《国际服务贸易法律的多边化与中国对外服务贸易法制》,法律出版社,2000,第189~191页。

善。公约不是保护所有国家的，多边与双边劳务协定也只是区域性的，对于区域外的国家的劳工则起不到保护作用，也阻碍了劳工就业。国际惯例的使用特别困难，怎样利用国际惯例来保护劳工权利，还有待研究。

四 我国海外劳工权利保护机制的完善

（一）国内保护机制的完善

1. 加强国内立法与完善管理机制

首先，我国现行涉外劳动法律制度乃是基于《劳动法》、《民法通则》、《合同法》以及相关行政法规等国内法层面的法律调整，并以调整传统雇佣关系为主要特征。囿于直接规范涉外劳动关系的劳动立法上的缺陷与空白，涉外劳动关系的法律调整在理论与实践中均呈现一定程度的混沌与缺位状态，难以有效规制快速发展的涉外劳动关系。[①] 根据本文第二部分所指出的问题，对海外劳工权利保护的规范大部分是行政法规与部门规章，其中部分内容还是针对劳务合作经营性活动的规定，并不是劳工权利的保护。我国应当借鉴国际法制，完善我国的国内立法，提高立法层次，把保护海外劳工权利的法律规范提高到《宪法》层面，同时，增加专门性保护的法律。我国目前还没有一部专门保护海外劳工权利的法律，当务之急是制定一部专门保护海外中国劳工权益的国家法律，以国家立法的形式保护海外中国劳工权益。[②] 权利保护不能夹杂在规范经营活动的法规中，并且不能只是依靠行政法规、部门规章，重视法律位阶的提高，也就是重视对海外劳工权利的保护。其次，就是法律体系的问题。到目前为止，没有形成一套成体系保护劳工权利的法律制度，虽然现有相关法律涉及不同领域，但仍然不能形成体系，

[①] 单海玲：《我国涉外劳动法律规范的弊端与矫正》，《法学》2012年第4期。
[②] 徐合献：《构筑我国海外施工人员的安全防护墙》，《国际经济合作》2004年第10期。

在处理外派劳务纠纷时,还存在法律适用的困难。对外劳务合作法律的不完善,缺乏统一的法律制度,导致适用法律混乱,有时不能找寻到有针对性的法律来适用,也不知道应当属于哪个部门管辖,甚至有些部门之间管理还存在矛盾。最后,经过多年实践,我国对外劳务输出已基本形成"商务部宏观管理,各部门协调合作,地方政府商务部门属地管理,行业组织协调自律,驻外经商机构一线监管,与有关劳务输入国共同管理"的体系。① 这种管理体系是存在弊端的,严重妨碍了贯彻政策的一致性和对外劳务市场的统一管理。法律制度不成体系,必定影响市场秩序,浪费社会资源,导致海外劳工权利保护难以周全,也不利于我国对外劳务合作的统筹规划,直接或间接影响了我国国际发展战略。我们应改变这种管理体制,就上文所指出,商务部领头管理,其实很不合适,应设立新的专门的管理部门。

2. 健全外交和领事保护的预防和应急机制

我国的外交和领事保护制度在保护我国海外劳工权益方面发挥了至关重要的作用,有效避免或减少了海外劳工权益的损害,但外交和领事保护程序的启动往往伴有"事后救济"的风险。因此,在国际上,各国的外交和领事保护都在积极探索如何把损害产生的风险降到最低,其措施之一就是把风险的控制进行"前移",从而实现风险规避。所以,我国海外劳工权益的保护也应通过外交和领事保护的"事先控制"的预防和"事后补救"的应急机制来加以健全。在预防措施方面,首先,外交部门和劳务输出管理部门之间应加强合作,通过劳务培训的形式,向海外劳工灌输安全意识,使其知悉劳务输入国的相关劳务规定,特别是掌握当地的治安状况、宗教信仰和风俗习惯,避免出现因自身了解不足而产生的不必要的纠纷。其次,我国驻外使领馆应掌握海外劳工的基本情况,建立良好的沟通关系,出现劳务纠纷苗头时,能够迅速和劳务输入国的相关企业、我国国内机构进行信息交流,避免事态的扩大化。在应急机

---

① 王辉:《国际劳务合作中的劳工权利保障研究》,浙江大学出版社,2013,第257页。

制方面,我国外交部门已形成了中央、地方、企业、驻外使领馆的"四位一体"的应急机制,能够在事件发生时启动应急预案。领事司官方微信"领事直通车"和外交部全球领事保护与服务应急呼叫中心服务热线12308的开通,也为应急机制的建立提供了帮助。此外,一些劳务输出大省也应结合自身情况,制定相关预防和应急处理方案,紧密配合外交和领事部门的工作。

3. 健全海外务工保险保障体系

随着国际劳务合作的发展,海外劳务人员越来越多,劳工的人身安全问题越发成为焦点,因此,除了要加强他们的自我保护意识,为他们提供保险保障也是我国对海外劳工权益保护的重要法律制度,但我国的《对外劳务合作管理条例》中有关保险的规定只有两方面:一是在对外劳务合作合同中明确规定对外劳务合作企业要为劳务人员缴纳社会保险费和购买人身意外伤害保险;二是对没有购买人身意外伤害险的行为进行处罚。另外在具体社会保险的规定方面也是很有限的。同我国情况相似的是,国际劳工组织也尚无关于海外劳务工人员伤亡事故处理操作性较强的国际公约、协定、原则和规范。虽然国际劳工组织已经通过了《移民就业公约》和《移民工人建议书》,但都只是原则性规定了公约批准国有义务采取行动,在社会保障方面,对境外劳务人员实行不比本国公民更为不利的待遇。我国虽也签订了一些专门性的社会保障协议,但保障的范围都很小。所以目前建立健全境外劳务人员的人身权益保险保障体系可以从两方面展开。一方面是社会保险的健全。作为劳务输出企业在外派劳务人员时,应该依据国内社会保险的规定,为境外劳务人员办理齐全的社会保险,缴纳保险费,保证境外劳务人员在发生意外并符合保险条件时能够得到保障,同时还要注意和劳务所在地的社会保险法律的衔接,不能出现落空情形。另一方面是商业保险的建立。境外劳务人员或劳务输出企业应该在我国的商业保险机构投保雇主责任险,或劳务人员人身意外伤害险,以转移企业风险,更好地保障境外务工人员的权利。

(二) 国际方面保护的加强

1. 加强与国际劳工组织的联系

国际劳工组织目前通过了184个公约，中国只批准了23个（其中14个是承认了新中国成立以前批准的公约），由于其中3个公约被新公约所替代，实际有效的只有20个，国际劳工组织有8项基本的"核心劳工标准"，但目前我国批准的只有：《同工同酬公约》（第100号公约），《最低就业年龄公约》（第138号公约），《最恶劣形式童工劳动公约》（第182号公约），《消除就业和职业歧视公约》（第111号公约）。总体看来，我国批准的公约数量不多，再加上已批准的公约执行的效果也不是很好等多种原因，我国和国际劳工组织的合作发展缓慢，世界主要劳务输入国在劳务合作方面对我国设置了不少障碍。[1] 我国是国际劳工组织的创始国之一，随着我国改革开放的深入发展，国际地位的不断提高，我国同国际劳工组织间的关系不断得到改善，总的态势是发展的、合作的。但是，从我国目前所批准的国际劳工公约的数目就可以看出，这种合作关系发展的进程是十分缓慢的。我国之所以在批准劳工公约方面存有诸多顾虑，主要是出于一些政治原因。但是我国这种保守的做法已成为某些主要劳务输入国在劳务合作方面对我国采取限制措施的借口。随着国际贸易自由化和全球经济一体化的推进，发达国家不时地援引公平贸易与劳动力倾销理论，要求在国际贸易中所有国家共同制定和遵守统一的劳工标准。国际劳工标准就成为世界贸易组织不得不面对的一大问题。我国为扩大劳务输出，保护我国外派劳务人员的正当权益，就非常需要批准和实施有关移民工人权利保护的一些劳工公约，否则就难以取得对方国家的互惠权利。对此中国必须加强同有关国际劳工公约的衔接，以便更为有效地调整外派劳务关系，保护外派劳务人员的合法权益。[2]

---

[1] 孙国平：《论劳动法的域外效力》，《清华法学》2014年第4期。
[2] 姜爱丽：《我国外派劳务关系法律调整理论与实务》，北京大学出版社，2004，第39页。

2. 重视国际劳工标准及缔结劳务协定

国际人权公约的制定是为全世界所有人的基本人权提供保障，我国海外劳工也属于世界劳工大家庭的组成人员，当然应受到国际人权公约和国际劳工标准的保障，国际劳工组织将结社自由和有效承认集体谈判权利、消除一切形式的强迫劳动或强制劳动、有效废除童工、消除就业和职业歧视4个方面的劳工标准视为核心标准，目前有8个公约被列为核心公约。[①] 遗憾的是，我国并没有对国际公认的8个核心劳工标准全部批准，而只批准了其中的4个，这与我国作为国际劳工组织的创始国之一的地位不相符，明显批准过少。虽然我国可能考虑到政治方面及经济方面的原因，在批准国际劳工标准方面有一定顾虑，但是我国这种有所顾忌的做法已成为一些主要劳务输入国在劳务合作方面对我国设置障碍的理由，我国为扩大对外劳务合作，保护海外劳务人员的合法权益，就需要批准、遵守并执行有关移民工人权利保护的一些劳工标准，否则对方国家就会拒绝对我国适用互惠互利原则。我国的对外劳务输出区域主要集中在亚洲和非洲，而欧洲和美洲之所以难以进入，很大程度上与我国参加的国际劳工标准的数量不多有关，对此，我国必须要注意重视同有关国际劳工标准的衔接，为海外劳工权益保障打下国际合作基础，取得别国的信任。在国际上，海外劳工权益保护除了可寻求国际劳工标准保护之外，还可通过由国家发起订立的全球性多边协定、区域性多边劳务协定和双边劳务协定实施保护。在全球性多边协定不易达成的情况下，从海外劳工权益保护比较务实的角度出发，缔结区域性多边协定和双边协定还是比较可行的，虽然多边协定对保护存在不足，但是有利就可以实施，这也是目前能应用的办法。

3. 积极参与国际劳务合作"新"规则的制定

"新"，意味着开始。在制定国际劳务合作规则时能够站在同一"起跑线"上，是保障公平的前提。要想达成国家间的高度共识，若从

[①] 杨帅、宣海林：《国际劳工标准及其在中国的适用》，法律出版社，2013，第32页。

"新"开始,必定事半功倍。国际合作的飞速发展,劳工权益的保障之路也顺势展开,各国既可以在现有的道路上行走,也可以铺筑新的道路,让权利保障的道路越走越宽。当然各国立场不同,在铺路的过程中可能都会偏向自己,但是力量相对较弱的国家不能因为力量弱小就默不作声,相反更需要捍卫自己的权利,因此就必须认真参与其中,否则铺筑的道路只会离自己更远,也就是说制定的新规则可能就越不利于其自身。可想而知,在国际劳务合作劳工权利保障的新规则的制定中,我们国家一定要积极参与。随着我国实力的增强,大国身份已得到国际社会的认可,所以我国是有实力和权力参与劳工权利保障新规则的制定的,并且我国还要承担更重要的责任,充分发挥发展中大国的作用,为发展中国家争取合理合法的权利,在制定新规则的过程中反映我国的实际情况,积极与其他制定国家协商、讨论,这样制定出来的新规则才能更有效地保障我国海外劳工的权利,我们才不用只是被动地接受。因此我国应与其他发展中国家一同以共同发展为目标,积极参与到新规则的制定中,让海外劳工权利保障之路越来越宽阔,促进国家间共识的达成,促进国际劳务合作的进一步发展,促进国际社会的经济发展。国际劳务合作是国际经济活动的重要组成部分,其对世界政治经济发展的积极影响已毋庸赘述。无论如何,国际劳务合作为有利于劳务输入国和输出国的双赢活动。各国应针对各自的国情,制定切实可行的规范,就海外劳工权益的保护达成共识,这必将有效促进双方劳务合作发展,实现经济互补。

结　语

歌德曾说:权利,同我们一起诞生。我国海外劳工不论身在何处,其合法权利都神圣不可侵犯。在全球化背景下,国际劳务合作的重要性更为突出,我国海外劳工到国外谋求工作,是为了获得可观的收入,可他们的自我保护能力着实很弱。海外就业领域立法规范的主导思想是将其视为一项涉外经贸活动，而忽略了这一活动的人身性质和人权性质。因此在海外就业规模日益扩大的今天，我们在追求经济效益的同时，不能放松对海外劳动者的保护。加强和完善对海外劳工的权益维护，不仅有助于增强我国海外就业事业可持续发展的能力，更是我国海外权益维护中不可或缺的一环。在对海外劳工权利保障的问题面前，要结合国际和国内两个方面，只有充分发挥国际法和国内法的配合协调作用，最终才能形成合力以对我国海外劳工进行全面保护。

On the Protection of Chinese Labor Rights Concerning Foreign Affairs

Xu Li, Chen Yiling

Abstract: With the rapid development of economic integration trend, there are more and more Chinese citizens work in overseas, the rights of overseas are damaged strongly because of the increasing number of Chinese citizens who are willing to work overseas. In the face of the outstanding problems, by studying the domestic and international legal system, perfecting the mechanism of overseas labor rights protection suggestions, on the one hand, from the perspective of the domestic legal system: to strengthen the domestic legislation and perfect the management mechanism, improve the prevention and emergency response mechanism of diplomatic and consular protection, improve the working overseas insurance security system; on the other hand, from the perspective of the international legal system: to strengthen the contact with the international labor organization, attaches great importance to the international labor standards and concluded labor agreement, actively participate in the "new" rules of the international labor service cooperation. Only two aspects of domestic law and international law coordination and cooperation, can better protect the legitimate rights and interests of foreign workers.

Keywords：Overseas labor rights；The international labor service cooperation；The international legal system

农民工权益的劳动诉讼保障机制研究[*]

王译曼　梁　名　李睿周[**]

摘　要：农民工权益保障机制保障着广大农民工的切实利益，近年在国家的大力关切下农民工权益保障问题有所改善。但实践中，作为权益保障的最后底线的劳动诉讼保障机制仍存在农民工劳动关系未厘清、行政程序与司法程序相交叉的问题。因此，应当从立法、制度和农民工自身法律知识层面完善农民工权益的劳动诉讼保障机制，以达到保障农民工权益的应有之效。

关键词：农民工；权益；劳动诉讼保障机制

近年来，我国农民工权益保障取得了重大进展，但在农民工权益的劳动诉讼保障机制问题上仍存在明显不足。现阶段农民工权益救济途径多样，首先农民工可以通过协商、调解来维护自身的合法权益，其次可以通过劳动仲裁来维护自身的合法权益，最后则可以通过劳动诉讼来解决争议纠纷。劳动诉讼作为解决农民工争议纠纷的最后一种途径，是通过国家强制执行力保证实现判决结果的法律程序，能够充分保障农民工合法权益。劳动诉讼保障机制有助于实现社会正义，切实保护农民工权益。因此，劳动诉讼渠道对于农民工维权而言有其不

---

[*]　本文系基金课题湖南省科技厅软科学重点项目"新型城镇化进程中农民工社会权利保障机制与对策研究"（编号：2013ZK2011）的研究成果。

[**]　王译曼，长沙理工大学文法学院法律硕士；梁名，长沙理工大学文法学院法律硕士；李睿周，湖南长沙雅礼中学教师。该文得到刘文华教授的指导，特表感谢。

可替代性，在解决社会矛盾和社会冲突时，劳动诉讼方式是最后的权益保障机制。

一 我国农民工权益劳动诉讼保障机制的实施现状分析

（一）农民工权益劳动诉讼保障的基本状况

1. 我国农民工权益保障现状

国家统计局发布的《2015年全国农民工监测调查报告》（以下简称《调查报告》）显示，农民工权益保障现状主要体现在超时劳动情况有所改善、签订劳动合同的农民工比重下降、被拖欠工资的农民工比重提高和人均被拖欠工资有所上升这四个方面。[①]

可见，农民工的欠薪问题是农民工财产权益受到侵害的重要方面，而《调查报告》显示，与2013年农民工劳动合同签订率为41.3%相比，2015年农民工与雇主或单位签订了劳动合同的比重为36.2%，即签订劳动合同的农民工比重下降这一现状表明劳动合同未能达到保障农民工合法权益的应有效能。更多的农民工因未与雇主或单位签订劳动合同，无法证明其与用人单位的劳动关系，而不能提起劳动仲裁，只能向法院提起劳动诉讼或通过私人方式来维护自身权利。

除了《调查报告》所示的四大现状外，人身权益也是农民工需要维护的重要方面。根据《农民工法律援助十年变迁调研报告》，工伤案件一直是律师处理的重要案件类型，一般通过协商、调解等方法解决，对于协商、调解结果不满意的可申请仲裁，对仲裁结果仍不服的，可向人民法院起诉依法维护其合法权益。[②]

[①] 国家统计局：《2015年全国农民工监测调查报告》，http://www.stats.gov.cn/tjsj/zxfb/201604/t20160428_1349713.html，最后访问日期：2017年4月30日。

[②] 北京致诚农民工法律援助与研究中心：《农民工法律援助十年变迁调研报告》，http://www.acla.org.cn/industry/22782.jhtml，最后访问日期：2017年3月25日。

2. 农民工权益劳动诉讼救济的现状

国家统计局抽样调查结果显示，2014年我国农民工总量为27395万人，2015年我国农民工总量为27747万人，农民工数量庞大且每年不断增长。在如此庞大的农民工数量下，涉及农民工案件的数量不容小觑，2017年《最高人民法院工作报告》指出，2016年全国各级人民法院共审结拖欠农民工工资等涉农案件30万件。[①] 我国农民工权益劳动诉讼救济现状表现为以下几个方面。

（1）农民工运用劳动诉讼途径维权的数量呈现爆发性增长，劳动诉讼救济需求高。《人民法院报》关于农民工案件审理数据的分析显示，当下由于实体经济影响，加之立案登记制的推行，四川邛崃法院近4年受理的农民工案件数量呈爆发式增长，2012年受理75件，2013年受理18件，2014年受理83件，而2015年受理数量高达363件，与前一年相比增长率高达337%。[②] 这表明农民工劳动诉讼维权的现实需求不容忽视。

（2）农民工权益劳动诉讼类型多样。由农民工申请的法律援助类型从最初以建筑领域欠薪案件为主，到如今欠薪、工伤、解除劳动合同纠纷、社保补偿、加班费等多种劳动争议并存，可知现阶段我国农民工权益劳动诉讼案件类型发生了显著变化。[③]

（3）农民工案件劳动诉讼审理周期长，案件上诉率高。与审理一般民商事案件周期为35天相比，审理农民工劳动诉讼案件的周期为78天，这与农民工案件追加当事人和难以送达文书有关。同时，为了延期向农民工支付欠款，部分用人单位滥用上诉权拖延时间，与一般民商事案件

[①] 新浪司法：《2017年两会〈最高人民法院工作报告〉全文》，http://news.sina.com.cn/sf/news/fzrd/2017-03-20/doc-ifycnpit2377941.shtml，最后访问日期：2017年3月30日。

[②] 《注重大数据分析研判　强化农民工案件审理——四川邛崃法院关于建设施工领域劳务合同纠纷审理情况的调研报告》，《人民法院报》2016年3月3日。

[③] 中工网：《二〇一六年农民工法律援助案件有三大热点》，http://right.workercn.cn/894/201701/19/170119072453303.shtml，最后访问日期：2017年1月30日。

上诉率为 5.02% 相比,农民工案件的上诉率为 13.7%。[1]

(4) 基层法院探索审理农民工案件新方式。近年我国基层法院在解决农民工争议纠纷时,开始尝试为农民工建立维权绿色申请渠道和推行小额速裁程序来审理农民工案件,为农民工维权提供便捷途径。

(5) 为农民工提供法律援助的条件开始放宽。对于农民工申请的法律援助,新修订的《广东省法律援助条例》[2] 和《安徽省法律援助条例》[3] 都做出了新规定:进城务工的农村居民追索劳动报酬、工伤待遇的,无须提交经济困难申报材料。新条例的修订有效地缓解了农民工的维权压力,农民工可以借助专业性法律援助服务保障自身合法权益。但是目前全国大部分省份在农民工申请法律援助时,仍然需要提供经济困难证明,所以为了更好地保障农民工的合法权益,应当在全国范围内推进法律援助条例修订的全面展开,为农民工提供更加简便的法律服务和法律援助。

由上可知,当前我国农民工权益劳动诉讼保障机制在实践中不断探求改进方式方法,但目前新举措的推进程度和范围有其局限性,只能暂时缓解农民工的争议纠纷,不能从根本上解决农民工权益劳动诉讼保障机制存在的缺陷。

(二) 我国农民工权益劳动诉讼保障机制中的缺陷

1. 农民工认定劳动关系上的问题未完全厘清

早在《国务院关于解决农民工问题的若干意见》(国发〔2006〕5号)中,就对农民工的概念进行了界定,农民工是户籍仍在农村,主要

---

[1] 《注重大数据分析研判 强化农民工案件审理——四川邛崃法院关于建设施工领域劳务合同纠纷审理情况的调研报告》,《人民法院报》2016 年 3 月 3 日。
[2] 《广东省法律援助条例》自 2016 年 4 月 1 日起施行,其中第 21 条规定,申请人符合下列条件之一的,无须提交经济困难申报材料,但是应当提供相关证件或者证明材料:(十) 追索劳动报酬、工伤待遇的。
[3] 《安徽省法律援助条例》自 2017 年 1 月 1 日起施行,其中第 21 条规定,申请人符合下列条件之一的,无需提供经济困难证明材料,但是应当提供与所符合条件相关的证件或者证明材料:(十) 进城务工的农村居民请求支付劳动报酬或者工伤保险待遇的。

从事非农产业，有的在农闲季节外出务工、亦工亦农，流动性强，有的长期在城市就业，已成为产业工人的重要组成部分。

农民工与用人单位的用工关系有三类，第一类是劳动关系，又称为劳资关系，劳动关系是劳动者在用人单位从事劳动过程中发生的社会关系；第二类是劳务关系，劳务关系是指两个或两个以上的平等主体之间就劳务事项进行等价交换过程中形成的一种经济关系，[①] 对于长期在城市就业，已经成为产业工人或者在农闲季节外出务工、亦工亦农的农民工，与用人单位签订了劳动合同或劳务合同，具有明确的用工关系；而第三类农民工用工关系具有不明确性，主要体现在建筑行业和采矿行业，尤其在建筑行业"包工制"模式下十分突出，经过层层转包后处于最底层的农民工们与用人单位既不是劳动关系，也不是劳务关系，法律法规在这类农民工的用工关系上未完全厘清，成为农民工权益劳动诉讼保障机制缺陷的首要突出问题。

确认劳动关系存在的关键标准——签订劳动合同，是在处理劳动争议时的主要工作。用人单位与农民工之间产生的是劳动关系还是劳务关系，对于农民工权益劳动诉讼保障机制的运行和农民工权益的维护的方式有明显不同。

其一，适用的法律不同。劳动关系由《劳动法》、《劳动合同法》、《劳动争议调解仲裁法》、《社会保险法》、《工伤保险条例》等多部法律法规调整；劳务关系的双方主体是平等的，其关系是民事主体之间的经济关系，主要由《民法通则》和《合同法》调整。其二，获得待遇不同。劳动关系中的劳动者除获得工资报酬外，还有保险、福利待遇等；而劳务关系中的自然人，一般只获得劳动报酬。其三，争议纠纷处理方式不同。与用人单位具有劳动关系的劳动者在劳动争议处理中劳动仲裁是诉讼的前置程序，对仲裁裁决不服的，可自收到仲裁裁决书之日起十五日内向人民法院起诉。只存在劳务关系的劳务纠纷中，双方可以协商、调

---

① 杨德敏：《论劳动关系与劳务关系》，《河北法学》2005 年第 7 期。

解，也可直接向法院起诉。其四，承担的法律责任不同。劳务关系当事人不履行、非法履行劳动合同所产生的责任时不仅要承担民事上的责任，还要承担行政上的责任，如用人单位支付劳动者的工资低于当地的最低工资标准，劳动行政部门应责令用人单位限期补足低于标准部分的工资，拒绝支付的，劳动行政部门还可以给用人单位警告等行政处分。劳务关系当事人违反劳务合同的约定所产生的责任只有民事责任——违约责任和侵权责任，不存在行政责任。[1]

此外，在实践中由于大部分农民工未与用人单位签订劳动合同，法院在审理农民工案件时关于认定劳动关系的现状混乱。以审理建筑行业农民工案件为样本进行调查的结果显示，判决确认存在劳动关系的案件大约占样本总量的47%，在承包商有资质、分包商无资质时，对不具有合法用工主体资格的实际施工人招用的劳动者，一般确认存在劳动关系，由具备用工主体资格的发包方承担用工主体责任；判决确认不存在劳动关系的案件约占样本总量的30%，其认为劳动者一般不直接受建筑施工、矿山企业的管理和指挥，不存在招用与被招用的关系，也不存在身份上的从属和依附关系，因而不存在事实劳动关系；约6%的判决不直接判定劳动关系是否存在转而调解结案，以回避劳动关系是否存在的争议；其他17%的情形包括一审、二审判决结果相异、视是否达到退休年龄具体对待等。[2]

农民工认定劳动关系的问题未完全厘清，不仅不利于维护农民工合法权益，而且阻碍了农民工权益劳动诉讼保障机制运行的效能。现如今农民工虽然懂得法律常识但对于法律知识知之甚少，在维护自身权益时难免处于不利地位。

2. 维权程序存在缺陷，行政程序与司法程序相交叉

当前我国农民工权益劳动诉讼保障机制中最突出的程序问题在于——工伤维权程序繁冗，农民工在出现工伤事故后启动的劳动诉讼保

---

[1] 杨德敏：《论劳动关系与劳务关系》，《河北法学》2005年第7期。
[2] 金英杰：《建筑行业农民工劳动关系确认的思考》，《中国劳动》2015年第10期。

障机制要经历行政与司法相交叉的四个程序,即劳动关系认定(申请确认劳动关系劳动仲裁、不服仲裁结果可提起劳动关系民事诉讼一审、不服一审结果可提起确认劳动关系民事诉讼二审)、工伤认定(不予工伤认定则提起行政复议、不服复议结果可提起行政诉讼一审、不服一审结果可提起行政诉讼二审)、劳动能力鉴定(首次鉴定、对鉴定结具不服提起再次鉴定、对再次鉴定结果不服可提起复查鉴定)、工伤保险待遇(申请劳动仲裁、不服仲裁结果可提起劳动关系民事诉讼一审、不服一审结果可提起确认劳动关系民事诉讼二审)。行政程序与司法程序相交叉的程序设计在用人单位恶意缠讼的情况下,几乎每一个争议都需要经历"一裁二审",这使得农民工在维护自身权益时需付出大量的时间成本和金钱成本。

以农民工宗平工伤索赔案为例,2011年9月25日,宗平在厂内焊接钢梁时,意外受伤失去劳动能力,在与公司协商不成后,宗平开始走工伤认定的第一步:劳动关系认定,仲裁劳动关系,等到宗平拿到确定劳动关系认定裁定书后,还需要等60天公告期满后,对方没有起诉,才能申请认定工伤。在工伤维权过程中,因公司一直拒绝到庭,仲裁委缺席审理,最终宗平工伤索赔走完工伤维权程序一共花费了3年多。①

当农民工与用人单位的用工关系难以认定时,我国农民工权益劳动诉讼保障机制中的行政与司法相交叉的程序设计,不但没有体现机关间的分工合作反而出现劳动关系认定结果相悖的情况,即行政机关认定农民工与用人单位存在劳动关系,作出工伤认定决定,而法院在审理工伤赔付时却否定农民工与用人单位的劳动关系,并驳回农民工的工伤赔付请求。②

---

① 人民网:《工伤维权程序复杂周期长"伤不起"农民工合法权益屡受侵害索赔难》,http://legal.people.com.cn/n/2015/0208/c188502-26527196.html,最后访问日期:2017年2月8日。
② 中国法院网:《劳动关系认定冲突时的程序选择——以工伤保险待遇纠纷审理为视角》,http://www.chinacourt.org/article/detail/2015/08/id/1687823.shtml,最后访问日期:2016年8月20日。

三 我国农民工权益的劳动诉讼保障机制存在缺陷的原因分析

（一）现行法律制度关于农民工权益劳动诉讼保障的规范存在纰漏

1. 现行法律对农民工用工关系未作出明确规定

我国现行调整劳动关系的法律主要有 1995 年颁布实施的《劳动法》和 2008 年 1 月 1 日颁布实施的《劳动合同法》，但这两部法律在规范农民工与用人单位的劳动关系时存在漏洞，即在调整农民工与用人单位这对主体时没有明确规定农民工与用人单位是否存在劳动关系。

在建筑行业这个漏洞带来的问题格外明显，由《劳动合同法》第 94 条①规定可知，《劳动合同法》没有明确发承包经营模式中农民工的劳动关系，只规定了责任承担方式。对于农民工与用人单位是否存在劳动关系法律规范存在冲突，在原劳动和社会保障部发布的《关于确立劳动关系有关事项的通知》（劳社部发〔2005〕12 号）②（以下简称《通知》）第 4 条中明确了发包方违法发承包的，农民工与具备用工主体资格的发包方存在劳动关系。在实践中却出现了与《通知》相矛盾的规定，即最高人民法院《全国民事审判工作会议纪要》（法办〔2011〕442 号）第 59 条③规定，发包方违法发承包的，不予支持农民工与具有用工主体资格的发包人之间存在劳动关系的确认请求，并在《对最高人民法院〈全国民事审判工作会议纪要〉第 59 条作出进一步释明的答复》④ 中认为《通知》的第 4 条超越了

---

① 《中华人民共和国劳动合同法》第 94 条规定："个人承包经营违反本法规定招用劳动者，给劳动者造成损害的，发包的组织与个人承包经营者承担连带赔偿责任。"
② 《关于确立劳动关系有关事项的通知》（劳社部发〔2005〕12 号）第 4 条："建筑施工、矿山企业等用人单位将工程（业务）或经营权发包给不具备用工主体资格的组织或自然人，对该组织或自然人招用的劳动者，由具备用工主体资格的发包方承担用工主体责任。"
③ 《全国民事审判工作会议纪要》（法办〔2011〕442 号）第 59 条："建设单位将工程发包给承包人，承包人又非法转包或者违法分包给实际施工人，实际施工人招用的劳动者请求确认与具有用工主体资格的发包人之间存在劳动关系的，不予支持。"
④ 《对最高人民法院〈全国民事审判工作会议纪要〉第 59 条作出进一步释明的答复》，http://www.court.gov.cn/zixun-xiangqing-6293.html，最后访问日期：2016 年 4 月 11 日。

《劳动合同法》的有关规定，强行认定本来不存在的劳动关系。①

现行法律规范对于农民工与用人单位是否存在劳动关系的不明确甚至混乱状态，使得农民工无法有效地运用劳动诉讼手段对自身权益进行维护。

2. 现行法律规范适用混乱

现行法律制度关于农民工权益劳动诉讼保障的规范缺失，使得基层法院在法律适用时出现混乱状态。如在审理建筑行业中的农民工案件时，现行法律对内部承包行为，没有明确规定农民工劳动报酬的责任承担主体；再如现行法律对于层层转包的案件，没有规定若农民工起诉，是参与流转的所有当事人均参与诉讼，还是仅有部分主体参与诉讼，难以追加当事人；另外，在审判实践中对农民工是否属于"实际施工人"也存在争议，难以认定农民工与用人单位是劳动关系还是劳务关系。以原告周朋枝与被告浙江四海园林工程有限公司、丽水市莲都区公用事业管理所劳动争议纠纷一案为例，原告请求确认与被告在施工期间存在劳动关系被驳回，且适用法律上依据《合同法》第60条："当事人应当按照约定全面履行自己的义务。"当事人应当遵循诚实信用原则，根据合同的性质、目的和交易习惯履行通知、协助、保密等义务，而不是依据保障劳动者权益的《劳动法》及《劳动合同法》。②

3. 现行法律规范惩罚力度轻，农民工胜诉后判决难以执行

保障农民工工资支付的法律制度仍不健全，农民工工资拖欠问题解决刚性不强，以《劳动保障监察条例》第26条③和第30

---

① 金英杰：《建筑行业农民工劳动关系确认的思考》，《中国劳动》2015年第10期。
② 中国裁判文书网：《周朋枝与浙江四海园林工程有限公司、丽水市莲都区公用事业管理所劳动争议一审民事判决书》，http://wenshu.court.gov.cn/content/content? DocID=514ea77d-0671-43e2-9c22-ad9fef4b47d9&KeyWord，最后访问日期：2017年4月30日。
③ 《劳动保障监察条例》第26条："用人单位有下列行为之一的，由劳动保障行政部门分别责令限期支付劳动者的工资报酬、劳动者工资低于当地最低工资标准的差额或者解除劳动合同的经济补偿；逾期不支付的，责令用人单位按应付金额50%以上1倍以下的标准计算，向劳动者加付赔偿金：（一）克扣或者无故拖欠劳动者工资报酬的；（二）支付劳动者的工资低于当地最低工资标准的；（三）解除劳动合同未依法给予劳动者经济补偿的。"

条①的规定为依据,现任人力资源和社会保障部副部长邱小平说:"企业欠薪的违法成本低,与用人单位动辄数百万甚至上千万元的拖欠工资数额相比,最高罚款不超过2万元的处罚对于用人单位来说不痛不痒。"②况且在实践中,农民工案件在胜诉后无法执行的情形十分常见,农民工胜诉后向法院申请执行,企业经营者在案件审理期间或审理之前恶意逃债、转移资产,使得判决书成了空头支票。以原告李政诉被告邓礼超追索劳动报酬纠纷一案为例,农民工多次追索无果,凭欠条诉至人民法院请求被告支付劳动报酬,依据《民法通则》第108条得到法院支持,但被告现下落不明,保障农民工的财产权益难以实现。③

(二)现行农民工权益保障劳动诉讼模式不合理,农民工高效维权难

依据我国《劳动法》第79条和第83条的规定,"仲裁前置"是我国的劳动争议案件的处理制度,所以劳动仲裁是启动诉讼的前置程序。但这种"先裁后审"、"一裁二审"的劳动争议处理制度,在实践操作中的缺陷十分明显。其一,劳动仲裁和诉讼都需缴纳费用,而农民工一般在仲裁、诉讼阶段入不敷出,对其而言要背负金钱压力。其二,整个"仲裁前置"制度经历的时间长,维权效果大打折扣。尽管对于农民工小额仲裁案件可适用一裁终局劳动仲裁程序,但实践中不满仲裁结果仍可向法院提起诉讼,实则"一裁未必终局"。

---

① 《劳动保障监察条例》第30条:"有下列行为之一的,由劳动保障行政部门责令改正;对有第(一)项、第(二)项或者第(三)项规定的行为的,处2000元以上2万元以下的罚款:(一)无理抗拒、阻挠劳动保障行政部门依照本条例的规定实施劳动保障监察的;(二)不按照劳动保障行政部门的要求报送书面材料,隐瞒事实真相,出具伪证或者隐匿、毁灭证据的;(三)经劳动保障行政部门责令改正拒不改正,或者拒不履行劳动保障行政部门的行政处理决定的。"

② 观察者网:《人民日报谈农民工讨薪:企业拖欠数百万,罚款却不超两万》,http://www.guancha.cn/economy/2017_01_06_387937.shtml,最后访问日期:2017年4月6日。

③ 中国裁判文书网:《李政与邓礼超追索劳动报酬纠纷一审民事判决书》,http://wenshu.court.gov.cn/content/content?DocID=704dfff2-10b2-4b00-80de-19e2e37c8fcb&-KeyWord,最后访问日期:2017年4月30日。

在工伤维权案件中，行政与司法相交叉的模式设计要求全部走完劳动关系认定、申请工伤认定、劳动能力鉴定和工伤待遇索赔4个程序，一般案件需要3年9个月左右，最长的可达6年7个月左右，且不提一些用人单位利用现行模式的漏洞，恶意"缠讼"、"拖讼"，逃避法律追责。农民工依法维权要付出大量的时间金钱成本，所以即使最终判决有利于农民工，但整个劳动诉讼模式给农民工留下的更多是维权难等负面印象。[①]

（三）农民工自身法律维权知识薄弱，运用劳动诉讼保障机制能力不足

随着我国普法工作的不断开展，农民工的法律意识也在不断增强。但农民工受自身文化水平的限制，掌握的法律维权知识较少，对于用人单位通过法律漏洞规避风险侵害自身权益的行为（如用人单位不与农民工签订劳动合同、用人单位与农民工签订劳动合同但由用人单位单方保管或与农民工签订空白合同），农民工缺乏防范意识，在自身权益受到侵害后，由于无法认定与用人单位的劳动关系，在运用劳动诉讼保障机制维权时力不从心。

在农民工维权案件中，农民工"举证难"也是一大问题。农民工掌握的书面证据较少且形式单一，在诉讼过程中难以支撑其诉求。以梁卫国诉胡开仁、胡甲飞、辽源市精工装饰工程有限公司劳务合同纠纷一案为例，农民工既无劳动合同，也无欠条，既无被告地址，也无其他佐证，仅与被告有口头约定。其权益受到侵害后，曾多次上访讨薪，均未果，最终诉至人民法院，但依据《民事诉讼法》第154条：（十一）其他需要裁定解决的事项，法院驳回了农民工的起诉。

根据新疆乌鲁木齐市水磨沟区人民法院审理农民工案件的统计数据，在办案过程中，无法举证或者未尽到举证责任导致败诉的案件比例约为9%。法院主动依职权为农民工调证补足证据后农民工胜诉的

---

① 姚茂艳：《农民工工伤维权路之艰辛及对策分析》，《法制与社会》2012年第13期。

案件比例为15%。农民工"举证意识"的缺乏，使得案件在审判过程中困难重重，对于审判关键的界定没有证据支持，难以保障农民工的合法权益。

四 我国农民工权益的劳动诉讼保障机制的完善路径

（一）从立法上完善农民工权益劳动诉讼保障机制

以法律规定的形式保障农民工积极维权是促进农民工权益劳动诉讼保障机制健全的关键，能够更好地保障农民工合法权益，如出台《劳动诉讼法》。但考虑到现阶段立法成本较大，在不突破现有法律体系下，我国农民工权益劳动诉讼保障机制可以通过以下三个方面完善。

第一，修改和完善《劳动法》和《劳动合同法》，明确农民工与用人单位存在劳动关系，以保障农民工的合法权益。

第二，作出《劳动法》和《劳动合同法》有关农民工问题的司法解释，以明晰农民工与用人单位的用工关系、明确规定农民工劳动报酬的责任承担主体以及明确规定层层转包下当事人追加程序问题等为内容，解决法律适用难的问题。

第三，各地方也应颁布《农民工权益保障实施规定》、《保障农民工工资支付规定》，并加大行政处罚力度，责任主体承担严重的行政法律后果，大力打击农民工欠薪问题，以解决农民工财产权益得不到保障的现实问题，健全农民工权益劳动诉讼保障的长效机制，为农民工依法维权提供法律保障。①

（二）从程序设计上完善农民工权益劳动诉讼保障机制

近年来为提高农民工劳动诉讼效率，各地法院在农民工维权活动中

---

① 兰建勇、李辉敏、杨福忠、窦竹君：《农民工权益法律保障机制研究》，《河北法学》2005年第6期。

不断创新审理方式，如建立维权绿色申请渠道、适用小额速裁程序等举措，高效审理农民工劳动诉讼，依法及时为农民工维权提供法律服务和法律援助。完善我国农民工权益劳动诉讼保障机制在制度上还需更加深化，应在行政与司法的程序衔接与互动上进行调整，合理配置劳动诉讼中的行政权与司法权。

第一，调整劳动争议仲裁前置制度，设立劳动诉讼简易程序。有关农民工争议可不再适用劳动仲裁前置制度，农民工可直接提起劳动诉讼，使诉讼救济渠道贴近农民工，实现程序效益的最大化。

第二，调整工伤认定程序，在行政上将工伤认定案件设定为劳动基准案件，将劳动关系认定、工伤行政确认和劳动能力鉴定程序合为一体，对于工伤认定结果不服的可再提起劳动诉讼，加强行政程序与司法程序的分工与合作，兼顾效率与公平。

第三，鉴于建立维权绿色申请渠道、适用小额速裁程序等举措有效降低了农民工维权的时间和金钱成本，提高了办案效率，应当在各地基层法院全面推行这些举措，降低农民工维权的难度。

第四，建立农民工劳动诉讼执行绿色快速通道。仅提升办案效率对于有效维护农民工的合法权益还远远不够，尤其是申诉后无法获得预期结果削弱了农民工对劳动诉讼保障机制的信赖，因此，提升案件办理的效果对于完善农民工权益劳动诉讼保障机制必不可少。将涉及农民工劳动诉讼的案件作为法院执行工作的重点，对恶意欠薪涉嫌犯罪的，依法追究刑事责任，切实发挥《刑法》对拒不支付劳动报酬犯罪行为的威慑作用，做到诉讼效果和执行效果的有机结合，最大限度地保障农民工合法权益。①

（三）普及维权法律知识，提高农民工维权能力

加大对农民工权益劳动诉讼保障机制相关知识的宣传介绍。如今很

---

① 朱孝彦：《民事诉讼视角下的农民工权益保护研究》，《西北农林科技大学学报》（社会科学版）2012年第1期。

多农民工具有法律意识，但由于欠缺法律知识，农民工对自身权益的劳动诉讼保障机制不知道、不了解，很难最大化地维护自身合法权益。

对于农民工采取劳动诉讼保障机制维权而言，农民工在自身权益受到侵害时，应当理性积极地申请法律援助，主动收集并保存证据，合理合法地运用劳动诉讼权利维护自身权益。建议从以下几个方面着手。

第一，设计有关普及农民工维权意识的手机应用软件，并向农民工推广安装应用软件，以提高农民工与用人单位签订劳动合同意识、参保意识、证据保全意识、对用人单位规避责任的防范意识为内容，定期更新手机应用内容，以增强农民工维权意识。

第二，定期对农民工展开"农民工权益劳动诉讼保障机制宣讲教育活动"，并对宣讲教育内容进行测评，同时对测评结果优秀的农民工进行奖励，以提高农民工参与宣讲教育活动的积极性，增加农民工关于运用劳动诉讼保障机制维权的知识。

第三，发挥新闻媒体的宣传引导和舆论监督作用，尤其是新媒体如微信公众号、手机普法客户端的推广作用，大力宣传劳动保障法律法规，推送公布典型维权案件，在增强农民工运用劳动诉讼保障机制维权能力的同时，引导其依法理性维权。

Labor Rights and Interests of Migrant Workers Protection Mechanism

Wang Yiman, Liang Ming, Li Ruizhou

Abstract: The protection and protection mechanism of migrant workers protects the tangible interests of the majority of migrant workers and has been improved in recent years under the great concern of the state. In practice, however, the labor litigation guarantee mechanism, which is the last bottom line of the rights and interests protection, still has the problem of ineffective rights caused by the disproportionation of labor relations between the migrant workers and the procedural design of the administrative procedure and the judicial procedure. Therefore, it should be from the legislation, the system and the migrant workers themselves to improve the legal knowledge of migrant workers rights and interests of labor litigation protection mechanism in order to achieve the protection of migrant workers rights and interests should be effective.

Keywords: Migrant workers; Rights and interests; Labor suit protection mechanism

论二孩政策背景下女性劳动就业权的保障

高中权　王艺霖　熊亚云[*]

摘　要：为缓解人口老龄化的压力，实现社会可持续发展，我国于2016年全面推行二孩政策。二孩政策的出台有利有弊，在看到其带来种种益处时，更要关注其带来的负面影响，尤其是对女性劳动就业权的不良影响。二孩政策所期待的人口红利将为全社会共享，所以由生育带来的就业风险不能让女性一方承担，而应该由国家、政府、企业共同撑起女性劳动就业的保护伞。

关键词：二孩政策；就业歧视；生育保险制度

全国人大常委会2015年12月27日审议通过，并于2016年1月1日起施行的《中华人民共和国人口与计划生育法》修正案中规定："国家提倡一对夫妻生育两个子女。"这一规定意味着二孩政策的全面放开。从宏观层面来看，二孩政策可以保障我国生育水平的适度稳定，提供劳动力资源，缓解老龄化社会的压力；就微观层面而言，二孩政策也有利于满足小家庭绵延子嗣的愿望，降低独生子女家庭面临的失独风险，避免独

---

[*] 高中权，辽宁北票市人，长沙理工大学法学系副教授，主要从事民商法研究；王艺霖，湖南张家界人，长沙理工大学法律硕士，主要从事工程法研究；熊亚云，河南信阳人，长沙理工大学法律硕士，主要从事工程法研究。

生子女成长过程中可能出现的性格缺陷。但二孩政策的推行有利有弊，我们在关注其有利面的同时，也应该防范它可能带来的负面影响——对女性劳动就业权的损害。

一 二孩政策对女性劳动就业权所带来的负面影响

随着社会的发展和进步，女性早已不再局限于琐碎的家庭生活中。作为新时代的女性，工作已然成为她们生活中必不可少的一部分。然而因为生育，女性职工的就业机会、工作经历的累积、职业发展机会等都会不同程度地受影响，进而引发劳动力市场的就业性别歧视问题。二孩政策的出台，无疑会加剧这种不公平的情况。具体表现在如下三方面。

（一）二孩政策会加剧女性就业机会的歧视

随着二孩政策的出台，晚婚晚育假取消，产假将延长，对于用人单位而言，他们因为女职工生育问题所投入的成本要大幅增加。女职工一怀孕就可能频繁请假，用人单位不仅要为其保留岗位，按时为其发放工资，还需要重新调配员工临时接手其工作，这无疑加大了用人单位的人力成本。在二孩政策以前，已婚已育的职场女性因为没有再生育的顾虑，在工作招聘中占据优势，但二孩政策推行以后，用人单位不得不考虑已育一孩的女性生育二孩的可能，她们在职业上的优势已不存在。女性生育问题，不完善的社会保障机制，加之男性体力、精力上的优势，劳动力供过于求等现状更会引发用人单位不想用、不敢用女职工，对于以营利为目的、追求自身利益最大化的企业而言，情况更甚。长此以往，这必然会加剧女性就业难的现状，也会更进一步激化原本就广为社会诟病的就业歧视问题。

（二）二孩政策会加剧女性职业发展机会的歧视

不仅在就业方面女性处于劣势，在职业发展机会方面，更是如此。对于选拔女性管理者，用人单位也会有自己的考虑——过去是比较青睐30多岁已婚已育的女性，现在已经延后到了40岁左右。① 一方面是由于国家法定的退休年龄往后推迟了，另一方面在于40多岁的女性无论从身体素质还是个人精力方面，生育二孩的概率都会大幅降低，她们不会因为生育问题而耗费用人单位的成本。《2016年中国劳动力市场发展报告》显示，有3.45%的女性遭遇过因性别歧视而不被录取或提拔的问题；高层管理者中女性管理者占比只有13.67%，比例明显低于男性；女性管理者的收入仅为男性的93.4%。② 女性职位发展机会变少，究其本质，是对女性职工的性别歧视。

（三）二孩政策会加剧职业性别的隔离

职业性别隔离，是指将男性和女性分配在不同的职业领域而导致不同职业性别集中的情况。③ 具体表现为女性更多地从事辅助性、服务性的工作，职位较低。与之相反，要求更高、等级更高的职业则大多由男性从事。女性在孕育以及抚养孩子的过程中，不可避免地需要耗费更多的精力，将更多时间投入到家庭生活中，且其在工作和家庭的双重压力下，工作效率往往不及男性。二孩政策出台后，这种情况只会更加严重——女性需要抽出大量时间去照顾家庭，进而导致贡献在工作上的时间、精力大打折扣。考虑到此，用人单位则会倾向于把更重要、更有技术含量的工作交给男性职工去做，分配给女性职工的往往是简单的、配合性的工作，避免影响整体工作的开展。

---

① 孙昊、张炜炜：《二孩政策背景下女性劳动权益的法律保护》，《法学论坛》2016年第4期。
② 刘诗瑶、刘佩佩：《女性就业，对歧视说"不"》，《人民日报》2016年12月16日。
③ 岳玲：《浅析全面二孩政策对就业性别歧视的影响》，《工会博览》2016年第8期。

二 二孩政策对女性劳动就业权产生负面影响的原因

随着社会的发展进步，我国对女性劳动权益也越来越重视，针对女性劳动权益采取了一系列对策，如《宪法》、《妇女权益保障法》、《劳动法》中都有对女性平等权益的保护的规定，但是女性在就业中所遭受的不公平待遇依旧存在。究其原因，有以下几个方面。

（一）法律法规不完善

寻求法律帮助是女性职工遭受歧视后所能采取的最后方法。虽然我国出台了一系列保护女性劳动权益的法律法规，但其太过原则化、不够细化等弊端，导致这一最后的救济手段发挥不了其该有的作用。诸如《妇女权益保障法》第二十三条之规定"各单位在录用职工时，除不适合妇女的工种或者岗位外，不得以性别为由拒绝录用或提高对妇女的录用标准"，但对于到底如何判断工作适不适合，缺乏具体的要求说明。又如我国在《宪法》、《妇女权益保障法》等法律中明文规定了女性与男性在就业中地位平等，国家保障妇女享有与男子平等的劳动权利和社会保障权利，但这些法律条款过于原则化，实施起来缺乏指导性。规定中提到了"歧视"，但对于歧视的定义却并未详细说明。在国外，如是雇主在招聘时提出的问题涉及年龄、婚姻以及生育状况等内容，最终不予录用，这位女性求职者若是起诉到法院，很容易胜诉。[①] 但是在我国，对于判断女职工在求职、升职的过程中是否遇到歧视，没有一个衡量标准。通常情况下，用人单位多采用间接歧视的方式，较为隐蔽，所以很多女性即使遭遇歧视也不易察觉。而且针对用人单位在进行歧视行为后所要承担的法律后果，我国相关法律条文规定得不够具体，诸如赔偿数额、惩罚

---

① 刘诗瑶、刘佩佩：《女性就业，对歧视说"不"》，《人民日报》2016年12月16日。

性赔偿与补偿性赔偿的比例如何确定以及是否采纳精神损害赔偿等问题都无从得知。用人单位因歧视行为付出的成本无法确定，根本起不到震慑作用。所以即使知道自己遭受了不公平待遇，很多女性职员也是秉着"多一事不如少一事"的态度，最终放弃维权。进一步而言，即使女性想拿起法律的武器来保护自己的权益，但依举证责任的分配制度，原告要承担证明责任，即女性求职者要承担举证自己求职、升职时遭遇歧视的责任，这对于处于弱势地位的妇女来说无疑是难上加难，最终的后果是女性职工在遭遇性别歧视后采取沉默态度，放弃寻求救济。

（二）救济机制不健全

1. 缺乏专业、权威性的救济机构

《妇女权益保障法》第五十三条规定"妇女的合法权益受到侵害的，可以向妇女组织投诉，妇女组织应当维护被侵害妇女的合法权益，有权要求并协助有关部门或者单位查处。"在我国，妇女组织是妇女权益保障的代名词，在一定程度上其可以起到保障妇女权益、缓解待遇不公的作用，但归根结底妇女组织只是公益性社会团体，它只能发挥协助作用，不具备强制执行的能力，无法真正推动妇女权益保障的进一步发展。再如《妇女权益保障法》第五十二条规定"妇女的合法权益受到侵害的，有权要求有关部门依法处理，或者依法向仲裁机构申请仲裁，或者向人民法院起诉"。针对法条中所提到的"有关部门或者单位"，并无明确界定，权责不明，实践中容易出现部门或单位之间相互推诿的现象，不利于职权的有效行使，不能有效惩治用人单位就业性别歧视的行为。

2. 劳动保障监察制度不完善

虽然各地劳动行政部门设有专门的劳动保障监察机构，但政府往往对该机构建设的投入力度较小，经费、人员配备以及硬件设施等都跟不上，导致其难以有效履行劳动保障监察的职责，在反就业歧视、保障女性劳动权益方面较难发挥有效作用。

（三）生育保险制度不合理

生育保险制度是指用人单位按照法律规定缴纳生育保险基金，以此给予怀孕、分娩的女职工生活保障和物质帮助的社会保险制度。[①] 生育保险不仅是保障妇女权益和地位的需要，也是提高人口素质、保障企业公平竞争、体现女性生育社会价值的有效制度。[②] 目前，我国生育保险待遇是维护女性特殊劳动权益的重要内容，但我国现行的生育保险制度尚不完善，难以为女性劳动权益撑起保护伞。

1. 生育保险制度企业责任的不对等

一方面，依照我国《社会保险法》的规定，由用人单位负责缴纳生育保险费，职工个人无需再缴纳。在我国，私营企业是缴纳生育保险的大头。在市场经济条件下，追求利润最大化是每个企业的价值导向，由它们独自承担生育保险的所有费用，不仅违背了市场经济的平等、效益原则，也加重了企业的负担。尤其是承担创业富民重任的小微企业，其职工人数较少、流动性大、经营不稳定，将追求经济利润视为企业生命，它们不愿意承担此类缴费的义务，但又不能违背强制性规定，所以，企业在录用员工时不愿选择女性，长此以往，引发了就业性别歧视，损害女性劳动就业权。另一方面，我国生育保险基金统筹实行"以支定收，收支基本平衡"的原则，但依据人力资源和社会保障部《2015年度人力资源和社会保障事业发展统计公报》，我国全年生育保险基金收入502亿元，支出411亿元，年末生育保险基金累计结存684亿元，这说明当前用人单位独自承担的生育保险费率偏高，实际负担过重。

2. 生育保险制度水平低

《社会保险法》第五十六条规定"生育津贴按照职工所在用人单位上

[①] 孙昊、张炜炜：《二孩政策背景下女性劳动权益的法律保护》，《法学论坛》2016年第4期。

[②] 参见《人力资源和社会保障部办公厅关于妥善解决城镇居民生育医疗费用的通知》（人社厅发〔2009〕97号）。

年度职工月平均工资计发。"对于"月平均工资",到底是职工的基本工资还是工资总额,法律没有具体规定,这为一些企业钻法律空子提供了可乘之机。据统计,虽然目前我国职工生育保险工资替代率一直为100%,但这个100%的替代值,实际上是按照职工所在用人单位上年度员工月平均基本工资的标准来计算的。我国职工的基本工资仅占收入的一半左右,这必将导致部分女职工在产假期间领到的生育津贴比其产前的实际工资收入要低。女职工在生育期间由于缺少各种津贴、福利,收入会大打折扣,尤其是高职高薪群体的女员工,在二孩政策下,她们无法享受晚育津贴,同时还要面对高昂的育儿费用以及生育二胎可能导致的收入损失。现行的生育津贴制度既无法给予其劳动权益制度上的保障,也不利于二孩政策的全面施行。

3. 生育保险报销制度不合理

生育保险待遇"两级给付"的方式影响了二孩政策的实施效果。生育保险待遇给付的社会化,要求由特定社会机构或社会保险基金提供服务或是支付现金。但由于我国大多数地区未能形成生育保险发放的社会化管理服务网络,生育保险金通常是先通过社会保险经办机构将保险待遇拨付给企业,再由企业发放给职工本人。这种不能直接支付给保险人生育保险金的"两级给付"方式,会直接影响生育保险受益者的待遇。

三 女性劳动就业保障的对策

生育是人类繁衍后代的自然行为,虽然不能创造市场价值,但是从长远来看,其对社会的发展是极为重要的。在我国老年人口规模逐步扩大、老龄化速度加快的今天,二孩政策的出台顺应了社会和谐发展之目标。女性所承担的生儿育女的职责不仅满足了个人小家庭的意愿,更是事关国家大计。因此,生育二孩的重任不能让女性一方承担,而是要通过政府的一系列举措,让全社会共同分担。要想推动二孩政策工作的开展,发挥其应有的效果,国家要解决女性的后顾之忧，即保护女性劳动权益，避免其因为生育问题被歧视。具体可以从以下几方面着手。

（一）促进《反就业歧视法》的出台

虽然《劳动法》、《妇女权益保障法》、《就业促进法》等法律法规中有反就业歧视的规定，但都过于笼统，适用性不强。尤其是在二孩政策背景下，女性的平等就业权如何得到保障，亟须作出明确的规定。因而在此前提下，《反就业歧视法》的出台是极为迫切的。从国际立法上来看，专门的反就业歧视法逐渐成为一种趋势，如日本的《男女雇佣机会平等法》，美国的《公平报酬法》、《民权法案》第七章。这些法律内容规定得比较详细而且操作性强。例如《男女雇佣机会平等法》对招聘录用、工作升迁、福利津贴、辞退等方面分章作出了明确的规定。[①] 对于国外比较好的经验，我们要善于借鉴，并结合自身的实际情况，加以改进。若要促使我国《反就业歧视法》的出台，可从以下几方面着手。

1. 明确就业歧视的保护范围

我国《劳动法》的适用范围过窄，通常只保护与用人单位建立劳动关系的求职者，这将会导致合同缔结前妇女劳动者的权益得不到保障。因而，在《劳动法》的基础上要将保护范围扩大，尤其要将劳动合同签订前用人单位对女性的性别歧视纳入《劳动法》的管辖范围，给予充分保障。

2. 制定就业歧视的评判标准

我国针对女性平等就业权的保护过于原则化，需要加强法律法规的可操作性。法条要细化到雇佣过程中的每一个环节，对于求职者和用人单位分别享有哪些权利、承担什么义务等都应当作出具体明确的规定，譬如采取列举式界定性别歧视行为的外延和判断规则，禁止在招聘中出现男性优先或年龄限制等条件，如果招聘岗位确实不适合女性，应当说

---

① 彭程、于通：《论女性平等就业权的法律保护》，《长白学刊》2013年第2期。

明理由，理由违反法律规定的则构成歧视；对于用人单位在招聘中搜集婚育信息或者设置孕检等隐性歧视行为，则规定如果用人单位采集了与就业无关的信息就必须录用，否则就可以认定其存在歧视。

3. 落实举证责任的分配

在我国，依据"谁主张谁举证"的原则，女性求职者要承担举证自己求职、升职时遭遇歧视的责任，这对于在求职过程中处于弱势地位的女性极为不利。因此，我国可以借鉴美国的做法，由女性职工先提供自己受到就业性别歧视的初步证据，将举证责任转移到用人单位身上，若用人单位提出了看似合理的拒绝聘用的理由，女性职工可以进一步去反驳，证明用人单位所提的理由只是借口。

4. 规定具体的法律后果

立法对赔偿数额、比例等法律后果的规定应考虑是否能对用人单位产生威慑力，遏制其实施就业歧视的行为。因此，法律需要明确用人单位对受害者予以民事赔偿，包括实际损失和精神损害。实际损失的计算应以利益受损者在求职过程中的实际支出及判决生效前用人单位就该岗位应支付给受聘者的报酬为标准。如果受害者在判决生效前已经就业的，则用人单位就该岗位支付受聘者的报酬应到受害者就业时为止。

（二）设立专门的保护女性平等就业与职业权益的机构

一个专门的、独立的、具有较强权威性的救济机构，是保护女性劳动就业权的一把利剑。发达国家几乎都设立了专门保护女性就业与职业权益的机构，如美国的平等就业机会委员会、英国的平等机会委员会、挪威的性别平等中心等。目前我国虽然也有一些机构在一定程度上承担着促进男女就业平等、保障妇女劳动就业权的职责，但各部门职权界限不明、职能分散或交叉，导致其无法有效地行使职权，保障力度欠缺。且像妇女组织、工会组织，由于其没有足够的权威性，对于女性劳动就业权的保障也难以发挥作用。所以我国可以借鉴英、美、挪威等国的经验，结合我国二孩政策的现实国情，设立类似于平等就业机会委员会、性别平等司等反就业性别歧视专门机构，受理因为生育问题被歧视女性的申诉、调解与裁决，并代表女性向法院提起诉讼。

（三）完善生育保险制度

生育在某种程度上的确会让女性的竞争力降低，对女性就业能力产生不利影响，但我们更应看到女性身上所承担的繁衍人类的重大责任，尤其是在人口老龄化压力剧增的今天，女性生育更是缓解社会老龄化压力的一剂良药。因此，女性生育是一种社会责任，它不能仅靠女性或用人单位来承担，政府也应承担起部分社会责任，实现个人、用人单位、政府部门之间合理的负担分配。因此，政府完善生育保险制度，应当寻求女性就业者、用人单位和社会三者之间的利益平衡点。

1. 扩大生育保险基金筹资渠道

扩大生育保险基金的规模是提高生育保险受益者待遇的关键。扩大生育保险的基金规模，一方面应建立生育保险费三方负担机制，推行用人单位、政府、个人三方缴费机制，扩大生育保险基金的筹资渠道。西方发达国家在建立生育保险制度之初，采取普遍福利的形式，即完全由政府和雇主承担生育保险费用。制度的弊端随即显现，高额的福利费用不仅削弱了企业的市场竞争力，而且使政府背负沉重的财政包袱。于是，西方国家开始推行由政府、雇主和个人三方负担生育保险费，并通过逐步提高个人缴费上限的方式扩大生育保险基金来源。在我国，缴纳生育保险费也是用人单位的职责，在政府单位、国有企事业单位尚能得到良好的贯彻实施，但是在私人企业的实施效果并不理想。所以，我们可以借鉴西方国家的经验，考虑政府和受益者个人也应缴纳一定的生育保险费，形成三方负担制。另一方面，除推行用人单位、政府、个人三方缴费以外，扩大筹资渠道也很重要。例如通过财政转移支付，由政府财政直接补贴生育保险基金；将违反《社会保险法》、《人口与计划生育法》的罚没款项部分划入生育保险基金；通过发行福利彩票筹集生育保险基金；等等。

2. 提高二孩生育保险金的待遇标准

从国际视角来看，按照《生育保护公约》的规定，生育补助金的最低比例是本人原工资的 66%，某些国家做得更好，如德国是 100%，瑞典和法国是 90%。然而，我国达不到国际标准。目前我国多数地区是按照企业上年度职工月平均工资的标准或女职工生育之前的基本工资支付产假工资。因此，面对职工生育津贴过低的问题，我们要提高生育保险待遇，与国际接轨，即按照职工所在用人单位上年度职工月实际工资收入计发，实现职工个人多缴多得。此外，国家应当对符合二孩生育政策且女职工缴纳生育保险费达到一定比例的用人单位进行资金补贴，平摊生育风险。

（四）建立就业歧视奖惩制度

利用税收调节方案降低企业雇佣女性的成本。根据男女职工的比例，确定减税和附加税标准：对女职工超过一定比例、女性管理者占一定比例的企业减税，并在社会上对其进行广泛宣传，对女职工低于一定比例、女性管理者人数不达标的企业征收附加税；用对女职工、女性管理者低于一定比例的企业所征收的附加税设立补偿金项目，补偿因雇佣女性而遭受"性别亏损"的企业，减轻这些企业因雇佣女性而增加的雇佣成本。对在雇佣中歧视女性的企业应加大惩罚力度，增加它们的歧视成本，并通过微博、微信公众号等新闻渠道将其曝光。要让企业认识到，歧视女性是破坏企业声誉的恶性事件，一次次的歧视事件，会导致其社会认可度骤跌，从而让企业不敢也不会因为生育问题歧视女性。

女性就业劳动权益的保障，不仅关乎女性个人的生存和发展，更是与社会的长治久安紧密相连。如果二孩政策所期待的人口红利将为全社会共享，国家就不应该让女性或者单个家庭承担制度带来的风险。应在依法治国的道路上，从立法源头上对歧视女性就业的行为进行规制，通过完善生育保险制度谋求个人、单位和社会三者之间的利益平衡，同时利用税收奖惩制度来推动全社会形成维护女性劳动权益的制度共识。

On the Guarantee of Female Labor and Employment Right under the Background of Two-child Policy

Gao Zhongquan, Wang Yilin, Xiong Yayun

Abstract: To alleviate the pressure of aging population and achieve the goal of sustainable development, China has fully implemented two-child policy in 2016. The two-child policy has two sides, it could bring a variety of benefits as well as bad ones, so we should take more attention on its negative effects, especially the bad influence on women's labor employment rights. As the demographic dividend brought by the Two child-policy will be shared with the whole society, the employment risk made by birth cannot only let female take the burden. It's our obligation, the country, the government, the enterprises, women should take it to support a protective umbrella for the labor employment.

Keywords: The two-child policy; Employment discrimination; Birth insurance system

海外建设工程劳务用工专题

境外工程劳务派遣问题研究

杜卫红　胡　鹜[*]

摘　要：在经济全球化时代，劳务派遣是世界各国进行大型项目建设时解决用工问题的重要方式。然而，由于国家间法律传统与社会风俗习惯的差异，工程类企业在境外劳务派遣过程中出现了许多问题。现在国际、国内法律规范对境外工程劳务派遣有诸多规定，为解决境外工程劳务派遣问题提供了良好的规范基础。针对目前境外中资企业劳务派遣过程中存在的法律问题，应当重点完善相关法律，采取有效应对措施。

关键词：境外；工程；劳务派遣

境外工程劳务派遣是世界各国进行大型项目建设时解决劳动用工问题的重要方式。在我国推行的"一带一路"战略带动下，我国大量工程企业走出国门，承担外国工程项目，从而使得大量的中国工程人员走出国门。由此也引发了大量的境外工程劳务派遣问题，需要从法律层面予以规制，以切实保障企业用工权利及劳务派遣人员的合法权益。

一　境外工程劳务派遣的法律规范

耶林认为，权利的本质是法律所保护的利益。我国的《劳动法》中

---

[*] 杜卫红，女，湖南岳阳人，长沙理工大学文法学院副教授，主要从事商法和经济法研究；胡鹜，男，湖南澧县人，长沙理工大学文法学院法律硕士研究生，主要从事民法和劳动法与社会保障法研究。

使用"劳动者权益"这一概念。劳动者权益作为社会权具有两个方面的特点：其一，是一种集公权与私权于一身的社会权利，以私权作为基础，并以公权作为保障；其二是以现代劳动关系中的劳动者为主体的社会弱势群体的权利。[①]

劳务派遣是指派遣机构（劳务公司）与派遣员工（劳动者）建立劳动关系，而后将劳动者派遣到相关机构（实际用工单位），在实际用工单位的指挥或监督下从事劳动。在国际上一般将其称为"派遣劳动"。例如在美国，派遣劳动从属于暂时性劳动提供的范畴，劳动者从事暂时性劳动通常要忍受低于正常劳动的劳动条件、劳动保护和福利，派遣劳动是缺乏稳定性的劳动，因而认为这类劳动危及劳动者的经济安全。在欧盟国家，希腊、意大利和西班牙立法禁止派遣机构从事营业性劳务派遣；在允许劳动派遣的国家如法国采用了限制性的立法方式，即要求说明特定而合理的理由。[②]

我国是一个拥有 13 亿人口的大国，国民经济体系较为健全，对外投资企业日趋增多。2015 年，我国对外承包工程业务新签合同额突破 2000 亿美元，达到 2100.7 亿美元，同比增长 9.5%。[③] 所谓境外工程劳务派遣，是指组织劳务人员出国为国外的工程建设企业或机构工作的经营性活动。在经济全球化和我国大力推进"一带一路"的战略背景下，境外工程劳务派遣中的员工问题将成为一个新的劳动者权益保护问题。该问题具有跨国性特点，不仅涉及不同的地区和国家间的法律管辖问题，也涉及各国各地区的法律适用问题。这一领域立法既包括国际法或区际立法，也涉及国内立法问题。总的来看，这些领域的立法并不健全。就我国国内立法而言，在法律位阶上，至今没有一部关于境外（工程）劳务派遣的法律，现有的规定，是国务院颁布的《对外劳务合作管理条例》

[①] 常凯：《劳权论：当代中国劳动关系的法律调整研究》，中国劳动社会保障出版社，2004，第 9 页。
[②] 黎建飞：《劳动与社会保障法教程》，中国人民大学出版社，2013，第 69 页。
[③] 中华人民共和国商务部对外投资和经济合作司网站，http://hzs.mofcom.gov.cn/article/aa/201601/20160101236264.shtml，最后访问日期：2016 年 4 月 25 日。

以及商务部等部门颁布的部门规章。这些规定有利于完善政策措施，有利于解决对外劳务合作中存在的问题。但是，对于如何处理境外的劳务派遣纠纷没有规定，也就是说，我国的境外工程劳务派遣基本上还处于法律空白状态。

二 境外工程劳务派遣发展现状

（一）中国境外劳务派遣人员倍增，境外工程领域劳务合作发展迅速

近年来，国家简化了出国（境）务工人员相关证件的办理程序，我国出国（境）员工数量大大增多。2016年第一季度，我国对外劳务合作派出各类劳务人员10万人，其中承包工程项下派出5万人，劳务合作项下派出5万人。3月末在外各类劳务人员99.1万人，较上年同期增加0.8万人。截至3月底，我国对外劳务合作业务累计派出各类人员811万人。[①] 我国境外劳务派遣涉及的领域由点到面，发展迅速，已经得到了巨大的突破。特别是在国家"一带一路"战略背景下，我国更多的工程人员走出国门，去境外中资企业工作。

（二）享有境外劳务派遣经营权的企业增多，国家的推动、企业经济实力增强带动劳动力输出

1979年初，我国只有4家企业享有国际境外劳务派遣经营权，现在已经发展到600多家。此外，我国对外投资也飞速发展，截至2014年底，中国1.85万家境内投资者在国（境）外共设立对外直接投资企业2.97万家，分布在全球186个国家（地区），2014年末境外企业资产总额为3.1万亿美元。[②] 境外工程劳务派遣是我国新发展起来的对外服务项目，

---

① 中华人民共和国商务部对外投资和经济合作司网站，http://hzs.mofcom.gov.cn/article/date/201604/20160401302148.shtml，最后访问日期：2016年4月22日。
② 商务部、国家统计局、国家外汇管理局：《2014年度中国对外直接投资统计公报》，中国统计出版社，2015，第3页。

在我国对外服务贸易中的比重逐年增加。经过改革开放30多年的创业，我国始终坚持"平等互利、讲求实效、形式多样、共同发展"的原则，认真遵循"守约、保质、薄利、重义"的方针，取得了令人欣喜的成绩。近年来国家积极推动"一带一路"建设，更是大大促进了我国工程企业的国际化发展进程，大量的中资企业对外投资建设。截至2016年第一季度，在商务部注册的对外承包工程企业达4124家。[1] 不断加快对外投资便利化进程，不仅让我国企业"走出去"的内生动力日益增强，也促进了境外工程劳务派遣的发展。

三　境外工程劳务派遣人员面对的主要法律问题

（一）劳务派遣员工面临输入国市场准入限制

为吸引国外资本对本国进行投资建设，输入国会允许投资国聘用非本国员工。但是，劳务输入国出于保护国民就业和社会秩序等多方面的考虑，会从法律层面上对引进非本国员工的数量、行业领域等方面施加严格的限制。例如美国就明确表示欢迎工程师、厨师和其他有专长的科学技术人员，拒绝没有任何专长的人员，并有配额限制。更为不利的是，一些国家引进外国劳动力的政策也对中国境外劳务派遣形成了隐性壁垒，比如美国法律规定，必须依次从本州、全美国以及北美自由贸易区范围内证明无法满足职位空缺才能雇用其他国家的劳动力。[2] 这些限制对以非技术工人为主体的我国劳务人员的跨国流动造成了巨大障碍，特别是在工程建设领域，我国企业面临着巨大的用工压力。此外，一些国家还对我国劳务的引进施加许多歧视性行为，如审查程序繁琐、签证时间过长等。面对其他发展中国家的激烈竞争和各国不断提高的海外劳动力就业门槛，我国境外工程劳务派遣面临更为严峻的考验。

---

[1] 中华人民共和国商务部对外投资和经济合作司网站，http://wszw.hzs.mofcom.gov.cn/fecp/zsma/corp/corp_ml_list.jsp，最后访问日期：2016年4月30日。

[2] 沈斌倜：《涉外劳务纠纷的法律困境》，《检察风云》2012年第3期。

(二) 在签订、履行境外工程劳务派遣合同中存在的问题

1. 合同条款不完备

境外劳务派遣签订的劳务合同是双务合同,有关当事人的权利和义务往往是相互补充、相互制约的。一方享有的权利以另一方所负的义务为基础。如果合同条款不完备、含糊其辞,或者忽视了某些条款,在特定的场合,可能破坏原有的权利和义务的平衡,被某一方当事人钻空子,引起这样或那样的纠纷,影响履约质量。比如有些合同规定"雇主免费为劳务人员提供住宿和其他必要的生活设施,劳务人员的伙食自理",却不具体说明住宿标准、必要的生活设施的内容。雇主提供的住宿地方过于拥挤嘈杂、其他生活设施过于简陋,这可能引起员工的不满,诱发怠工、破坏等违约行为。要是劳务输入国对外籍员工的生活待遇有明文规定,雇主提供条件低于标准,员工闹事对雇主或我国劳务外派单位来说,均十分被动。

2. 盲目草率签约,急于求成,为日后违约埋下隐患

在境外雇主签订劳务合作合同阶段,有的外派企业没有经过深入的调查论证,盲目同境外雇主签约,致使劳务人员派出后无劳可务,滞留在外。在招聘过程中,劳务人员要按外企的规定缴纳报名费、体检费、面试费等各种各样的费用,面对外派企业的变相收费,外派劳务人员无力抵制。在培训阶段,一些培训中心存在变相卖证及培训走过场的现象。在签订劳务合同阶段,都是外派企业与境外雇主签好外派劳务合同后,再交给外派劳务人员,这未必符合劳务人员的真实意愿。再者,大多数外派企业与外派劳务人员签订的劳务合同都是格式合同,不允许外派劳务人员改动。外派劳务人员对国家有关外派劳务管理法律、政策不了解(如收费的规定、权益保护的规定),对合同中规定的应按劳务输入国(地)法律享有的工时、工资、劳动条件、劳动保障等规定根本不知道,因考虑将来的经济利益,只得全盘接受合同条款,没有选择的余地。

3. 境外劳务派遣员工力量薄弱,权利被侵害后难以得到有效维护

外派员工在境外从事劳务的过程中,很容易受到雇主的盘剥或不公

正待遇，有的人员的人身安全和人格尊严甚至被危及。回国后，也存在着外派企业不能及时有效地返还外派劳务人员出国前缴纳的履约保证金及其他物质抵押等现象。当在外员工权益受侵害后，往往由于不懂法律，找不到有效的维权途径而劳民伤财。① 例如侵害境外劳务派遣员工权益事件高发的社会保险领域，一些境外用工企业对员工实行歧视待遇，常常压缩境外劳务派遣人员的职工福利。当在工程企业工作的员工因工伤亡时，我国境外劳务派遣员工会陷入无据可依的尴尬局面，被侵害的权益也难以得到及时有效的救助。

四　解决境外工程劳务派遣问题的法律措施

（一）从立法层面上制定一部以境外工程劳务派遣为重要内容的关于境外劳务派遣关系的专门性法律

一个国家是否拥有完善的、与国际劳务合作配套的法律体系，是影响这个国家与他国进行劳务合作的重要因素。世界各国特别是对外劳动力输入输出大国都拥有其境外劳务派遣法律。菲律宾在1995年出台了《海外劳工与海外菲人法》；韩国自20世纪70年代起颁布施行了《海外建设促进法》，用以规范海外建设人员配额等；在瑞士，其《关于国际私法的联邦法》中确立了劳动者（或受雇人）应当从日益增长的保护中得到好处，这一原则为大多数西方国家所采用。② 现在，总结30多年的对外劳务合作经验，结合"一带一路"建设的需要，我国应当由全国人大制定一部专门性的、以境外工程劳务派遣为重要内容的关于境外劳务派遣关系的法律，对包括境外工程劳务派遣人员在内的境外劳务派遣人员的界定、范围、权利和义务等各方面做出明确规定，更好地保护境外务工人员的权利。

---

① 刘连支：《外派劳务合同和履约质量探讨》，《厦门大学学报》（哲学社会科学版）1994年第3期。
② 沈斌倜：《涉外劳务纠纷的法律困境》，《检察风云》2012年第3期。

(二) 在国务院主导下完善中国境外劳务派遣的管理体制

当前我国管理境外劳务派遣的部门较多，未设置专门的管理部门处理境外工程劳务派遣事务，容易因部门间利益冲突影响对境外工程劳务派遣的管理。为解决该问题，要在国务院主导下合理划分不同部门间的权责，相互协作管理好境外工程劳务派遣事宜。首先，要强化商务部的宏观管理。应由商务部制定境外劳务派遣的促进和监管部门规章制度。主要包括经营资格核准及年审制度、外派劳务培训制度、境外劳务派遣备用金制度、外派劳务援助制度、统计制度等。其次，要加强各相关部门的协调合作。加强商务部与公安、外交、工商、财政、交通等部门的合作，共同完善外派劳务人员出国手续，建立劳务人员出国证明制度；共同建立境外劳务纠纷或突发事件处理机制。再次，为了促进境外劳务派遣的健康发展，应由人力资源和社会保障部牵头，联合商务部等有关部委建立面向包括境外工程劳务派遣员工在内的所有外派劳务人员的服务体系，激发劳务人员出国务工的积极性。最后，要对经营企业实行属地管理。由地方政府部门具体负责境外劳务派遣项目审查，监督经营公司依法经营，协调和解决所属区域内在境外劳务派遣工作中出现的困难和问题。

(三) 在政府和社会力量的推动下规范劳务市场，健全境外劳务派遣服务体系

建议政府从培育和发展全国统一、规范境外劳务市场的角度，加强对境外劳务派遣市场的规范化管理和对境外劳务派遣员工的培训力度，提升员工的专业能力和维权意识，保护境外劳务派遣员工的合法权益。

第一，应以加强职业中介管理为中心，加快建立统一完善的劳动力市场管理制度和管理流程，加强对用人单位的招聘行为、劳动者的求职行为，以及职业中介行为的管理，并逐步使劳务中介机构的管理法制化。第二，探索建立由人力资源和社会保障部门管理的"风险基金"和由行业组织牵头设立的"外派劳务人员共同风险基金"，用于处理劳务突发情

况和善后工作。风险基金的缴纳比例与境外劳务派遣公司的资质和规模挂钩,实现分级缴纳,统一管理,发生纠纷时由市级以上人力资源和社会保障部门统一划拨,便于及时帮助权益受损的员工。这样,政府基金和民间基金共同保障员工受侵害时能得到及时的救济,而风险基金的利息还可以用于劳务人员权益保障和开拓市场服务。第三,要充分发挥社会力量的作用,建立面向广大劳动者的培训体系,提高劳务人员的文化素质。如提高他们的学历层次与语言能力,推进境外劳务派遣基地建设,培训和储备合格的外派劳务人员,健全培训体系,多方面培养人才,加强对企业经营管理人员的培训,采用劳务人员培训与职业教育相结合的方式,加强境外劳务派遣企业与高等教育机构的合作培养,加强与国际中介机构的合作。

结　语

当前我国境外劳务工程派遣在法律制度构建、管理、市场格局、输出形式、劳务人员素质等方面存在不少亟待解决的问题。在国家"一带一路"战略背景下,我国境外工程劳务派遣不仅具有相当大的发展空间和比较优势,而且面临着良好的机遇,我们要寻求多种途径,积极开展境外工程劳务派遣工作;只有完成境外工程劳务派遣领域立法工作,建立一套完备的境外工程劳务派遣管理和风险负担体系,才能让我国员工抓住机遇,更自信地赴境外工作,更好地保护我国所有在境外工程企业或机构工作的员工的合法权益。

Study on the Problems of Overseas Engineering Labor Dispatch

Du Weihong, Hu Ao

Abstract: Under the economic globalization, the labor dispatching is an important way to solve the employment issues when the world makes large-scale construction. However, due to differences between legal traditions and social customs among countries, there are many problems in the overseas engineering labor dispatching process of China's enterprises. The existing international and domestic laws have many stipulations about overseas engineering labor dispatching, which provide good foundation for dealing with problems of overseas engineering labor dispatch. Aim at the current problems in the process of overseas engineering labor dispatching by overseas Chinese enterprises, the country should mainly complete the relevant practice and take effective measures.

Keywords: Overseas, Engineering, Labor dispatch

海外建设工程劳务用工法律问题探析

——以缅甸某电厂建设工程为例

王新生　谭雨燕[*]

摘　要：在"一带一路"战略下，我国工程企业承接的海外建设工程项目越来越多，由此也面临越来越多的建设工程劳务用工法律问题。基于习近平总书记提出的构建"命运共同体"、"合作共赢"的理念，在解决建设工程劳务用工法律问题时，应当坚持以下原则：一是遵守工程所在国相关劳动用工法律规则，尤其是强制性规定；二是善于运用劳动用工"特别签证"规则，从国内引入必需的技术工人；三是遵守相关国际法规则及国际组织准则。

关键词：海外建设工程；涉外劳务用工；劳动法

海外建设工程通常是指本国的工程建设单位在国外从事的各类建设工程，常见的建设工程包括房屋、公路、铁路、城市轨道交通、港口、水坝、电厂等。"一带一路"战略的提出，深化了我国参与经济全球化的政策内涵，也推动了我国工程企业更加大步伐地走向海外，承建"一带一路"沿线各国的建设工程项目。工程施工需要大量的劳动力支持，因而海外工程对劳动力资源的依赖性不言而喻。与国内的建设工程相比，海外工程施工更加复杂，各国的劳动法律规范又不完全一样，因此，海

---

[*] 王新生，男，长沙理工大学文法学院教授，主要从事法理学、社会法学研究；谭雨燕，女，长沙理工大学文法学院法律专业硕士。本文得到戴安徽律师的帮助，特表感谢。

外建设工程劳务用工必须受到高度重视。在处理这些问题时，我们应当以习近平总书记提出的构建"命运共同体"、"合作共赢"的理念为指引，以现有的国际劳动法律、工程所在国的劳动法律，以及中国的劳动法律为基础，妥善处理相关劳动法律问题，推进海外工程建设的开展，并建构中国工程企业在海外工程建设中规范的体系和行为方式。

一般而言，海外建设工程的劳务用工有几种主要的模式，一种是本国直接带劳务输入建设工程所在地，即工程承包项目下劳务派遣或者分包输入的劳务。① 这种模式又包括两种情况，一种是国内企业总部外派员工到海外，一般为主管人员；另一种是企业通过劳务派遣公司招募我国劳务派遣人员，这种企业需具备海外派遣输出劳务的资质，一般为专门从事国内外派的企业，需要签订派遣合同，按照正规程序办理出国手续。另一种模式是在建设工程所在地进行人员招募，包括当地人员和一些国际劳务，一般以招募输入地当地劳务为主，属于国际用工。② 2010年之前，我国主要采用第一种模式进行劳动输出，随着"走出去"的不断深化，在经济全球化的推动下，现在采用第二种模式的情况也日益增多。一方面是因为一些不发达国家当地的劳务用工成本低；另一方面海外建设需要依赖于两国友好的政治关系，招当地人不仅解决了当地的就业问题，也可以促进双方的友好往来。同时省去了工程承包项目下输出劳务需办理相关出国手续的琐碎问题。根据我国商务部对外投资和经济合作司的数据统计，2016年1～10月，我国对外劳务合作派出各类劳务人员为38.9万人，这较2015年同期减少了大约3.8万人；其中承包工程项下派出约17.7万人，劳务合作项下派出约21.2万人，10月末在外各类劳务人员约为98万人。③ 总的来说，这些年随着"一带一路"的不断推进，海外工程项目不断地增加，涉及人数不断上升，而在实际用工的时候会

---

① 梁晖：《劳务输出法律问题研究》，硕士学位论文，西南政法大学，2004。
② 周月萍、孟奕、纪晓晨：《浅议国际工程劳务用工的属地化管理》，《中国建筑装饰装修刊》2016年第10期。
③ 中华人民共和国商务部对外投资和经济合作司部网站，http://hzs.mofcom.gov.cn/article/date/201611/20161101884395.shtml，最后访问日期：2017年4月30日。

产生各种法律问题，影响范围广，处理不当甚至会影响两个国家之间的关系，妥善处理这类劳务用工相关问题的重要性不言而喻。

海外建设法律的完善不仅仅对于"一带一路"、"走出去，引进来"具有不容忽视的带动作用，还具有很大的政治价值，对提升两国友谊，甚至对经济全球化也有很好的推力作用，同时对提高国际影响力也颇有益处。劳动力跨国流动日益频繁，我国亟须在现有立法基础上，进一步完善涉外劳务合同等相关法律。

一 海外工程建设劳务用工的主要问题及其原因

海外工程的劳务用工常常受到双方法律的制约，并受相关国际法、国际组织标准的约束，同时还会受到各国内部不同政治势力、族群势力的故意渲染而产生冲突和矛盾。

（一）各国劳动法都对海外输入劳工施加了限制条件

全球化的推进、国际组织的推动使得市场准入的问题逐渐得到解决，但是每个国家对于国外输入劳务用工的规定是不一样的，这给海外建设工程的劳务用工带来了一定不便。比如，美国的《移民法》、《劳工法》的相关规定非常严格，使得外国建筑公司很难带入劳动力。越南则规定："在越南国家境地工作3个月及以上的外籍劳务人员需向所在省的省级劳动部门申请劳动许可证。"缅甸2012年颁布的《缅甸外商投资法》也有类似的法律规定，如第十一章"用工规定"第二十四条第一款"外资企业应当优先录用缅甸公民，在需要聘请专业技术人员的领域，外资企业在最初运营的前两年雇佣缅甸员工比例需高于25%，随后的两年不低于50%，而第5年和第6年则不低于75%"（2016年10月缅甸国民议会通过的新《投资法》对外籍雇员比例的限制条款进行了修改，删去了此条款）。综合看来，因为工程承包项下带出劳务，对于劳务输入国来说，外来劳动力资源一方面可能会影响本国的就业；另一方面外来务工人员可能以此为借口滞留不回，从而造成非法移民问题，因而不少国家对工程劳务人员的准入有着较为严格的要求。① 虽然国际劳务合作的发展是全球经济一体化的必然趋势，但目前不少工程建设输入国出于保护国民就业和社会秩序等多方面的考虑，在引进劳务人员的数量或行业领域上还是有严格的限制。

（二）各国劳动法以及劳动合同法对相关标准规定不一

各国劳动法规定本身就存在差异，海外工程的劳务用工多元化，因而各种劳务人员的待遇也不一样。实务中普遍以本国总部外派人员作为主管，主管的待遇自然会更好。但是如果主管对当地的人文、法律了解不够，加上其与当地工的薪酬福利分化过大，很容易产生矛盾。虽然劳动者的薪酬福利主要靠市场调节，但是各国规定的劳动者权益标准各不相同，很难达成统一，有可能发生冲突。比如，最低薪酬、最低工资标准、带薪年假期限、聘用期限、解聘、加班待遇等各国规定各不相同。如果开始签订合同时未达成统一，具体操作中很容易发生矛盾。比如根据我国的《劳动合同法》，劳动者单方面提出解除劳动合同（辞职）需要提前30天以书面形式通知用人单位；而俄罗斯2001年12月颁布的《俄罗斯联邦劳动法典》则规定，员工提出解除劳动合同应提前2个星期书面通知雇主，在辞职通知到期前，员工有权撤回辞职报告。比如加班的制度，因为建设工程经常出现赶工的情形，加班也是常有的现象。我国《劳动合同法》规定一般情况下每天加班不超过1个小时，特殊情况下每天不超过3个小时，每月不超过36小时。埃塞俄比亚的劳动法规定每天特殊情况下最多加班2小时，每个月不能超过20小时。还有对于劳动合同中的规定也有出入，比如对于限制商业行为，我国是禁止的，对于涉外技术人员仍然适用，但是在印度，根据《印度合同法》，任何对从事合

---

① 谢明科：《浅谈海外项目用工管理》，《东方企业文化》2014年第6期。

法职业及商业行为进行限制的合同均为无效的。即法律不认可任何的限制职业的行为,印度法院的一些判例也认定离职后的竞业禁止协议为无效的,不具有可执行性。

"一带一路"促进各国经济往来的同时,无形中加速了亚欧大陆上各国人口的流动,尤其是促进了国际用工的增加。但是另一面,各国劳动者的聚集也一定程度上为劳务矛盾的增加埋下隐患。甚至有的劳动者在通过法律方法得不到满意结果的时候还会采取过激行为,如罢工、游行示威、聚众闹事等。①

(三)国际劳工标准与各国相关劳动标准存在差异

各国都有自己的劳动法,因为国情不同,会存在差异。国际上也存在国际标准,大体上国际标准和各国的原则具有趋同性,比如工作制、劳动保障、休息制度、辞职等方面。② 但是具体而言国际劳工标准与各国劳动法之间还是存在区别的。比如自由结社权是带有政治色彩的权利,国际上普遍认为,自由结社权是劳动标准的核心内容,对此各国的规定有点出入,比如我国控制得较为严格,在我国,结社自由属于一项政治权利,享有权利的条件为年满18周岁的中国国民,同时我国社会团体实行的是核准登记制,有较为严格的手续。俄罗斯为"一带一路"沿线的国家,《俄罗斯联邦宪法》第三十条规定:"每个人都有结社权,包括成立工会以保护其利益的权利。保障社会团体的活动自由。"规定公民享有依照自己的意愿,无须经国家权力机关或地方自治机关的事先许可,成立社会联合组织的权利,以及在遵循其章程规定的条件下加入上述社会联合组织的权利。由此看来俄罗斯的自由结社权得到了更加充分的体现。国际上,早在1948年通过的《自由结社和保障组织权利公约》(第87号

---

① 张晓慧:《解读"一带一路"新形势下境外投资的法律风险管理》,《国际工程与劳务》2015年第1期。

② Yi Jiang, *On China's Labor Law and the International Labor Standards*, Law School of Sun Yat-sen University, 2016.

公约）第二条便规定："凡工人和雇主，都应没有任何区别地有权建立自己选择的组织以及依有关组织的章程加入他们自己选择的组织，且无须事前得到批准。"这对劳工自由结社权进行了肯定。还有对于集体谈判权，国际劳工组织有统一的规定，比如1949年通过的《组织权与集体谈判权公约》（第98号公约）第四条规定了拥有充分谈判权的必要性。[①]

二 中国企业在缅甸某电厂工程建设的案例分析

早在2009年，中国某企业在缅甸正式开工建设密松水电站，但缅甸国内政治矛盾导致的政局不稳，各方势力博弈，中国企业被当作"出气筒"，无故"躺枪"。密松水电站工程建设受阻，至今仍未恢复。缅方的主要理由是环境评估不过关，当地的反对声音中也有当地用工不足、本地未能受益等理由。虽然劳动用工的声音不是很突出，但是，基于中、缅两国劳动合同法的差异，该电厂工程建设的劳动用工问题应当引起重视，这对于中国工程企业在"一带一路"沿线各国从事工程建设具有启示意义。

（一）中、缅有关劳动用工的法律差异

当今世界大部分国家，都制定了自身的劳动法律、法规，出台了要求各不相同的规范性文件和政策。这些国内的基础性法律、文件构成了工程建设劳动用工的法律规范基础。中国企业在工程所在国从事工程建设时，应当正视这种差异性，既要遵守中国的劳动法律和政策，也要遵守该国劳动用工法律制度，不得违反当地政府劳动政策。

---

① 1949年通过的《组织权与集体谈判权公约》（第98号公约）第四条规定："对于雇主及雇主组织同工人组织之间进行自愿自由谈判的机制，政府应该采取适合本国国情的措施鼓励，同时促进其充分地发展与运用，从而使双方通过签订集体协议来规定约束工人的就业条件。"

以我国为例，我国《劳动法》第二条规定："在中华人民共和国境内的企业、个体经济组织和与之形成劳动关系的劳动者，适用本法。"该法条对劳动法适用范围作出了限制，即对象为在中华人民共和国"境内"的企业，但对涉外企业并未规定。但此处的"境内"如果理解成在中国境内注册的企业，则就能扩大其适用的范围。同理《中华人民共和国劳动合同法》第二条规定"中华人民共和国境内的企业、个体经济组织、民办非企业单位等组织（以下称用人单位）与劳动者建立劳动关系，订立、履行、变更、解除或者终止劳动合同，适用本法。"这也可以进行扩大解释。

由于前几年我国的海外建设主要以承包项目下的带出劳动力为主力，为了规范外派劳务相关制度，2005 年我国商务部制定了《对外承包工程项下外派劳务管理办法》，2007 年制定了《最高法关于审理涉外民事或商事合同纠纷案件法律适用若干问题的规定》，2011 年制定了《中华人民共和国劳动争议调解仲裁法》和《涉外民事关系法律适用法》，2012 年国务院公布《对外劳务合作管理条例》，2013 年商务部跟着便下发《关于加强对外投资合作在外人员分类管理工作的通知》，2015 年商务部、外交部、国资委又联合下发《关于规范对外承包工程外派人员管理的通知》（以下简称《通知》）。《通知》对外派人员的管理制度进一步进行系统规范，详细规定外派需要配备专门的人员来管理团队。同时对外派遭属于三方合同，在实际冲突的时候会面临法律的选择问题，《中华人民共和国企业劳动争议处理条例》第二条第四款规定，由劳动（工作）合同履行地的劳动争议仲裁委员会受理。

查阅缅甸 1951 年颁布的《缅甸联邦劳工法》、2011 年颁布的《缅甸劳工组织法》、2013 年颁布的《缅甸外国投资法实施细则》以及 2012 年缅甸联邦共和国劳工部颁布的《劳工纠纷法实施细则》，中、缅两国对劳动者的具体权益规定存在不少出入。

1. 年龄时间的规定有区别

比如《缅甸联邦劳工法》第六条对于"周"以及"童工"的定义与

中国相关规定有差别。在我国未满16岁的孩童不能招聘用工，童工是明令禁止的，缅甸法律对童工也是采取保护的措施，但是在缅甸15岁以下为童工，且《缅甸联邦劳工法》第八章第七十五条规定"禁止雇用年幼儿童：任何工厂不得雇用不满十三周岁的儿童"，即该国13岁以上，拿到健康证明就可以成为劳动者了，同时童工还有公示的制度，而且缅甸的"周"指自星期六零点算起的七日。

2. 调解机构有区别

我国劳动法需要仲裁前置，仲裁后方可进行诉讼。缅甸2012年《劳工纠纷法实施细则》第三章规定的纠纷调解组织、第四章规定的纠纷仲裁组织以及第五章的纠纷仲裁委员会和第六章的裁决，针对调解纠纷以及仲裁更为详细具体。同时缅甸法律设工厂监察官、证明医生等特殊职位。《缅甸联邦劳工法》的第二章详细规定了这两种职业对工厂的作用。

3. 对劳动者权益的规定有区别

《缅甸联邦劳工法》对工厂卫生包括清洁卫生、通风甚至厕所都有具体严格的规定，对工人权益有很详细的规定。缅甸的劳务合同在签订中一般会详细写入签订合同时协商好的工作时间，不能与劳动法相违背，还有病假、加班、医疗等具体内容。而我国一般会在劳务合同上标明是否享有两险一金，有统一的规定，更加成体系。

（二）中国企业在缅甸从事工程建设应当注意的劳动用工问题

海外建设工程劳动力需求量大，劳务招募问题成为工程重点，而招募工程所在地国民或者第三国家国际用工等使用当地劳工的现象层出不穷，这也成为检测海外项目属地化程度的重要指标之一。充分利用当地劳务，不仅可以满足工程施工中的劳动力需求，达到降低施工成本的目的，还可促进与当地社会的交流和融合，消除与当地人的隔阂，有利于在当地开展各项工作，甚至对两国友好关系的发展也有推动作用。

以缅甸电力为例，缅甸具有丰富的劳动力资源，虽然同是发展中国家，但其劳动力成本低于我国；缅甸的水电资源丰富，当地人对地形和具体施工环境也更为了解；对缅甸劳工的聘用也促进了当地人的就业，同时电力工程的实施一定程度上解决了缅甸境内部分地区的电力使用难题，因而当地会更加支持我国的电力工程施工，施工方开展各项工作也能更加便捷。

早在 1988~1989 年，缅甸就相继颁布了几部投资法，如《缅甸联邦外国投资法》、《缅甸联邦外国投资法实施条例》和《缅甸联邦外国投资项目条例》等，2011 年缅甸宣布修改《缅甸联邦外国投资法》及其相关细则解释。在 2012 年颁布的《缅甸外商投资法》，2013 年颁布的《缅甸国民投资法》以及 2016 年 10 月在缅甸国民议会上通过的新《投资法》，对相关规定进行了修改。2016 年新《投资法》省去了一些外国投资项目的审批流程，进一步开放了市场，同时完善了一些细则，对外国投资者而言，这不失为一个好契机，但是对于缅甸的投资我们还是有很多地方需要注意。

第一，要注意工程输入国的政策变化，增加政治敏感度。以缅甸搁置密松水电站项目为例，中国电力投资集团公司自 2006 年就与缅甸第一电力以及缅甸政府和企业达成了合作意向，并且以最大投资方的身份不断地投资跟进项目进程。然而在 2011 年 9 月 30 日的缅甸联邦会议上，缅甸宣布了在新总统吴登盛的任职期间中断中缅两国的密松水电站项目。这件事情对双方的公司都产生了重大影响，中方公司经济损失重大，同时也为两国的友好经济往来敲响了警钟。在日后的投资中，我们应更加注意政策的变动，趋利避害，审时度势。这种情况不仅仅会直接影响投资的经济效益，甚至会影响两国的政治关系。[①]

第二，劳动合同拟定时需要注意的一些问题。通常来说，国际用工会采用保护弱者利益原则，保障当事人的自主选择权，因而一般会采取属人原则来处理，即聘用当地劳务工就应该适用当地人的法律。对于外派用工者需要及时办理相关手续，比如缅甸法律就规定了劳动卡等制度。

---

① 肖丹：《中国企业投资缅甸的现状及遇到的问题》，硕士学位论文，暨南大学，2014。

接下来涉及具体条文方面，要注意所在国法律的特殊规定，比如在缅甸新《投资法》第十六章中，就对雇主义务有特殊的规定："投资人如果要停止投资经营活动，必须先依法对其雇员做出赔偿"；"投资者（雇主）在临时停止经营期间负有向雇员支付薪资的义务"；"投资人必须依法对雇员因工作原因发生的工伤、疾病、死亡做出赔偿。"同时需要签订要素完整的合同，规范合同内容，降低用工风险。而缅甸的劳动合同会将雇佣类型、病假、加班、医疗等如数列出，那么我们在签订合同时就需要相应的完善，减少不必要的纠纷。

第三，解除劳动合同关系时，需要注意解雇理由差异。根据我国《劳动法》，解除劳动关系有三种情况，一种是协商解除，双方协商，缅甸法律也有类似规定。再者是单方面解除，分为劳动者自动解除和强迫、威逼解除以及危及生命安全时的强制解除。这种规定是出于对于人权的肯定，根据《缅甸劳工组织法》等，可以推断出在强制解除方面应该可以达成一致观点。还有就是雇主解除劳动合同的单方解除了，这方面两国立法稍有差别，需要仔细斟酌，避免引起矛盾。比如在罢工是否成为解除理由问题上，《缅甸劳工组织法》第四十四条第四款规定"不得辞退依照本法参加劳工组织活动并加入某劳工组织的成员或者参与劳工组织罢工的工人。"而在我国，未经过法定程序擅自进行罢工则有可能成为解除劳动合同的理由，这与缅甸对罢工的处理有区别。

第四，善于运用工程所在国的劳动用工的"特别签证"规定。工程建设需要专门的技术，如果工程所在国不能提供符合建设要求的工程技术人员与建设工人，原则上会允许外国建设企业使用本国的工程技术人员和技术工人，给予其"特别签证"待遇。中国的海外工程建设企业应当充分了解工程所在国的特殊签证政策，为工程建设提供必需的劳动人员。

总而言之，海外工程招募当地居民即国际工人，实现工程用工的属地化确实复杂，涉及多方面问题，一来完全把握该国的相关立法以及实务操作惯例有难度，二来一般主管为建设总公司外派人员，与工人存在语言、生活习惯等多方面的差异，较难提高建设工队凝聚力，如果管理方式不当，很容易激化矛盾。因此，海外工程方知晓当地的劳动法律和规定是首要前提，同时要完善劳动合同避免日后不必要的麻烦，还需要制定项目管理有关规章制度，结合当地劳务特点，运用灵活变通的沟通方式，方可达到良好用工效果。

三 海外建设工程劳务用工冲突的解决机制

（一）根据国际法原则解决问题，正视差异，找到准据法

在涉外劳动关系发生纠纷时，我们可以采用国际法来解决矛盾。对于涉外劳动关系的纠纷有几个国际公认的具体法律适用原则。首先是各国保护弱者权益的原则，法律的存在本身就是为了维护正义和公平，因而这一原则具有无法撼动的意义。其次是意思自治原则，各国一般都会规定不得通过法律剥夺劳动者的自主选择权（强制性规定除外），应该让劳动者选择有利于自己的法律。最后是最密切联系原则，选择和法律矛盾发生最密切联系的地方的法律作为准据法。[①] 在具体实务中，发生国际劳动法律冲突，往往会用到国际法相关规定，根据其查阅具体的国际私法，找到准据法，以达到解决问题的目的。具体法律适用中不仅仅会用到几个常见的具体法律原则，还会出现属人还是属地等准据法选择的问题，而实务上一般采用属人原则，即看当事人属于哪个国家则适用哪个国家劳动法的规定。由于各国的劳动法具体不一样，国内的劳动法在外国的执行，涉及的问题主要有两个：一是本国法律在外国领域的行为效力问题；二是本国法律是否规定在一定条件下承认且执行外国法律。

我国的涉外劳动法律关系的法律规定开始主要在民法、《合同法》中有所体现，但并未单独列出。比如1986年的《中华人民共和国民法通

---

① 金妍瑢：《论涉外劳动合同法律适用中的弱者利益保护》，硕士学位论文，上海师范大学，2014。

则》、1999年的《中华人民共和国合同法》、2007年的《中华人民共和国劳动合同法》等。2011年颁布的《中华人民共和国涉外民事关系法律适用法》、2013年最高法颁布的《关于适用〈中华人民共和国涉外民事关系法律适用法〉若干问题的解释（一）》（下面简称《解释》），为国际劳务冲突的准据法适用提供了便利。2013年的《解释》中第十条规定了强制性规定的六种情形，因而在遇到这六种情形的时候应该适用我国的法律，而排除适用他国法律。

出现涉外劳务合同等法律问题时，我国《合同法》规定先当事人自治，再适用最密切联系原则。① 我国《合同法》第一百二十六条和《民法通则》第一百四十五条也有类似规定，《中华人民共和国劳动合同法》也有相似条例，这说明在确定合同准据法时，我国确立了意思自治原则和最密切联系原则。② 缅甸在《缅甸外国投资法》的第十九章"纠纷调解"中进行了规定。实务中一般采用属人原则，因此招募的海外工程所在国的人员，大多按照属人原则，本国外派劳务人员用本国的相关立法约束，包括他们的各种劳动权益等。如果发生冲突难以解决也可以求助于国际裁判，但是各国对国际裁判的既判力承认与否也存在差异。

（二）依照两国间的国际条约或者共同国际组织相关规定解决劳务矛盾

跨国建设工程需要两个政府之间的协商，也可能属于一些国际条约的约束范围，那么国际条约也能给我们一定的法律适用的指导。比如国际劳工组织（ILO）、经济合作与发展组织（OECD）、联合国宪章、人权公约、民主和政治公约等均有相关规定。在国际劳工组织中，第87号文件就规定了结社自由权等劳工权利不受侵犯；1949年的第98号文件则规

---

① 孙国平：《劳动法域外效力研究》，硕士学位论文，苏州大学，2015。
② 我国《合同法》第一百二十六条规定："涉外合同的当事人可以选择处理合同争议所适用的法律，但法律另有规定的除外。涉外合同的当事人没有选择的，适用与合同有最密切联系的国家的法律。"

定了集体谈判权公约；第105号废除强迫劳动公约；第182号的童工条约等也对劳动者的权利进行了规定。虽然国际条约并不具有强制执行力，但是也具有一定约束力，签订条约的国家除了强制性的条款保留以外，仍受到其他条款的约束。①

就中缅之间的劳务矛盾而言，如果两国之间的海外工程发生争端，可以引用中缅签订的《中缅两国政府关于鼓励促进和保护投资协定》中的"投资者—国家争端解决"条款，该条款规定，外国投资者可以通过国际仲裁途径来起诉被投资国政府。同时因为两国有共同加入的国际组织，比如可借助东南亚国家联盟（10+3）的平台，加强国家间的交流，这对问题的解决也具有促进意义。

（三）扩展海外派遣劳动者维权的救济途径

由于海外建设工程涉及的劳动者具有复杂性、涉外性以及多元性，在如何保护我国海外输出劳务的合法权益方面，学术界较为关注。有学者认为可以通过国家、社会团体、公民三个层次进行外力支援，也有学者认为可以通过外派劳务协商机构进行维权。② 以我国派遣到国外的劳务用工人员为例，派遣纠纷维权可以通过以下途径进行。

首先，在外派劳务中一定要签订合法有效的劳动合同以及对外派遣合同，如果发生侵权，可以根据签订的合同进行维权。其次可以直接和派遣单位或者用工单位进行协商谈判，维护自己的权益。这种方法的成本最低，而且见效也最快。如果协商不能解决问题，还可以向我国驻该国的使领馆进行咨询以及寻求帮助。

如果发生自然灾害或者遇到战争等紧急情况，我国驻外使领馆通常会主动给本国海外建设的劳动者们提供帮助，尽最大努力去保证他们的生命以及财产安全。同时海外劳务用工也应该积极配合援助工作以及服

---

① 钱宇宏：《WTO和社会条款——劳工权益国际保护的法律困境》，硕士学位论文，华东政法学院，2004。
② 单海玲：《我国境外公民保护机制的新思维》，《商法研究》2011年第5期。

从救援安排。①

（四）积极借鉴他国劳务用工纠纷解决经验

海外建设劳务用工输出会影响到一个国家的国际声誉。近年来，涉外劳务纠纷时有发生，这也确实暴露出我们的管理机制以及法律机制仍需完善的问题。我国虽然人口众多，但是涉外劳务人员与世界其他国相比仍不占主要地位，比如亚洲的菲律宾、印度等均是劳务输出大国，我国可以学习它们涉外劳务的经验。

以菲律宾为例，作为亚洲第一大劳务输出国，大量的输出劳务，回报不仅仅是大量的流动资金，促进了国内经济的发展，还打响了"菲佣"这一响亮的口碑，使其成为高质量国际工的代名词。我国也可以加强政策对于立法的支持，制定完善的组织协调、管理体系，消除涉外劳务限制和壁垒。同时菲律宾对劳务人员素质培养十分重视，我们也可以采取一些积极措施来提高涉外劳务人员的国际竞争力。

印度则致力于完善涉外劳动的相关法律规定。印度根据《移民法》将海外劳务人员分为专业技术人员、半技能人员以及工程承包商派遣的执行承包工程的劳动人员几类。同时建立了较为完善的投诉机制，即由移民保护总署以及各地的移民保护专员来直接受理涉外劳务方面的投诉。我们也可以建立投诉机制，以非诉途径来解决一些纠纷。②

因此，一方面我们需要完善涉外劳务合同等法律规则，包括对涉外人员的劳动权益保护制度，完善涉外派遣制度以及属地化招募海外工程所在地工人的相关制度。另一方面要加强政府间协调作用。同时要强化对国际劳工标准的遵守，使用国际标准有利于减少双方的矛盾，同时也能更好地促进国际组织的发展。

总的来说，随着经济全球化以及中国加入的国际组织不断增加，海外建设工程数量也会水涨船高，相关立法虽然并未完善，但是在不断探

---

① 梁晖：《劳务输出法律问题研究》，硕士学位论文，西南政法大学，2004。
② 沈斌倜：《涉外劳务输出国外经验借鉴》，《检察风云》2012年第2期。

究中；随着海外工程建设的如火如荼地发展，为达成双赢，实务方面也在不断寻求各种法律问题解决的简便途径。

An Analysis of the Legal Problems of Labor Service in Overseas Construction
—A Case Study of a Power Plant Construction in Myanmar

Wang Xinsheng, Tan Yuyan

Abstract: In the "B & R" strategy, China's engineering enterprises are undertaking more and more overseas construction projects, which also faces more and more construction labor services legal issues. Based on the concept of "destiny community" and "cooperation and win-win" put forward by General Secretary Xi Jinping, we should adhere to the principle of resolving the labor law of construction labor. First, we must abide by the relevant labor and labor laws in the country where the project is located, The second is to use the labor "special visa" rules, introducing necessary skilled domestic workers; third is to comply with the relevant rules of international law and international organizations guidelines.

Keywords: Overseas construction projects; Foreign labor service; Labor law

社会治理机制研究专题

国内外新型城镇化进程中的"城中村"治理实践研究[*]

唐琼 禹航[**]

摘　要：随着"新型城镇化"这一概念在党的十八大上提出，"加快城镇化建设"已经成为当今中国城镇化建设的主要趋势，然而，"城中村"是城市快速发展过程中的不可避免的产物，由"城中村"造成的一系列社会问题俨然成为一座城市良好发展的"障碍"，"城中村"治理成为当前亟须研究的现实问题。本文从"新型城镇化"、"城中村"的概念出发，结合国内外的改造经验，联系社会实际，提出以"三赢"为目标、及早规划城市建设、增强城市包容性的改造建议。

关键词：新型城镇化；"城中村"；治理实践

党的十八大指出中国特色社会主义建设必须走"新型城镇化"的道路，2016年2月，《中共中央国务院关于进一步加强城市规划建设管理工作的若干意见》为中国特色城市发展勾勒了"路线图"。"新型城镇化"

---

[*] 本文系湖南省哲学社会科学基金项目"湖南新型城镇化进程中的'城中村'治理研究"（编号：15YBA369）的阶段性成果；国家社科基金青年项目"新型城镇化过程中城乡户籍制度同步改革问题研究"（编号：16CJL025）的阶段性成果；湖南省社会科学成果评审委员会一般课题"新型城镇化背景下湖南城乡二元经济结构转型研究"（编号：JJX244）的阶段性成果。

[**] 唐琼，湖南邵阳人，湖南省委党校、湖南行政学院研究中心副教授，博士，主要从事经济法研究；禹航，湖南邵阳人，湖南省委党校、湖南行政学院，主要从事经济法研究。

是我国通向现代化的必由之路,随着新型城镇化的推进,国家征用了城市周边大面积的农村土地,并将此转变为城市建设用地,使得城市规模飞速扩张。但有些地方完成了土地城镇化,当地的人口和其生活方式并没有得到相应的城镇化。城镇化带来了一系列社会问题:人口杂乱,城市规划滞后,基础设施不完善,居住环境质量不高,土地使用存在诸多产权问题等。关于"强拆"等新闻屡屡出现在我们视野中,使得一部分群众对政府的工作产生了不信任,这背后所反映的恰恰是在中国城市规模迅速扩张背景下所产生的城乡矛盾,这种矛盾的具体表现便是当下越来越突出的"城中村"问题。

一 新型城镇化与"城中村"的内涵界定

(一)新型城镇化的概念界定及表现形式

新型城镇化的主要特征在于城乡统筹,城乡一体,产城互动,节约集约,生态宜居,和谐发展,通过大中小城市、城镇、新型农村之间相互合作,相互监督,相互促进,实现以共赢为主要方式的城镇化;"绿水青山就是金山银山",面向整个农村,以农村居民的利益为基本出发点,不以牺牲生态和环境、农业和粮食为代价,以追求城乡公共设施的一体化和社会福利的均衡化作为新型城镇化的核心,推动社会经济的发展,实现共同富裕。

城乡结构方面,破除城乡二元结构,建立健全城镇化发展体制机制,利用工业对农业、城市对乡村的促进作用,推动城乡一体化,形成工农互惠的工农城乡关系的新气象,让广大的基层农村居民积极平等地参加现代化建设,共享现代化所带来的社会福利,对现有的农业经营体系进行创新,让农村居民拥有更多的财产和权利。

城市建设方面,以提升城市的品质内涵为主旨,改变过去为追求城市规模大,而对空间进行盲目扩张的错误思路,关注人们对城市高质量生活环境和多样化生活方式的需求性,真正使得我们的城镇可以成为促进居民素质、文化、技能、思想全面发展的人居之所。

土地制度方面,以保障我国粮食安全为第一目标,坚持走集约化道路,对土地高效利用,让"看不见的手"积极发挥作用,促使房价回归到合理的区间,加快土地制度的改革,及时完善其相应的配套措施。

产业支撑方面,主要表现为政府主动出台产业政策法律法规并不断完善,根据当地的具体情况和市场需求,对主导产品进行大力扶持,对弱质产业进行适当保护,对衰退产业进行积极调整。

中国特色新型城镇化的主要目标在于实现"人的城镇化",本质上是一个追求城乡一体化和城乡统筹发展的过程。也就是说,打破城乡二元结构这种存在已久且不和谐的关系,构建城乡一体社会保障体系,是实现以人为核心的新型城镇化的首要条件。均等的城乡基本公共服务,共享的改革发展和城镇化成果,能够使得城镇化从"土地城镇化"转到"人的城镇化"上来。

(二)"城中村"的概念界定及表现形式

"城中村"在城市飞速发展过程中是不可避免的,也是为使城市良好发展而不得不跨越的"障碍",一直以来关于"城中村"的概念不同学者有着不同的理解。在早期研究中,"城中村"指在城市化的进程中,由于全部或大部分土地被征用,农民转为居民后仍在原村落居住而演变成的居民区,因此也被称为"城市里的乡村";随着更深入的研究,现在更广泛地将"城中村"定义为在城市总体的规划区中,农业用地已经很少或者没有,居民生存方式、职业结构等主要指标已经完成了向城市社区转变,但在思想素质上仍缺乏城市社区内涵特征的村落。[①] 因此,"城中村"是乡村地区"城市化滞后"的具体产物,具有农村和城市两重特性,是城市化进程中的"过渡形态"。一系列的社会问题必然会因为它特殊的现象和地位而发生,主要表现为以下几个方面。

---

① 高峰、董晓峰、侯典安等:《国内城中村研究综述》,《现代城市研究》2006年第7期。

第一,"城中村"的人口主要由流动人口、村民、市民三方面构成,人口来源杂乱。流动人口成为主要犯罪群体,治安形势严峻。

第二,城市规划滞后。拆迁整治共识难以达成,"私建房"、"违章房"现象集中,比较典型的如"握手楼"、"贴面楼"、"一线天",极大地影响了城市形象,但是政府对于这些违章建筑一般采取容忍态度。高房屋密度、不良的通风采光条件,公共空间被挤压,村民居住环境质量差。

第三,卫生条件极为落后,公共设施水平低。杂乱无章的管线、不完善的排污排水系统、乱堆的垃圾、狭窄的街道并不能满足救护车和消防车的通行需要,村民的安全得不到保障。

第四,土地使用管理混乱。"城中村"土地是以村集体所有制为主要特征的,经常与城市管理体制发生冲突,权限不明了,多头管理问题突出。商业用地、宅基地、工业用地之间管理权错综复杂,非法倒卖、转让、出租屡见不鲜,尚未与城市基础设施公共服务相统一。

"城中村"对城市形象造成了不良的影响,也使得城市的发展受到了限制,城市化的进程受到了阻滞,同时,它本身的特性又是能使城市得到迅速发展的"跳板"。一座城市的发展若想得到质的提升,必须及时且妥善地处理好"城中村"带来的社会问题。

二 国内外新型城镇化的"城中村"改造治理实例

"城中村"问题是城乡二元的土地制度在快速城市化过程中矛盾的体现,是社会、经济和环境问题以及文化冲突等多方面作用的结果。处理"城中村"问题,要从国家制度、发展阶段、城市背景等多方面进行考虑,以人为本,因地制宜,因城施政。

(一) 国外典型城市"城中村"的改造实例

"城中村"这一概念在国外并不存在,但是自主性居住区(self-help

housing）如贫民窟与我国的"城中村"具有一定的相似性，被国内学者在"城中村"对比研究中广泛应用。

自主性居住区的本质在于：社区的房屋、基础设施、社会管理等配套设施和服务都由居民自己提供，政府不进行资金和行政投入，[①]与其他城市社区在空间和社会经济活动上隔离，难以被社会认同。这与我国"城中村"问题中城乡二元化的特性相似，同时我国对于"城中村"的研究相对较晚，中国"城中村"问题的改造实践可以从这些"他山之石"琢磨出适合自己的方法。

1. 铲除贫民窟——纽约、芝加哥、曼彻斯特

二战以后，欧美国家的主要城市曾开展过大规模的贫民窟清理运动，即推倒占用城市土地资源的贫民窟，将居民转移到城市中或者驱逐到其他地区，然后用能够提供高额税收的项目如房地产进行取代。然而几年后人们发现，这种做法只不过是把贫民窟转移到了其他地区，更糟糕的是它消灭了现存的相对稳定的邻里关系。被铲除贫民窟的城市治安环境、城市形象变好了，但是周边其他地区城市的社会关系越来越不和谐，贫民窟存在的本质问题并没有得到解决，且这种做法缺乏人文关怀，引发了不同立场和角度的深刻反思。

2. 政府重新安置——巴黎、德里、加尔各答

政府直接出资建房将贫民从贫民窟中转移的方式被许多国家采取过，且与我国的"棚户区改造"相类似。但是政府出资建房这种看似比较符合贫民利益的方案在国外实施后也带来了很多问题：如由于政府建房的社区环境比贫民窟好得多，房屋的租住权被一些住户变卖给其他需要城市住房的人，他们便能直接得到一笔现金，将这笔钱用完后（吸毒，赌博），再到其他的贫民窟中生活；新居民不愿意或没有能力去承担公共设施和公共服务的管理费，政府建房后相应的配套基础设施并没有建造，

---

① Zhang J, Wu F, "China's Changing Economic Governance: Administrative Annexation and the Reorganization of Local Governments in the Yangtze River Delta," *Regional Studies* 40 (2006): 3 – 21.

居民素质不高，使得社区渐渐地成为一座新的贫民窟。20世纪50年代，一个通过消灭贫民窟来推动房地产开发的方案被巴黎市政府所制定，但是从事不正当职业、没有收入或收入低微是贫民窟居民的主要特征，贫民窟居民并没有从中受益，绝大多数廉价的住房反而被当地拥有稳定收入的人群买去。

3. 政府对贫民区环境进行改造——孟买

与"铲除贫民窟"和"政府重新安置"相比，对贫民区环境进行改造的经济性使其成为国外解决贫民窟问题时实施得最为普遍有效的方案。

在众多对贫民区改造的方式中，孟买的贫民区改造措施具有代表性。① 20世纪90年代初，世界银行资助的一个"贫民窟升级"计划使得2万个孟买的贫民窟家庭享受到了基本的生活服务和使用土地的权利。有关资料显示，印度"全国贫民窟居民联合会"与"促进地区资源中心协会"一同与孟买地方政府协商，为1000多家住户配备了新的卫生设施，并为贫民窟地区提供了300套公共厕所，更重要的是，这个计划带动了孟买周边区域的贫民窟居民自发地配合政府工作，对所居住地区的环境进行改造。

由印度中央政府带头的，为贫民区居民提供如道路、供水、公厕、公交、排污等基本的公共服务的方案，已经在孟买地区施行了近30年。对贫民窟内互联网进行普及，设立商店，支付电费、水费和财产税，帮助申请许可证、执照和登记，发放出生或死亡证和抚养证，对财产进行估价等进一步改造方案正在实施。目前印度正在对以社区为主体的"基础设施财务基金"进行试行，是为促进扩大住房和公共设施项目的建设提供政策和物质支持。

4. 多主体参与整治——韩国

韩国在1983年引进了"联合国重建计划"，用于解决城市中出现的"贫民区"问题，其社区、私人部门、居民多主体参与整治计划的方案十

---

① 王英：《印度城市居住贫困及其贫民窟治理——以孟买为例》，《国际城市规划》2012年第4期。

分具有特色,主要做法是,"制定最低住房标准,承认居民在社区及社区发展中的民主权利,鼓励居民积极参与社区建设,同时还制定了鼓励非政府组织(NGO)、房地产开发企业参与社区建设的政策。在这些政策的基础上,通过政府发起和引导,低收入居住区、贫民窟、非法聚集居住区的居民及房地产开发商、非政府组织等积极参与社区建设,实施有效的城市土地整理,使国家、社区、社区居民及企业等多方受益"[①]。

5. 国外"城中村"的改造经验

城市化进程中,城市贫民区("城中村")是各个国家必须面临且不可逃避的问题,不同国家和城市有不同的改造方法,但是改造的目的是相似的。我国"城中村"问题受到城市地域、政策、历史等多方面因素的影响,呈多样化局面,国外不同城市丰富的"城中村"改造经验值得我们借鉴。

一是对"贫民窟"强制性地清理往往会造成更大的社会问题,同时,所有的城市对待"贫民窟"("城中村")现象都有一个"从忽视到重视,从排斥到接受"的过程,整体上是一个的进步过程。

二是政府立法扶持房屋建设,提供租金补贴。城市外来人员一般要经历从租住"廉价房屋"到收购住房,最终成为城市长久居民的过程。"城中村"逐步纳入城市规划,可引入开发商等市场手段开发改造。

三是政府的各部门应统筹规划,鼓励多主体形式的参与改造"城中村",主动对居民的生活条件进行改善,对社区的基础设施进行检查完善,同时积极为贫困人口寻找致富出路。

(二)国内"城中村"的改造实践

中国城市扩张速度快,但农村集体所有制仍被大量地区所保留,由于城乡二元的特殊背景,遮掩在"都市里的村庄"成为城市管理的"盲点",对城市的可持续发展、有限土地的集约利用造成了很大的障碍。在

---

① 董晶慧:《国外城市贫民窟改造及其对我国的启示》,《特区经济》2010年第11期。

我国，地方政府也根据自身的发展特点进行了一些实践。

1. 广州市——村集体/村民主导的"城中村"改造

广州市政府对于"城中村"问题所坚持的两个基本原则为"市政府不直接投资"和"不进行商业性房地产开发"，采取"政府引导，村民自行开发"的改造思路。村委会和村民为改造的主体，决定自己的改造方案，一般通过村集体和村民个人自筹改造资金来完成改造方案，政府仅提供配套资金，补偿方式据实而定。①

在广州市的"城中村"改造方案中，体制方面最明显的特点在于村委会转变为居委会，村民转变成了市民，村集体经济组织转变成了股份公司，这使得村民的身份发生了改变，由被动身份转变为主动身份，这种"主人翁"意识大大地调动了村民参与改造的积极性，占主导地位的村集体将获得改造的最终大部分收益，政府在整个改造过程中扮演着"裁判"的角色，将更多的时间和精力放在加强对改造过程中违规现象的监管上，并作为第三方对其进行调节。② 但是，以村集体为主导的改造也遇到了诸多实际问题，第一大难题在于房地产商被排斥到投资的主体之外，改造所需要筹措的巨额资金对于村集体来说无疑是一个考验；另外"城中村"改造是一个极其复杂的工程，一般的居委会很难具有如此高的组织协调能力和经营管理水平；此外政府对"城中村"的补偿标准是多方面考虑的，但难免出现的分配不均会造成村民的不满，使得改造方案的顺利进行受到影响。

2. 珠海市——市场主导的"城中村"改造

政府的财政收入很难满足"城中村"改造所需的巨大资金，特别是在改造后期，一系列的"安置费"、"拆迁补偿费"的数目较为庞大，但在珠海市的"城中村"改造中，市政府并没有直接地投入任何钱，其诀窍在于巧用市场这只"看不见的手"，利用竞争机制，引入开发商的投资

---

① 冯健、周一星、王晓光等：《快速城市化地区城乡关系协调研究——以广州市"城中村"改造为例》，《城市规划》2004年第3期。
② 陈颖颖：《我国城中村改造实践模式比较》，《中国行政管理》2012年第8期。

对旧村进行改造，政府以引导作用为主，通过制定规划原则在改造过程中扮演"教练"的角色。

珠海市的"城中村"改造成功的第一个关键点，是利用优惠政策吸引房地产开发商进行投资，如"拆一免二至三"政策：开发商依据不同村落的拆迁量和区位，每拆1平方米的房屋，可免交2~3平方米建筑面积的地价，并减免相应的消防费等。这项政策使得开发商25%以上的合理利润得到保证，资料显示，新建的房屋1/3用于安置回迁居民，剩下的2/3作为商品房被开发商用于经营。另一个关键点在于对旧居民的拆迁利益补偿，政府对居民所拥有的房屋在拆迁时根据年份以1:1~1:1.2的比例进行面积补偿，开发商对拆迁期间村民的安置费和房屋出租收入进行补偿，极大地调动村民配合"城中村"改造工作积极性。

政府投入少，征迁群众的利益得到很好的维护，开发商团队的协调能力强、管理水平及专业水平高是市场主导型的"城中村"改造的主要优势，但是它同样存在的一些"短板"不容我们忽视。如：对开发商过度依赖，开发商的理念在于追求利益的最大化，往往会与政府要求的房屋条件打"擦边球"，对居住环境质量造成影响；从整体上看，被动地去接受开发商和政府所制定的政策和改造计划是征迁的群众的唯一选择，这使得一部分群众的利益诉讼受到怠慢，从而容易滋生不满情绪，且若因开发商的改造不负责任或出于其他原因改造不符合标准而失败，政府将会左右为难，对其形象造成严重影响。

三　新型城镇化进程中"城中村"的改造建议

新型城镇化背景下的"城中村"改造既是新型城镇化进程中的"障碍"，同时，其改造成功后城市庞大的发展空间和潜力，又是城市经济、文化、环境、体制、形象得到飞跃的"跳板"，如何化"绊脚石"为"垫脚石"，是对政府行政能力的考验。对于"城中村"改造不管什么样的方案被采取实施，出发点始终都应该是城市的持续稳定发展和村民的合法权益得到保障。我国地域辽阔，城市类型也"各有千秋"，盲目地利用其他城市的改造方案是一大忌讳，政府在规划改造方案时应该利用城市的地理条件、发展状况、风俗文化、城市定位等特点进行"量体裁衣"；村民在改造之后的基本的居住、就业、社会保障、与城市居民享受相同的发展权利等问题同样是值得关注的。针对目前我国"城中村"的现状，从整体上提出以下几点建议。

（一）强调政府、城市和原村民的"三赢"

以公平、持续为核心强调社会效益，经济上以自我提升的可持续经营和土地资产经营为主，效用上与城市的规划和发展相协调，着重改善提高环境质量，保护和弘扬有特色的地方文化。以"三赢"为目标，积极地对已形成的"城中村"进行改造，使得政府、群众、投资商三方的关系得到较好的平衡。实施拆迁安置工作时，放在首位的是广大群众的利益，此外，建立健全的法律法规是政府的一个重要职责。

（二）对"城中村"改造提前规划，分步实施

通过各级政府所指示的政策，由原村民，村集体经济实体共同协商、参与、实践是"城中村"改造的主要过程，它包括了制定方案和实施方案两个阶段。城市化进程加快是当今中国城镇化的趋势，及早规划城市建设，提前安排人员转移，可以很好地降低"城中村"改造中所需要的成本。

（三）增强城市的包容性

"城中村"虽然一定程度上阻碍了城市的发展，但是对于较大的城市如北上广深来说，它也是吸纳外来人口的重要场所。若"城中村"改造欠妥，会影响外来人口的安置，进而引发社会问题。"城中村"改造需要从不同方面协调外来人口和原住民之间的关系，提高城市的包容性，如完善城乡规划体系、促进农村居民进城、完善城乡管理机制、发挥政府

以外的其他社会组织的作用等，尤其是监督和辅助政府的作用，同时重视自上而下的改革。

Research on "Village in city" Governance under the Background of New Urbanization at Home and Abroad

Tang Qiong, Yu Hang

Abstract: With the "new urbanization" concept in the eighteen party put forward, "urbanization" has become the main trend of urban construction China, however, the "village in city" is the inevitable product of the rapid development of the city, a series of social problems caused by the "Villages" has to be a good development of the city "barrier" has become a real problem that the current need to study the village governance. This article from the "new urbanization" and "city village" concept, with the transformation of domestic and international experience and practice, put forward to "win-win" as the goal, early planning for city construction, enhance the city inclusive reform proposals.

Keywords: New urbanization; "Village in city"; Reform practice

社区治理法治化：社区共同体建设的根本出路

张承安　李　浩*

摘　要：就我国目前的社区共同体建设情况来看，其法治化仍存在诸多困境，如社区主体地位不明确、社区法律规范体系尚未建立、社区居民法律意识不强、社区法治能力方面存在不足等。进一步推进社区共同体建设法治化，就必须在建设过程中坚持居民自治、公众参与、软硬法结合等基本原则，要明确社区主体的法律地位、完善社区法律体系、增强社区居民的法律意识、提升社区治理法治化能力。

关键词：社区治理；法治化；社区共同体；软硬法；自治

从现代意义上来讲，"社区"是社会学中的一个基本概念，它源于拉丁语，本意为"关系密切的伙伴和共同体"。第一次提出"社区"这个术语的是德国社会学家斐迪南·滕尼斯，他在《共同体与社会》一书中以社会理论学为视角来展开研究，他认为社区是一定地域范围内由具有共同文化特质和价值观念的同质人口组成的情感相依、守护相望、疾病相扶、富有人情味的关系密切的社会群体。[①] 法治是一国文明程度的重要标

---

* 张承安，湖南安乡人，长沙理工大学教授，硕士生导师，主要从事社会治理研究；李浩，安徽亳州人，长沙理工大学硕士研究生，主要从事社会法学研究。

① 〔德〕斐迪南·滕尼斯：《共同体与社会》，林荣远译，北京大学出版社，2010。

社区治理法治化：社区共同体建设的根本出路

志之一，贯穿于现代社会制度及社会运行的方方面面，推进我国社区发展也需加强社区法治建设，需要通过法治来保障规范社区共同体建设。

一　社区共同体建设法治化的现实困境

必须认识到，就当前社区共同体建设的实际情形而论，其法治化的程度仍有待加强，出现的诸多问题仍依赖固有的非法治路径予以解决，这反过来又为社区共同体建设的法治化进程设置了更多的障碍。要打破这一恶性循环，寻求推进法治化的有效路径，首先必须深入诊断目前的困境之所在。

（一）社区主体地位不明确

居委会自治组织的性质，是由我国《宪法》所明确规定的，《城市居民委员会组织法》则进一步对其组织构成、工作方式以及同政府之间的关系进行了界定。然而在计划经济体制下，我国的社会管理模式在很长一段时间内都由政府的行政命令所主导，社区的主体地位被极度淡化，社区管理就是政府命令、居委会传达、居民服从的固化模式，而且参与主体单一，消解了社会的共同管理力量。即便是在当今社会，居委会、社区仍旧受到政府过多的行政干预，甚至大多就被当作政府的下属机构进行统一的行政化管理，丧失了自身的自治性质。而在这种主体地位不明确的情况下，社区由于在人员组成、资源配置、政策支持等方面都受制于政府，不得不看政府"脸色"行事，不仅社区的一般性事务难以自主开展，社区法治等深层次建设活动往往更是只流于形式，很难取得实质性的社会效果。[①]

在社区共同体建设的过程中，政府的作用极为重要，在许多社区管理事务上，政府都处于主导地位，但是这种政府管理模式对于社区的法

---

① 贾宇：《创新社会治理体系与法治保障》，《公民与法》（法学版）2011年第8期。

治建设以及自治发展是不利的。政府在人、权、财、物等方面的持续强势，使得社区功能被进一步弱化，社区主体地位也被逐渐淡化，这样的社区自治组织，不仅不符合《宪法》、《城市居民委员会组织法》对其性质和任务的规定，也无法取得社区居民的信任和支持，社区法治建设也就失去了发展的根基。

（二）社区法律规范体系尚未建立

我国目前在法律层面有关城市社区建设方面的规范比较少，仅有《宪法》和《城市居民委员会组织法》这两部框架式的法律，且规定大多过于空泛，缺乏从实体上以及程序上的具体实施途径。国务院虽然制定出台了相应的行政法规如《物业管理条例》等，但规定都比较粗略，既没有提及详细的工作流程，也没有实行权利救济的具体方法，因此现有的法律规范体系难以对社区共同体建设起到应有的保障效果，法治建设更是难以深入发展。

从《城市居民委员会组织条例》到《城市居民委员会组织法》再到2004年对该组织法进行修订，其一直都是我国实行社区自治最主要的法律依据，但已经明显不能适应当今社会的形势发展需要。而在居民自治方面，目前我国的规范没有一部是以法律的形式出现的，《物业管理条例》虽然对居民自治可以起到一定的指导作用，但这远远不能满足居民现实生活的需要，居民自治的相关立法级别太低。此外，虽然各个省市政府大都制定出台了相关的地方性法规、规章，但因缺乏统一明确的实施标准，也难以在全国范围内进行推广。

（三）社区居民法律意识不强

随着社区共同体法治化建设的发展，居民普遍的法律意识并没有明显提高，其关键因素在于缺乏对法律基础知识的了解和应用。可以说，居民法律素质的薄弱环节在于缺乏法律的基本知识，这在一定程度上限制了居民法律素质的提高。同时，尽管居民的维权意识很强烈，但只有少数居民有应用法律的经历，而其他绝大多数居民不是不需要运用法律解决问题，而是觉得通过法律手段解决问题太耗时费力，成本过高，甚至有时并得不到期望结果。

（四）社区法治能力受限

基层工作者作为社区共同体法治化建设的直接接触者和政策执行者，不仅要教育居民知法、守法，更要习惯以法治思维和法律途径调节法律纠纷、化解社会矛盾。但是，社区工作人员普遍存在法律知识不足、运用法律调节居民纠纷的能力有限、执法方式不规范等问题。同时，在制定社区管理条例、居民公约等方面，基层工作者对自身的权限和公约制定程序缺乏准确的认知，导致其合法性遭到质疑。中宣部、司法部、全国普法办在《关于认真学习贯彻落实党的十八届四中全会精神深入开展法治宣传教育的意见》中明确指出，要深入开展民主法治示范村（社区）创建，推广一些地方开展的乡村（社区）法律顾问、法治副主任等制度，提高基层治理法治化水平。

二 社区共同体建设法治化应坚持的原则

正视社区共同体法治建设存在的困境，应当明确社区共同体建设法治化需要坚持以下基本原则。

（一）居民自治原则

社区居民自治原则是指在社区内实行民主选举、民主决策、民主管理、民主监督，逐步实现社区居民自我管理、自我教育、自我服务，按照社区居民"自己管理自己的事情"、"大家的事情大家办"的原则，通过民主协商的方式，共同解决社区内公共事务和公益事业方面的问题，共同创造美好幸福生活。建设社区共同体首要的是加强居民对社区的归属感、认同感，强化社区居民"社区是我家，建设靠大家"的意识，动员和组织社区居民主动、积极、广泛参与社区自治活动，参与社区的开发和建设。社区居委会要把主要精力放在开展工作、宣传发动上，使社区建设的宗旨家喻户晓、深入人心，引导社区居民树立"我为人人，人人为我"的意识，积极参加自我管理、自我教育、自我服务、自我监督的社区自治工作。

（二）公众参与原则

自 20 世纪 90 年代以来，有学者提出了"参与式治理"的概念。它强调利益相关者参与决策、分配公共资源以及治理中的合作与协作。在民主权力分配的层面上，强调居民参与社区公共事务的管理，这不仅是他们的居民责任的体现，也是居民自治权的外部表现，每个居民都应该有渠道表达利益诉求。通过动员社区居民参与社区事务，将他们联系在一起，以促进居民之间的良好互动和团队合作，积极培育居民自治的社区共同体精神。居民之间的互动关系的形成是社区的一个重要指标，因此，我们必须强调社区居民的参与，包括建设社区福利设施，要吸引居民的普遍参与，否则会造成社区福利服务设施建设的目标偏离，最终很容易使社会福利设施形同虚设。所以，社区参与建立互动关系是我们建立良好社区共同体的一个十分重要的指标。

（三）软硬法结合原则

硬法是国家法，是国家机关制定或认可的、体现统治阶级意志并由国家强制力保障实施的规则体系，如《宪法》、《刑法》、《城市居民委员会组织法》等。软法是国家正式法律体系之外的、具有相当于或类似于法律约束力的行为规范体系，如党和国家的政策与规范性文件、民间社会自治规则、村规民约、管理规约、民间习惯性做法等。硬法注重规范、警戒和制裁，软法注重促进和协调，社区共同体法治建设应是硬法与软法的有机结合。一方面，硬法是宏观性的，存在更新迟缓、过度刚性、手段单一等缺点，很多错综复杂的家庭矛盾、邻里纠纷鲜有准确的法律条款依据来妥善判决，同时法律也存在盲区，社区治理中硬法法律效力的实现需要软法的细化和补充。另一方面，在社区治理中，软法常常着眼于民主协商、互动对话，较为灵活开放，更符合社区治理的实际。但是，软法也存在保障机制弱、制约效力弱等不足。因此，社区自治组织的职能和自治权限需要《宪法》赋予合法性，基层自治组织在自治权允许的范围内根据本社区内部具体情况制定软法加以规制。

三 社区共同体建设法治化的路径

为有效应对社区共同体法治建设的现实困境，并实现其价值目标，应从如下几个方面着手，深化社区共同体建设的法治化。

（一）明确社区主体的法律地位

"政府引导与社区自治"相结合是最适应社区共同体建设要求、最符合我国社区未来发展趋势的治理体制。[①] 一方面，社区建设离不开政府公权力的保驾护航，无论是在政策制定还是在财政支持上，公权力都具有不可替代的作用，但这种作用不能过多过深，所以只能是宏观层面的"引导"作用；另一方面，社区只有由社区居民、社区组织等来进行自主管理，才能维护其主体地位，也只有加强自身自治能力建设，才能适应不断发展变化的复杂的社会管理需要，实现社会的稳定发展。这一体制不可能自主实现，在现代社会中，不管是对政府公权力的有效限制，还是对社区自治能力的加强促进，都需要由法治来进行多方的规范约束，以及深层次的协调整合。因此，社区共同体法治建设是形成这种治理模式的重要保障，同时也是必然的路径选择，而在这一过程之中，必须协调处理好政府与社区之间的关系。

---

① 刘学贵：《论现阶段我国城市社区管理的现状及对策》，《云南行政学院学报》2014年第1期。

1. 明确政府与社区间的协助指导关系

我国长期自上而下行政式的社区管理模式已经证明，政府过多过细地干预社区事务会严重削弱社区的自治性质，妨碍社区自主发展，同样也不利于社区居民公民意识的提高，因此，要解决这一问题，首先就要削弱政府对社区的行政干预，确立城市社区的法律主体地位，为推进城市社区法治建设提供主体依据。此外，还应进一步明确政府与城市社区间的关系，社区不隶属于任何行政机关，也不具有任何行政色彩，政府与它之间仅是指导与被指导的关系，同时在某些具体的社区公共事务上，还具有一定的相互协助关系，如"协助政府做好社区治安、优抚救济、爱国卫生、计划生育和青少年教育等各项工作等"[①]。

政府作为社区建设的参与主体之一，在鼓励、支持、指导社区建设，推进社区基础设施建设、法治建设等方面，发挥着不可替代的作用。可是，正如前面所言，这种作用不宜过多过深，落实到政府与社区关系层面，就是政府应只在政策制定、规划设计等宏观方面对社区进行指导，而社区也只接受被政府宏观指导。

2. 完善城市社区自治制度

自治是落实社区主体地位、发挥社区管理功能的重要前提，可社区自治并不是无限制的绝对自治，无论是完善社区自治规范体系，还是建立健全社区自治组织、自治运行机制，保障社区依法开展自治事务，都离不开社区法治的建设。[②] 但是，目前我国在社区法治建设方面才刚刚开始，还存在不少问题，笔者认为，完善社区自治制度，实现社区依法自治首先必须做到以下两点。

（1）完善社区自治主体构建

首先，需要有一个具备自治主体资格的社区组织。在政府权力逐步

---

① 王胜本、张涛：《社区发育视域下的城市治理问题研究》，《河北工程大学学报》（社会科学版）2012年第3期。
② 于淋淋、谭丽：：《城市社区自治的法律制度研究》，《山东省农业管理干部学院学报》2013年第5期。

退出社会管理的背景下,不仅社区内部事务需要由社区自主管理,一些社会公共职能也需要由社区来承担,具体到社区各参与主体,也只有社区组织才具备这一自治主体资格。然后,这一具备主体资格的自治组织要由法律进行规范,并由社区居民直接选举产生。法律的一项重要内容,就是对法律主体的权利义务关系进行确定,对社区自治主体进行法律规范。明确城市社区自治主体的权利义务关系,不仅有助于推进城市社区建设的规范化,也有助于调整社区自治组织的各种社会关系。另外,只有对社区自治组织施加法律规范并由居民直接选举,才能保证其自治主体地位以及获得居民的普遍支持,进而代表居民利益,有效承担社区建设职能。最后,这一自治组织应具有独立决定社区重大事务的权力。具有自治主体资格,并由法律进行规范、居民直接选举的社区自治组织,对外能够代表社区进行社会公共事务管理工作,对内作为最高决策组织形式,应该具有如制定和修订社区规章制度,讨论决定社区发展、社区建设等涉及社区居民权益重要事务的法定权力。

(2) 完善社区自治工作途径

"自我管理、自我教育、自我服务、自我监督"① 是完善社区自治制度,实现城市社区依法自治的重要目标。要将"四自"真正落到实处,不仅需要政府积极转变职能,明确政府、街道办与居委会之间的指导协助关系,还需要社区自身独立自主,不断增强解决各种社会问题、社会矛盾的能力,并不断拓展社区自治组织处理问题的工作途径:一是要在以社区广大居民为基础的同时,通过开展知识教育活动、制造利益共同点、提供多种条件支持等方式,将居民同社区建设紧密联系在一起,并使居民有主动积极的意识和能力参与到社区事务管理中来,最终形成最为广泛的参与主体与参与途径;二是协调多方社区参与主体间的关系,取得政府、社区组织、社区单位等的支持,帮助解决居民最为热切关心的问题;三是大力推进社区法治建设,形成法治化、规范化的社区管理

---

① 《民政部关于在全国推进城市社区建设的意见》。

途径，以更为公平公正的方式处理社区内部事务，赢得社区居民的信任支持，维护社区的稳定。而要实现社区自治这一目标，不仅需要政府、居民、社区组织单位等主体共同参与，更需要建立起一个科学合理的组织体系与制度体系，并由社区居民来进行民主选举、民主决策、民主管理与民主监督。

（二）完善社区治理法律体系

首先，更新社区硬法体系。针对社区法律体系中存在的法律体系不完善、硬法缺位等问题，社区治理法治化必须根据社区法治的新情况、新问题废止、修改、制定社区的法律法规，坚持立法先行。通过法律法规明确社区各类组织的权限、责任与地位，个人的权利与义务，发挥立法的引领作用。其次，注重社区软法的完善。社区应根据中央和地方立法以及相关文件精神，制定符合本地区实际状况的相关规章、政策性文件，通过民主协商对话，制定反映居民共识的自治章程、村规民约等软法，以软法的灵活性与协调性弥合硬法条款与现实需求之间的脱节。最后，法律的制定应体现个人权利和社区自治精神，社区法律体系应突出"维稳"和"维权"两个重心，推进从"权利义务相一致"到"以人为本"的转化，这是市场经济发展的必然结果，也是社区自治发展的客观需要。①

（三）增强社区居民的法律意识

增强社区居民的法律意识，是开展社区共同体法治建设的重要前提。一方面，针对不同的社区居民知识水平等方面存在差异的现状，结合现代迅速发展的科学技术，开展多途径的法治宣传教育活动。不同的社区居民在知识水平、思想认识及实际需求等方面都会存在一定的差异，所以社区开展法治活动也要结合实际情况，因人制宜、因时制宜，有步骤

---

① 梁迎修：《我国城市社区治理法治化探析》，《郑州大学学报》（哲学社会科学版）2014年第4期。

社区治理法治化：社区共同体建设的根本出路

地推进法治建设。另一方面，注重法治理念的培养。法律作为社会规范，只是诸多解决社会纠纷手段中的一种，因此应扩大法治宣传教育范围，将协商、调解、仲裁等多种理念方式同法律规范进行统一宣传比较，以深化法律普及程度，并让社区居民在面对纠纷时可以依照实际自由选择处理途径，以更加灵活便捷的方式解决纠纷，避免纠纷扩大化。另外，要更加注重对社区居民法治理念的培育，"法律必须被信仰，否则它将形同虚设"[1]，相较于单纯的普法教育，培养社区居民树立法律意识、法律信仰则更为重要，要让其在知法、懂法的同时，又要守法、用法、信法，最后还要敢于以实际行动护法，践行法治理念。只有最为广泛的社区居民养成正确的法治观念，我国城市社区法治建设才会拥有广泛的参与主体与内在动力。

（四）提升社区治理法治化能力

法律体系的完善是法治的基础，法治的生命力在于法律得到规范的执行、法律的权威得到普遍的信服、法律精神的深入人心、法治的思维和习惯为人民所有。因此，必须推进法治力量下沉到社区，法律资源下沉到社区。首先，深化社区普法。借鉴"社区法律大讲堂"、"法律夜门诊"、"社区法官"、"法律宣传栏"、"法制宣传日"等现有经验并结合本社区实际开创普法的新形式。引导居民自觉守法、遇事找法、解决问题靠法。其次，提升社区执法者素质，建立一支懂法、守法、善于用法的基层执法队伍。强化居委会干部、业主委员会委员、物业公司负责人、楼组长、社区法官等社区治理主体的法律知识培训，增强他们运用法律解决社区各类问题的能力。最后，塑造以遵纪守法为荣、以违法乱纪为耻的社区法治文化。将法律规范从外在的刚性约束转化为公众内在的道德认同，法治与德治相结合。法治精神和规则意识的普遍形成是社区自治的基础，法治与自治彼此共生。而深深扎根于国民心中的伦理道德和

---

[1] 〔美〕伯尔曼：《法律与宗教》，梁治平译，中国政法大学出版社，2003。

公序良俗也是社会稳定和经济发展的重要茹合剂。正如庞德所说，中国在寻求"现代的"法律制度时，不必放弃自己的遗产，中国在做出判决时采用的灵活而基于道德的方法是可取的。①

Community Governance under the Rule of Law: the Fundamental Way out for Community Community Construction

Zhang Chengan, Li Hao

Abstract: As to the construction of community in our country, there are still many difficulties in its legalization, such as the unclear status of community main body, the lack of community legal system, the weak sense of community law and the lack of community rule of law. To further promote the construction of community-based community rule of law, we must adhere to the process of building the residents of autonomy, public participation, soft and hard law with the basic principles, to clear the legal status of community main body, improve the community legal system, enhance community awareness of the law, community governance rule of law ability.

Keywords: Community governance; The rule of law; Community; Hard and soft law; Autonomy

---

① 高道蕴、高鸿钧、贺卫方：《美国学者论中国法律传统》，中国政法大学出版社，1994。

社会工作组织管理机制研究

——基于行政立法监督视角

艾　超　王建剑[*]

摘　要： 当前社会事业创业正在如火如荼的建设之中，社会工作组织作为"三社联动"机制的排头兵，其担负着的使命便是进行重要的社会管理改革工作，故而更要加强其管理机制的改革。近些年，我国社工组织的确有所发展，但其内外都存在着自我管理、政府管理等监督管理活动的漏洞，故而认清社工组织存在的问题就变得意义非凡了。本文对于社会工作组织的管理活动提出了相对有针对性的行政立法管理改革机制、行政监管机制的建议。本文使用数据分析法、小范围的访谈法以及典型现象观察法等实证研究方法对社工组织的问题进行了说明，并给出有关社工组织管理的法律建议。

关键词： 社会工作组织；行政监管；实质审查；财务监督

一　前言

自 2013 年《国务院机构改革和职能转变方案》开始确定政府职能必须要进行转型后，服务型政府的大标语就纳入了社会合理化运作之中，

---

[*] 艾超，湖南长沙人，武汉大学博士研究生，现任长沙理工大学硕士生导师，研究方向为行政法学；王建剑，天津蓟县人，现长沙理工大学法律硕士，研究方向为行政法学。

原本不温不火的社会组织仿佛迎来了春天。"党委领导,政府负责,社会协同,公众参与"的新型社会治理模式中明确了社会组织的重要地位,给予了社会组织从业人员更加巨大的鼓励,社会事业创业也成为"大众创业,万众创新"的一项重要的创业项目来源。更多的社团人更加急于去寻找社会事业创业的方向,与此同时召开的党的十八大给了社团人以导向型的指路标。

二 背景介绍

首先,党的十八大上,中央政府将社会主义社会建设与社会主义政治建设、经济建设、文化建设、生态文明建设融合,形成了"五位一体"的中国特色社会主义社会管理体系,足可以见证党和政府对于社会主义社会建设的重视程度。

其次,民政部基层政权和社区建设司司长蒋昆生[①]表示实现"三社联动"就是可以保证资源共享、优势互补、相互促进的良好社会管理改革工作的重要手段。加快形成政府与社会之间互联、互动、互补的社会治理新格局,分层次、分步骤逐步推进"三社联动"发展,从根本上使各种社会矛盾和冲突在基层得到有效的预防和解决,实现社会的和谐发展。

在多重激励机制的催化之下,以社会工作为主要事业的各类社会公益组织如雨后春笋般大批量涌现,但这类"摸着石头过河"的新设立的小微社工组织的发展难免会出现各式各样的问题。本文为了把社会工作组织监管工作纳入我国行政管理的体系之中,促进我国社会工作事业的进一步发展,对社会工作组织出现的各类问题进行了深入调研并且给出便于行政监管的改良意见。

---

① 蒋昆生于 2014 年度"中国社区治理十大创新成果发布会"上作出上述表示。

三 我国社工组织的现状

我国的社会工作组织是社会组织的一种,是以社会组织为载体和社会公益为导向,利用专业技巧来助人的组织,也是现阶段社会治理与改革中最为重要的一种组织形式。现代社会工作制度的建立和运作、社会工作方法与技术体系的形成与发展、社会工作实务的推进模式与技巧、社会工作人才的培养和使用等,无不与一定的理论、知识相联系。[①] 而社工组织便是使用科学技巧进行助人活动的密集组织。

(一) 数量多,投入大,但专业化水平低

改革开放30多年来,我国公民社会组织获得了前所未有的发展;登记注册的民间组织从1989年的4446个猛增到2011年的48.281万个,其中社会团体25.3万个,民办非企业20.2万个,基金会2510个。[②] 据不完全统计,2015年底,全国社会工作专业人才数量突破50万人。全国助理社会工作师和社会工作师共206183人,其中广东持证社会工作人员超过4万人。截至2015年底,全国范围内已成立30个省级、129个地市级和296个县级社会工作行业协会。各地投入的社会工作资金逐年增长,2015年高达26.6379亿元。[③] 这一调查结果与研究民间组织的社会学家估计的大体一致。我国县级以下各类民间组织数量至今没有正式统计数字,保守估计在300万以上。[④]

我国的社会组织在政府标榜建立服务型政府后就开始了成倍增长,随着政府职能的转移,社会开始履行原来属于政府的职能,未来还会有

[①] 李迎生:《构建本土化的社会工作理论及其路径》,《社会科学》2008年第5期。
[②] 《民间组织统计年鉴》,中国社会组织网,http://www.stats.gov.cn/ztjc/ztsj/hstjnj/,最后访问日期:2016年3月31日。
[③] 社工中国网,http://www.swchina.org/,最后访问日期:2016年3月31日。
[④] 俞可平:《中国公民社会的兴起及其对治理的意义》,社会科学文献出版社,2002,第2页。

更多的社会组织出现，但是这一类社会组织有一个共同缺点——专业化水平低。这里说的专业化水平不仅仅包括以社会事业作为职业的专业社工对于社会服务的认识和理解，还包括一个社工组织在内部行政化组织运作的角度上对服务项目的"运作"水平，对其组织内部的志愿者进行管理以及同政府公关等方面的水平。其中服务水平低是影响其专业化程度的主要原因。

（二）区域发展不平衡，资源占有程度失衡

我国社工组织的发展极不平衡，以广东省和甘肃省社工机构数量、社工人数以及对社工事业投入的资金来比较。

截至2015年，全国累计共有社工184955人，持证社会工作者158929人，其中广东省就超过3.3万人，是持证社工人数最多的省份，约占全国的1/5。2008年后，广州、深圳等地先后实施招投标购买社工服务项目，极大地刺激了民间社工机构的成立。2009年，广东全省民办社工机构仅58家，到2012年10月，已达到298家，是2009年的约5倍。截至2013年10月，全省社工机构约400家，是上海、江苏、北京等社工发展较快省市的5~8倍。这些新生机构90%以上成立于2007年以后。广州和深圳地区社工机构分别达到年均65%和25%以上的井喷式增长速度。广东全省购买社工服务资金从2009年的8893万元增长到了2012年的11.1109亿元。[①] 其中民办社工机构数量和累计投入购买社工服务财政资金数额两项指标均为全国第一。

根据甘肃省民政厅副厅长郭华峰的介绍，甘肃省已初步完成社会工作政策制度创制，相继建立了社工职业水平评价、继续教育、岗位设置、政府购买社工服务、民办社工服务机构发展、社区社工服务等专项制度。

---

① 2013年11月23日，在广东省社会工作师联合会和中山大学社会学与人类学学院联合举办的"社会工作本色与本土——广东社工发展论坛"上，一份《广东社会工作发展现状调研报告》透露了广东省社工发展的困境：总体处于社工机构区域分布不均衡、社工高紧缺和高流动状态。

目前，甘肃省已注册成立的民办社会工作服务机构有 14 家，社工专业人才数量已突破 300 人。①

由此对比我们可以看出，广东省社工机构数量是甘肃省的约 28 倍，广东省社工人数是甘肃省的 110 多倍。可见我国社工的发展在地域上极不平衡。在中央和省市层面上，各类行业协会、管理协会、慈善组织、职业性组织和民办非企业单位的影响正在日益增大，相比之下地方性的社工组织则没有太大的发展。在横向比较之中，发达地区的社工组织也比欠发达地区的社工组织更加具有资源的摄取能力。造成这种差距的主要原因，是不同的民间组织所拥有的制度资源不同、传统文化基础不同、经济实力不同和其领导人的威望不同。②

（三）难以进行自我治理，内部管理混乱

多数小微社会工作机构并无本机构的章程，所以其提供的服务并不固定，而内部的组织形式也默认为科层制。机构的出资人一般出任理事长，理事长作为幕后人一般不会现身，而理事长下属的办事人员为总干事，机构的项目运作、人事管理及财务支出均由总干事负责。比总干事低一级的就是项目督导，这些项目督导就是具体的项目负责人，督导仅仅对项目的运行有管理的权力，对于同项目组的一线社工的人事安排和具体项目开支督导都没有过问的权力。

看似合理的组织安排架构在实践中漏洞百出，同一项目组的督导配合常常出现问题，时间与地点发生纰漏；事先缺乏沟通导致工作理念的不同，使得服务对象产生困惑；财务支出沟通不畅导致购置了相同的物品等。

（四）敷衍监督管理现象普遍，账目作假严重

目前在大部分社会团体中，存在着大量的骗取政府购买服务资金状况，以给予部分商家提成来换取空白发票的情况，出账入账均为不实的

---

① 中国甘肃网，http://www.gscn.com.cn/，最后访问日期：2017 年 3 月 31 日。
② 俞可平：《中国公民社会：概念、分类与制度环境》，《中国社会科学》2006 年第 1 期。

资金流,大部分资金没有用于购买器具、工具以及其他可报销的物品,而是流入机构所有人的口袋中。

针对此类问题,笔者访谈了北京天作商城的某文具销售商。根据这位商人的描述,我们可以得知:北京的文具批发市场较为集中,多集中在天意商城、天作商城及位于北京通州区的京东大市场。文具既可以作为机构的日常工作用品,也可以作为项目活动的必需用具,且文具属于可以全额报销的支出项目,所以大部分需要报销的人员都会选择文具发票作为报销发票,进而到达这三个场所进行空白发票的购买。文具销售商则从中提取百分之十左右的份额作为自己提供空白发票的对价。而这种现象在社会团体、社会公益组织中也成了常态。

社会财务的有效管理和规制是消解社团组织内部人员腐败、抑制组织失灵的基础和核心。据统计,我国民间组织中只有14.7%有会计做年度财务报告,通过注册会计师做外部审计。[1]

综上所述,长此以往势必会导致我国社会工作的发展遇到不可逾越的瓶颈。首先,我们可以看到由于非营利机构不发达,难以发挥吸纳专业社会工作者的作用。[2] 没有人才的传承和发展,我国社会工作难以嵌入现有的政治经济体制框架。其次,本土社会工作理论建构严重不足,在专业教育及实务中采用的理论、方法及技术技巧主要或基本是借用西方的,[3] 这种局面极大地制约了我国专业社会工作的进一步发展,其最为根本的危害就是导致我国社会工作组织的自治能力严重缺乏。

四 问题聚焦及成因分析

(一) 管理权限混乱,职能不明

社工组织是社会组织的一种更加集中、更为专业的组织形式,所以

---

[1] 吴俊杰、张红等:《中国构建和谐社会问题报告》,中国发展出版社,2005,第272页。
[2] 王思斌、阮曾媛琪:《和谐社会建设背景下中国社会工作的发展》,《中国社会科学》2009年第9期。
[3] 李迎生:《构建本土化的社会工作理论及其路径》,《社会科学》2008年第5期。

社工组织的注册登记适用社会组织注册登记的方式，而我国现行登记管理办法中并未对社会组织的登记设立直接规定，故而社会组织的登记设立要依据1989年9月25日颁布的《社会团体登记管理条例》（国务院令250号）。该登记管理条例的第十条就明确规定了成立社会团体必须具备的资质包括有50个以上的个人会员或者30个以上的单位会员、有规范的名称和相应的组织机构、有固定的住所、有与其业务活动相适应的专职工作人员和有相应的注册资金等形式审查，而在这部条例中并没有涉及对于社会团体的实质审查，那么可知属于社会团体的社工组织在其登记审查过程中也同样缺乏有效的实质审查。而对于更加专业社工组织的实质审查就成为行政机关对其监督和管理的一个有效手段。在河北省民政厅2012年12月31日推出的《服务性社会组织注册登记管理办法》第二十二条、第二十三条中规定了登记管理机关负责社会组织的成立、变更、注销登记、备案以及对社会组织违法行为依法予以处理，而将社会组织成立、变更、注销登记的初审职责设定在业务指导单位。由此可见，管理权限的规定混乱，在实践中导致了为数不少的非法"挂靠"现象，而这种"挂靠"现象也是导致权力"寻租"的一个主要因素。

（二）注册审查时，缺乏实质审查，仅仅流于形式审查

《社会团体登记管理条例》第二十七条、第二十八条明确规定：社会组织的登记注册还需要先找到业务主管单位，由业务主管部门负责社会团体的成立、变更、注销的登记或者备案，开具其同意申请的批函，在得到相关单位的批函后再到注册登记机关进行登记。我国国家民间组织管理局关于印发《民政部业务主管社会组织谈话规定（试行）》的通知明确规定：民政部门主管我国的民间社会团体的设立与监管工作。可见我国社会团体、社会组织及社工组织的登记注册机关是民政部门。《社会团体登记管理条例》第十一条规定社会团体发起人应当向登记管理机关提交申请书、验资报告、场所使用权证明、发起人和拟任负责人的基本情况、身份证明以及业务主管单位的批准文件。

从上述条款来看，社会组织登记注册的审批权由登记注册机关放逐给了业务主管机关，业务主管单位的批准文件就成了一个社会组织成立的主要依据。在实践中，社会组织的业务主管机关对于自身所管辖的社会组织发展所抱有的态度均为努力扶持。故而其业务主管机关在审批社会组织注册登记时，对于形式审查合格的社会组织便予以批准，助其通过登记注册机关的审查，使得自身管辖的社会组织早日成立。

（三）新设立的社会组织面临巨大资金压力，忽视了专业水平的提高

大部分的新设立小微社工组织都以项目为主要资金来源，而资金对于一个社会的有机组织的重要性是不言而喻的。目前，社会公益组织的主要资金来源是政府的购买服务工作，即政府将一些社会的公共服务以出让资金的方式邀请社会的组织来竞标，得到此项服务的社会组织也将会得到政府用来购买服务的这笔资金，而背景不同的社会公益组织自筹资金的能力也肯定不同，但这也不能掩盖政府购买服务的资金对于绝大部分新设立的小微社工组织的重要性。大部分小微社工组织对于政府资金的需求可谓十分迫切。"有则生，无则死"的生存现状困扰着这些机构，故而他们关注的点就在于如何在政府购买服务的招标中拔得头筹，压过其他同类组织而中标，中标就意味着生存问题可以得到解决，这些政府服务购买款则作为组织内部常务管理人员和主要项目实施人员的薪酬。但政府资金的滞后性和分阶段性使得购买服务的资金对于小微社工组织的机构管理人员和项目主要实施人员是供不应求的，正是因为如此，大部分小微社工组织的创业人员为了解决自身的生存问题就过分重视项目资金的摄取，而忽视了项目服务水平的提高。

（四）政府忽视对于新设立的社工组织的孵化

在社会团体的数量增长以及政府对于购买服务的金额成为政府政绩的指标后，政府一方面迫切地需要社会公益组织的大量成立，这就忽略了这类社会公益组织的服务水平建设，更多的地方没有进行统一的能力孵化，忽略了对这一类公益组织的更为专业化的指导。换句话说，政府的忽略造成了任社会公益组织自生自灭的环境。在这种环境中更多的小微社工组织的发展受到极大的限制。另一方面虽然政府投入总量很大的资金，但是这些资金确实不可能落入新设立的小微社工组织手中。排名靠前、等级高的社工组织会以其独特的资源实力来摄取更多的政府服务资金，而对于缺少资源的小微社工组织则无人问津，甚至有些小微社工组织连竞标入围的资格都不曾拥有。所以缺乏孵化的小微社工组织是没有存活环境和存活能力的。

（五）贫困地区财政投入不足，公益组织缺乏生存土壤

我国的经济发展水平呈现东强西弱的态势，东部沿海地区的资金相对充足，而中西部地区则缺乏各式配套的资金。这种区域经济发展的不平衡性，导致了社工组织的发展不平衡。发达地区可以划拨出更多的政府购买服务，得到更多资金的小微组织则可以加强从业人员的业务培训、促进服务水平的提高和配套设施的升级。而身处中西部欠发达地区的社工组织则普遍没有获得政府购买服务的发展机会。

（六）专业人才缺乏，院校教育与社会现实脱节

民政部副部长宫蒲光在全国社会工作专业学位研究生教育指导委员会暨社会工作硕士教育主任会议上指出："当前，我国社会工作专业人才总量只有40多万人，仅占全国总人口数的千分之0.29，较发达国家和地区社会工作专业人才占总人口数千分之三左右的比例有很大差距。"而《社会工作专业人才队伍建设中长期规划（2011～2020年）》提出，到2020年，社会工作专业人才总量要达到145万人，要培养和引进3万名社会工作硕士研究生。由此可以看出，我国的社会工作者的需求总量为145万，但现从业人员总数为184955，所以这个岗位的缺口是极大的，而现如今我国的社会工作者队伍培养已从单一的院校培养，发展到在岗培训、职业培训等多元化的培养体系，但我国目前培训仍然是社会工作中的"软肋"，我国社会工作队伍的培养还是依赖于院校培养。据悉我国开设社会工作专业的本科学校一共有221所，而每一年的培养人数为2万余人，经国务院学位委员会、教育部推动成立了全国社会工作硕士专业学位教育指导委员会。经过多年发展，全国社会工作硕士教育培养单位已从最初的33家发展到104家，每年培养的人数则不足1万人，由此可见，虽然我国社会工作专业发展较快，但现如今还是存在大量的社会工作者的缺口。对于单一的院校教育，人才培养的力度是有限的，所以加强高校人才队伍建设，培养更多的社工人才是首要任务，同时拓展社工的来源渠道也是其必要手段。

同时，高校教育是与社会现实严重脱节的，高校教育没有实践性，仅仅依赖于基础理论研究，忽略了学生实践能力的培养，其直接的后果就是高校社会工作专业学生没有独立项目能力。据悉我国开办社会工作专业的各大高校，每年培养人才2万余人，但是在这些培养的学生中，在毕业当年就能够独立担任项目负责人的比例不足10%，在毕业后两年内担任项目负责人的比例也不足30%，可见这是我们的高校在社会工作人才培养时对学生实践能力的忽略。所以在高校教育培养的过程中，加强学生的社会实践能力也应成为社会工作教育的一部分。

五　改良社工组织管理的法律探究

改善社工组织的现状，应当坚持将社工组织的管理机制纳入国家法治轨道，从当前的问题出发，以问题来牵引改革；用法治来规范发展，建立制度核心原则，消除弊病，促进发展。当前的社工组织运行机制混乱，项目服务水平较低，其本质的原因首先在于立法的缺位和混乱，没有形成一系列规范有效的法律法规对这些组织进行规制；其次管理权限的规定混乱，导致了较多的非法"挂靠"现象，而这种"挂靠"现象最不利的后果就是权力的"寻租"。行业主管部门应当尽快制定有关社会组织、社会团体的组织和运行的部门规章，用法律法规来确定社会团体、社会组织的注册登记，项目运行与考核规则，财务节流规则，并且应当配套相应的审计办法。

（一）建立社工组织注册的实质审查机制

虽然当前在"大众创业，万众创新"的口号之下积极引导社会组织的创立和发展，而社工组织也同在社会事业创业的号召下，但行政管理机关也应当适时地严格设立准入门槛，提高实质审查的水平，以确保有项目执行能力的社工机构能够平稳注册，高速发展。

行政许可是指在法律规范一般禁止的情况下，行政主体根据行政相对人的申请，经依法审查，通过颁发许可证或者执照等形式，依法作出准予或者不准予特定的行政相对人从事特定活动的行政行为。① 根据《中华人民共和国行政许可法》申请材料的审查程序可以把行政许可制度分为实质审查的行政许可行为和形式审查的行政许可行为。形式审查是指由具有行政审核权的工作人员依法对行政相对人提交的申请材料进行简易的审理，审理的内容仅为材料的完整性、格式的正确性等，不涉及材料真实性、资质的符合程度等。因为程序便捷迅速，所以也有人将形式审查看作行政许可的简易程序。而与之相对的是实质审查，其主要是对行政相对人提交的申请材料在形式审查通过的基础上进一步对从事能力、活动场所、硬件设备等作出一些调查和验证。②

社工组织的行政主管部门应当依据《社会团体登记管理条例》为基础版本来制定更加专业、更加细化、更加有针对性的《社会组织登记管理办法》，目的在于将社工组织的登记注册机关统一。统一登记注册机关首先有利于加强情况更为复杂的社工组织的监督管理；其次也可以变原来双机关薄弱的形式审查为单机关严厉的实质审查。将形式审查转变为实质审查不仅可以规范社工服务市场的规则，保护优秀社工组织的发展，

---

① 姜明安：《行政法与行政诉讼法》，北京大学出版社，2011，第225页。
② 罗文燕：《行政许可制度研究》，中国人民公安大学出版社，2003，第21页。

也可以使暂时不具有项目实施能力的社工组织能够进一步认识到其专业性的不足，待一定孵化时间过后，激励其能力提升。

除1989年9月25日第250号国务院令颁布的《社会团体登记管理条例》中明确规定社工组织的设立必须要有规范的名称和相应的组织机构、有固定的住所以及有独立承担民事责任的能力外，全国各省、自治区、直辖市的设立标准可以依据当地社工组织的发展状况制定有利于本地区社工组织发展的具体标准。但社工组织的设立必然需要有相对数量的已取得国家统一考试的注册社会工作者职业水平证书的从业人员作为机构成立的发起人和项目督导，同时，对于社工组织的设立资本投入也有明确的规定：市级以上民政部门登记的社工机构，其实缴资本至少为十万元；而区一级民政部门登记的社工机构可以设立三万元实缴资本作为准入门槛。

（二）对项目管理建立行之有效的第三方考核机制

针对项目的招投标，以及服务的购买应当严格地贯彻执行《中华人民共和国招投标法》和《中华人民共和国政府采购法》。但是我国现行法律对于政府购买的社工项目并无过多干涉，这也是我国社工项目服务水平没有提升的主要原因。"低标准、低水平完成"就是当前社工组织对于政府购买服务的完成情况的一个简单概括。所以我国对于政府购买服务的标准就应当制定"验收政府购买服务的主要标准"和"第三方机构验收服务的规定"，政府购买服务的服务质量验收应当设立统一的标准，这样规定的好处是社工组织能够按照标准执行，不至于仅仅为了应付政府检查而使服务水平太过于低下。而规定由高水平、高等级的第三方机构来验收政府购买服务的质量标准更加的客观真实，不仅能够促进社会组织的高水平发展，更能避免政府部门滋生腐败的现象。

（三）建立多元的财务监督机制

前面提及社工组织之所以在财务运作中出现诸多瑕疵，其本质原因在于没有相对稳定的监督方式来约束其财务的收支并及时进行信息披露。监督权可以设定为行政主管机关监督、社会公众监督以及组织自身的监督。

社工组织行政主管机关的监督权来自《中华人民共和国行政许可法》第十条第二款之规定：行政机关应当对公民、法人或者其他组织从事行政许可事项的活动实施有效监督。说明有权批准设立社工组织的行政机关在批准其设立之后就依法获得了监督其正常运行的权利。此项权利当然包括对其财产使用情况的监督。故而社工组织的行政主管机关首先应当颁布《社会组织财务使用办法》、《社会团体财务审计办法》和《社会团体管理费用提取和使用办法》，财务会计信息的监督作用是首要的经济效果。[1] 用规范的财务管理办法来保证社会组织经费均在项目执行中使用，杜绝骗取政府购买服务费用的情况出现，应该严格规定社会团体管理费的提取和使用的事项，保证社工组织能在项目认真执行后有一定的管理费，用以维持社工组织的日常开支和人员雇佣的费用。

社工组织的行政主管机关应当颁布迫使该组织进行信息披露的《社会组织信息披露实施管理办法》。社会组织承载着社会责任，其资金也大多来自政府帮扶及社会不特定群体的捐赠，故而应当将社工组织的财务及项目情况放置于社会公众的监督之下。与此同时还应当建立较为通畅的信息反馈平台及向行政主管部门的投诉渠道。

（四）政府应当设定帮扶义务

由于政府正在进行职能转化，立志于建立服务型的政府，将属于社会的服务职能还给社会，那就要求我们当前的社会组织发挥主要实施职能。但是我国的社会组织正处于起步阶段，所以缺乏资源的摄取能力，人才培养能力。这就需要政府积极引导、鼓励社会事业型的创业活动，使在社会中有能力的人才投入到社会事业创业之中。对于刚起步的社工

---

[1] Robert M. Bushman and Abbie J. Smith, "Financial Accounting Information and Corporate Governance," *Journal of Accounting and Economics* 12 (2001): 237-333.

组织的发展，其资源的拥有量是非常有限的，所以政府主管部门建立"多方资源连线机制"和"社会组织能力孵化建设"来帮助社会组织，应当是未来政府服务社会的一项重点职能建设；加强社会人才建设任务也应当归属于政府，使院校人才培养与社会人才培养并重，解决我国巨大的社工缺口问题。

另外，我国的社区不断建设也是一个能激发我国社会组织增量的重要条件，而社工组织在社区建设过程中的作用是非常明显的。换句话说，社区在社会管理改革的过程中处于中心的地位，以社区为基底来带动社会组织和社工的发展，其动力应当是持久且稳固的。一个和谐的社会，必定是社区、社工、社区社会组织这些社会管理中最基础的元素作用发挥最为突出的社会。通过"三社联动"方式，建立健全"党委领导、政府负责、社会协同、公众参与"的社会管理格局，形成相互配合、互为支持、共同推进和开展社会管理改革工作的良好局面。[①]

Research on Social Work Management System

—Perspective based on the Supervision of Administrative legislation

Ai Chao, Wang Jianjian

Abstract: Social entrepreneurship is under intense construction. Social work organization as "2s + c" mechanism leading to its take on the mission is an important reform of social management, that reform must strengthen its management mechanism. In recent years, the development of China's social work organizations have, but its exposure both within and outside the self managing, gaps in regulatory activities such as management of the Government. It is a very important issue. For management activities of the Organization for social work in

---

① 叶南客、陈金城：《我国"三社联动"的模式选择与策略研究》，《南京社会科学》2010年第12期。

this paper presents a relatively targeted executive management mechanisms and administrative recommendations of oversight mechanisms. In this paper uses the data analysis, a small range of interviews, typical phenomena observed, empirical research methods to note the question of social welfare organizations, and on the management of social workers are given legal advice.

Keywords: Social work organizations; Administrative supervision and management; Examination as to substance; Financial supervision

论我国社区矫正的经费保障[*]

田兴洪　尤金亮　郭　健[**]

摘　要：我国社区矫正经费保障取得了一定成效，但还存在经费保障不到位、相关制度不健全等问题，需要从加快社区矫正经费保障立法、建立全额的动态增长的社区矫正经费保障机制、实行社区矫正经费保障中央和省级财政分级负担、设立社区矫正专项建设基金、加大社区矫正基层基础建设保障力度、完善现行社区矫正经费划拨制度等方面加以完善。

关键词：社区矫正；经费保障；财政体制

在我国，社区矫正是将管制、缓刑、暂予监外执行、假释等符合法定条件的罪犯置于社区内，由专门的国家机关在相关的社会团体、民间组织和社会志愿者的协助下，在判决、裁定或决定确定的期限内，矫正

---

[*] 本文为2012年度国家社会科学基金项目"社区矫正中的社区参与模式研究"（批准号：12BFX046）、2011年度湖南省哲学社会科学基金项目"转型时期社区矫正与社区建设研究"（项目编号：11YBB005）、2011年度湖南省教育厅高等学校科学研究重点项目"社会管理创新视阈下的社区矫正与社区建设研究"（编号：11A002）、2012年度司法部国家法治与法学理论研究项目"我国社会力量参与社区矫正机制研究"（批准编号：12SFB2024）、2014年安徽省社科规划项目"劳动教养废除后社区矫正制度的完善问题研究"（编号：AHSKQ2014D07）的研究成果之一。

[**] 田兴洪，湖南省保靖县人，法学博士，长沙理工大学教务处副处长、文法学院教授、硕士生导师，主要从事刑事法学研究；尤金亮，安徽亳州市人，法学硕士，安徽医科大学马克思主义学院法学系副教授、硕士研究生导师，主要从事刑事法学研究；郭健，河南淅川人，法学博士（后），司法部社区矫正管理局处长、研究员，主要从事刑事法学研究。

其犯罪心理和行为恶习，并促进其顺利回归社会的非监禁刑罚执行活动。经费保障是社区矫正顺利开展的必要条件。本文拟对我国社区矫正经费保障的成效、问题及对策略述管见，以就教于方家。

一 国外社区矫正经费保障述略及启示

（一）国外社区矫正经费保障述略

在美国，从政府方面讲，社区矫正的经费有三个来源。① ①地方政府（通常是县政府）提供。一般而言，地方政府的社区矫正经费从当地税收中划拨，平均占到社区矫正经费来源的80%左右。地方政府提供的创建和维护地方社区矫正计划的资金被称为"种子基金"（seed money）。②州政府提供。州政府通过划拨专项资金的方式鼓励地方量刑部门适用社区矫正。一般是地方量刑部门每让一名犯罪人留在当地服刑，州政府就将一名犯罪人在州监狱中服刑所花费用的一部分划拨给地方政府作为补偿。另外，美国的一些州还向地方政府提供社区矫正"津贴"（subsidies），其中包括：第一，补助金（grants），各个地方矫正机构可以通过获取补助金的方式，竞争数额有限的州资金；第二，奖金（award），一般是发给那些按照州的标准执行矫正计划的矫正机构，所有合格的矫正机构都可以获得奖金，无须相互竞争；第三，补偿金（reimbursement），用于按照一定百分比向地方退还其在实施社区矫正计划中的费用，一般按照犯罪人在城市或者县中执行社区矫正的天数支付；第四，总费用（calculated sum），这是由州政府按照一定的人口统计学信息（如监狱犯人减少的数量）一次性划拨的，用来鼓励地方政府建立和维护社区矫正事业。地方的社区矫正事业越发达，从州监狱中转出来的犯罪人就会越多，县里获得的津贴也会越多。在美国，州政府给地方政府提供社区矫正津贴的具体细节，往往由各州的社区矫正立法加以规定。例如，加利

---

① 吴宗宪：《社区矫正比较研究》，中国人民大学出版社，2011，第73~75页。

福尼亚州就是最早制定这样的社区矫正立法的州之一。该州在20世纪60年代中期通过的社区矫正立法规定，每从州监狱系统转移出去一个犯罪人，社区就可以获得4000美元。①③联邦政府提供。联邦政府也通过补助金等方式，资助一定数量的地方社区矫正计划。在美国，除了上述政府部门的资助之外，社区矫正机构往往也通过其他方式获取一些资金。例如，通过游说一些基金会等方式获取资金。

在东欧国家，缓刑工作都由政府提供资金。在一些国家，这种资金是通过司法部提供的；在另一些国家中，则是通过地方政府提供的。一些国家使用有关的欧盟资金，大多数国家则使用有独立来源的资金（如外国援助），大多数国家通过国际发展机构收到资金。在捷克共和国，缓刑和调解管理局通过司法部接受从国家预算中划拨的资金。司法部通过一种账户软件监督缓刑和调解管理局，这种软件定期（每10个星期1次）向司法部提供报告，年终提供总报告。司法部每年分开支项目批准花费资金，开支项目包括薪水、税、保险费、运行费用、服务费用等。缓刑和调解管理局也通过欧盟的有关计划获得资金。社区矫正经费预算由一个委员会管理，只有局长才能签订合同。缓刑小组可以使用地方预付款账户支付小额资金，大额开支项目要由委员会向银行划拨款项。社会服务提供者通过政府有关部门（如劳动和社会事务部、教育部或者内政部）获得资金，也通过各种基金会获得资金。②

（二）国外社区矫正经费保障的启示

1. 可以构建监禁矫正经费补贴社区矫正经费的机制

我国监狱系统的经费保障由中央和省级财政提供，而社区矫正经费则主要由省级以下财政承担，各地经济发展水平悬殊，这使得经济发展

---

① Marilyn McShane & Wesley Krause, *Community Corrections* (New York: Macmillan Publishing Company, 1993), p. 72.
② Anton Van Kalmthout, Jenny Roberts & Sandra Vinding, *Probation and Probation Services in the EU Accession Countries* (The Netherlands: Wolf Legal Publishers, 2003), p. 94.

相对滞后地区的社区矫正经费保障难以落实。因此，中央和省级政府应出台政策，将一名服刑人员在监狱服刑所花费的一部分划拨给地方政府作为社区矫正经费补偿，鼓励地方审判和执行机构适用社区矫正。

2. 向国际发展机构获得社区矫正资金资助

比如，"联合国毒品和犯罪问题办事处"（UNODC）自20世纪80年代中期就开始与中国合作开展有关方面的工作。根据其职能，联合国毒品和犯罪问题办事处的艾滋病防治工作主要针对的是监狱、强制戒毒和康复中心内的吸毒问题。在组织机制方面，它强调与公安、卫生和社区组织建立合作伙伴关系。我国社区矫正人员的戒毒、康复等项目也完全可以与之合作，包括得到相关资金资助。

3. 获得我国政府部门的帮助和资金资助

除了我国公、检、法、司等专门机关外，其他部门如人力资源和社会保障、教育行政、民政、共青团等部门都可以在自己职责范围内，对社区矫正人员的低保申请、就业安置、医疗康复、教育培训、志愿服务等方面提供帮助和资金资助。

4. 加强社区矫正经费使用过程监管及绩效评估，确保经费使用的科学、合法、有效

可成立社区矫正基金，吸收社会资金支持社区矫正事业发展。还可以鼓励社区矫正机构申请全国社会保障基金等官方或民间基金的经费资助。

二　我国社区矫正经费保障的成效、问题及原因分析

（一）我国社区矫正经费保障初见成效

根据《关于在全国试行社区矫正工作的意见》等法规规定，我国社区矫正经费保障的基本要求是建立社区矫正经费的全额保障制度，将社区矫正工作人员经费、行政运行经费、办案业务经费、业务装备经费等

纳入财政年度预算，并根据工作发展的需要，建立社区矫正经费动态增长机制。2012年11月，财政部、司法部出台《关于进一步加强社区矫正经费保障工作的意见》，进一步明确了以下几项内容：第一，明确了社区矫正经费开支范围包括司法行政机关社区矫正工作指导管理费、社区矫正工作经费和社区矫正设备费，并详细列明了每项经费的具体开支项目；第二，要求各地将社区矫正经费列入同级财政预算予以保障，通过加大投入提高社区矫正经费保障水平；第三，强调统筹社区矫正和司法行政其他基层业务装备需求，保障好社区矫正工作所需装备配备；第四，要求各地积极完善社区矫正经费保障制度，有条件的地区，可以积极探索建立按照社区矫正人员数量核定社区矫正经费的制度；第五，要求进一步加强社区矫正经费管理。

各地结合实际情况，纷纷出台地方性规定。比如，2006年，浙江省出台《社区矫正经费使用管理暂行办法》，规定社区矫正经费是指专门用于社区矫正工作的政府年度财政拨款以及依法接受的捐赠款等经费。省财政按照社区矫正对象每人每年2000元标准的70%和30%，分别给予经济欠发达县（市、区）和其他地区社区矫正工作经费补助。各地根据当地社区矫正对象人数予以相应经费保障并列入各级财政年度预算。今后将根据经费开支的实际和财政状况对社区矫正工作经费标准及补助比例进行上调或下调。社区矫正经费应当专款专用，接受同级财政、审计部门的监督。社区矫正经费用于下列开支：承办社区矫正工作业务、社区矫正对象监督管理、教育矫正、社区矫正工作基础装备以及经财政部门批准同意用于社区矫正的其他必要开支。

2008年，江苏省出台《省级社区矫正专项资金管理办法》，规定社区矫正专项资金是指由省财政安排的对县（市、区）社区矫正执行工作的专项补助资金。社区矫正经费实行"分级管理，分级负担"，省财政通过对各地社区矫正工作"核定支出、分类分档补助"的方式，实行专项补助。省级社区矫正专项资金的使用范围包括社区矫正工作程序费用、社区矫正对象监督管理费用、社区矫正对象教育帮助费用、社区矫正对象公益劳（活）动费用、社区矫正对象考核奖惩费用、社区矫正专职工作者费用、社区矫正信息管理系统维护费用等。省级社区矫正专项资金不得用于司法所工作人员福利、接待、办公设备购置、外出学习考察等。省财政厅、省司法厅根据各地经济发展状况和社区矫正工作的实际需要，以苏南地区、苏中地区、苏北地区每名矫正对象年均支出2500元、2000元、1500元为计补基数。2008年省级社区矫正专项资金分别按苏南地区、苏中地区、苏北地区社区矫正对象每人每年750元、1000元、1050元进行补助。以后年度专项资金分配根据检查考核情况一年一定。

相对于城市社区矫正经费保障而言，农村地区社区矫正经费保障困难更多，是薄弱环节。但是各农村社区也因地制宜，根据各自地区的财政状况和经济发展水平确定和落实本地社区矫正的经费安排。湖南省湘阴县的做法主要为以下几点。第一，落实文件规定，增加专项投入。2011年5月至2013年5月该县用于社区矫正的专项投入达到近50万元。第二，制定了社区矫正和审前调查工作补贴制度。从2011年起，县司法局挤出资金，对每例审前社会调查予以补贴150元，对每名罪犯的监管经费每年予以补贴200元，两年共向司法所发放两项补贴11万多元，并已争取将社区矫正工作经费纳入县年度财政预算。2013年初，局党组再追加5000元作为社区矫正的办案经费。第三，制定了《湘阴县司法局基层司法所绩效考核实施办法》。按照大镇5000元、其他乡镇3000元的工作经费标准，从中抽取40%用于社区矫正单项工作考核，并单独设立了社区矫正工作先进单位奖。第四，制定了《2013年湘阴县社区矫正工作考评实施细则》和《湘阴县社区矫正工作纪律》。这两项制度将社区矫正和审前调查工作补贴、日常工作经费与司法所年终考评挂钩，按规定奖惩兑现。第五，加大了对社区矫正工作的扶持力度。继2011年启动、接管、实施阶段软硬件投入近30万元以后，2012年该局再投入15万元，将办公楼三楼装修一新，并将整层办公用房调配给社区矫正股使用，设立了办公室、宣告训诫室、档案室、打印室，添置了全套办公设备，并为全县各乡镇社区矫正工作站配备了复印机，2013年又投资3万元新添置全套电子监控设备，进一步加强了社区矫正条件建设。①

（二）我国社区矫正经费保障存在的问题

1. 地区差异和经济条件制约社区矫正经费保障水平

即使是经济发达省份，仍然存在地区内经济发展不平衡的问题，由此产生了地区间社区矫正经费保障能力及水平不平衡的现象。欠发达地区社区矫正经费"配套难"、"落实难"以及不能足额到位等问题始终存在，而且，根据我国现行财政体制，地市所辖的区为半级财政，如果市本级财政保障不到位，仅依靠区级财政解决社区矫正经费保障问题难度很大。

2. 市本级社区矫正工作经费保障问题亟须解决

目前，我国社区矫正财政保障机制较好地解决了县级以下司法行政机关社区矫正工作经费、社区服刑人员教育改造经费以及全省社区矫正经费动态增长机制等问题。但是，市本级社区矫正工作经费保障问题一直没有得到很好的解决，本应由市级司法行政机关组织的社区矫正相关工作会议、执法检查、工作考核、培训教育等活动难以顺利开展。

3. 我国基层和农村地区社区矫正经费保障力度亟须加强

目前，我国司法行政机关基层基础建设依然十分薄弱，基层司法所人员配置、办公条件、社区服刑人员监管教育场所、技术装备保障等问题尤为突出。其中，为解决司法所人力不足问题，我国部分基层司法行政机关通过招聘社区矫正工作者的方式，调整充实社区矫正工作人力，以保障日常工作的顺利进行。但是，由于社工的合同制或聘用制身份、工资待遇偏低以及缺乏政策措施保障等问题，社工流失现象较为严重。而且，目前社工的工资、福利等没有列入财政预算，从社区矫正专项经费中支出比例较大，对社区矫正日常监管工作产生了较大影响。另外，

---

① 《湘阴县社区矫正工作情况汇报》，http://www.xiangyin.gov.cn/Item/12283.aspx.，最后访问日期：2016年11月11日。

在农村开展社区矫正工作以来，只有少数地区如浙江省枫桥镇将矫正经费纳入了财政预算，还有一部分地区的财政只拨付了启动经费，而没有后续经费。大多数地区主要还是靠政府临时性拨款和挤占其他业务经费。江西省上栗县社区矫正最突出的问题也是政府的财政投入无法到位。按照该省要求，对每个社区矫正人员的投入经费每年需达 2800 元，而县财政对社区矫正经费预算为 5 万元/年，按该县 2012 年在册社区矫正人员来算，社区矫正的经费缺口达 90 余万元。投入过少，保障不力，致使社区矫正工作陷入困境。①

4. 亟须建立社区矫正经费保障奖惩激励机制

在我国实行两级财政体制的地区，近年来，社区矫正补助经费一直由省财政直接下达到各县（市、区）。这一做法对于防范截留、确保资金到位、实现专款专用发挥了重要作用。但是，这一做法没有把省财政经费补助与工作业绩、使用管理等方面的检查考核和审计监督情况相衔接，影响了社区矫正财政保障机制作用的进一步发挥。

（三）我国社区矫正经费保障存在问题的原因分析

1. 我国现行财政体制对社区矫正经费保障重视不够

我国实行中央、省（自治区、直辖市）、市（地区、自治州）、县（市、自治县）、乡（镇、民族乡）五级财政。各级财政权责划分的基本框架是，中央财政主要承担国家安全、外交和中央国家机关运转所需经费，调整国民经济结构、协调地区发展、实施宏观调控所必需的支出以及由中央直接管理的事业发展支出，包括由中央本级负担的公检法支出等；地方财政主要承担本地区政权机关运转所需要的支出以及本地区经济事业发展所需支出，具体包括地方公检法支出等。但是目前中央财政对社区矫正经费保障重视不够，主要表现在以下几点。第一，社区矫正

---

① 张贤德：《关于乡镇司法所社区矫正工作人员情况的调研报告》，http://xxgk.pingx-iang.gov.cn/slx/xzbmxxgk/xsfj/fgwj/qtygwj/201303/t20130329_1095077.htm，最后访问日期：2016 年 11 月 11 日。

经费主要由省级以下财政负担,而监禁矫正经费却主要由中央和省级财政负担。财力薄弱的地方,尤其是较为偏远的中西部地区,社区矫正经费保障难以落实,也造成全国各地社区矫正经费保障差距较大,不利于社区矫正工作的统一、协调发展。社区矫正并非完全是地方性事务,它与我国监禁刑执行协调统一、相互贯通、互为支撑,是我国新型刑罚执行体系的重要组成部分,理应像监禁矫正一样由中央财政承担主要保障责任。第二,监禁矫正经费单列,而社区矫正经费没有单列,使得社区矫正经费保障缺乏坚实的财政基础。在我国2014年政府收支分类科目中,"司法"科类中包括行政运行、一般行政管理事务、机关服务、基层司法业务、普法宣传、律师公证管理、法律援助、司法统一考试、仲裁、事业运行、其他司法支出,社区矫正经费并没有单列,而主要是从"基层司法业务"中列支。"监狱"科类中包括行政运行、一般行政管理事务、机关服务、犯人生活、犯人改造、狱政设施建设、事业运行、其他监狱支出。"强制隔离戒毒"科类包括行政运行、一般行政管理事务、机关服务、强制隔离戒毒人员生活、强制隔离戒毒人员教育、所政设施建设、事业运行、其他强制隔离戒毒支出。可见,监狱经费不仅与司法经费并列,而且设置有齐全而具体的支出科目。社区矫正经费保障受重视程度不仅与监禁矫正相差极大,而且不如强制隔离戒毒的经费保障得力。

2. 我国经济欠发达地区的地方财政难以完全承担该级社区矫正经费保障

我国实行分税制改革以来,我国县级财政体制总体上向着分权化方向演进,县级财政作为一级财政主体的自主权逐渐增强。但是分税制改革只是划分了中央和地方之间的财权和事权,省以下的财权和事权界限模糊。"省管县"改革及"乡财县管"改革中县级财政受到一定程度的重视,但这两项改革仅仅涉及财政管理体制的改革,对诸如县级财政收入、支出、债务等方面的制度变革并无涉及,改革是不全面和不彻底的,而这同样是制约县级财政的重要因素。此外,许多贫困县由于工业基础差、对农业依赖程度高但达不到产量大县的标准,第三产业落后、税源少、增收困难，县乡机构人员精简困难，"三奖一补"等政策效益无法在这类地区实现。① 县级财政困难必然导致社区矫正县级财政保障难以落实。我国乡镇财政则面临着更多更大的发展矛盾，例如：税源有限，可是承担的任务却有增无减，地方经济发展不景气，使得原本有限的财源更加受到限制；同时，乡镇财政收入少、支出大，收支不平衡，已经造成了乡镇财政的资金严重短缺；有限的财政资金力量同无休止的铺张浪费之间产生矛盾，在财政吃紧的情况下，一些地方乡镇企业却将经营中的债务危机转移给乡镇财政，使得乡镇财政背负着沉重的债务负担。除此之外，乡镇机构臃肿、人员淤滞，缺乏雄厚的经济基础，财政资金来源不足，乡镇企业债务危机转移。这使得社区矫正的乡（镇）财政经费保障更是捉襟见肘，难以为继。我国一些地区进行财政体制改革试点，县级财政直接管理乡镇收支，由县财政局统一开设"乡镇国库专户"、"预算外收入专户"、"政府工资账户"、"教师工资账户"、"支出账户"、"村级收入账户"、"村级支出账户"等，一切收支都由乡镇财政所审核，甚至乡镇有关单位的行政事业收费票据也都由财政所进行统一管理。乡镇同时设立了国库支付中心，乡镇所有支出都由国库支付中心集中支付和记账。改革后乡镇各单位的账户全部撤销，变成财政专户。乡镇收入上划、支出下拨，都进入乡镇收入专户，所有开支都要经过财政所审核，由国库集中支付，办公用品亦由县财政"招标采购"。村级干部补贴和办公经费由乡政府经营管理中心部门负责监督，报乡镇财政所审核、拨付。另外，乡镇事权的安排上也有新变化。县级政府的事权主要包括举办和管理义务教育、合作医疗筹资及管理、农村低保试点、乡镇财政收支管理等。乡镇政府的事权主要包括控制义务教育辍学率、维护学校周边治安、管理农村学前教育、划拨并保证学校田地、五保户集中供养、村级财务收支管理、计划生育工作等。村级事权主要包括一事一议筹资筹劳、村内合作医疗筹资、五保户分散供养、计划生育工作。县级设立社区矫正工

---

① 张立丽：《分税制改革以来我国县级财政体制变迁探析》，《华中师范大学研究生学报》2013年第2期。

作机构，但是具体落实仍然在乡镇司法所。但是，这种"乡财县管"的理论是建立在上级对基层的情况很熟悉，上级比乡村更了解农村的需求，而且更加负责的假设之上的，但是这个假设明显是不成立的。"财权上收"很可能会抑制乡村组织提供公共服务的灵活性。中国各政府之间是隶属关系，县乡政府间的实权划分本来就不清楚，实行集权财政体制后，县级财权加大，如果没有有效的制度约束，必然会导致权力的滥用，"乡财县管"很可能变成"乡财县用"。20世纪90年代后各地实行的"村财乡管"就是前车之鉴，乡镇借管理之便，挤占挪用村级资金并不鲜见。①

3. 我国现行社区矫正经费保障运行机制有待进一步完善

比如，没有全国统一的具体社区矫正经费预算标准、缺乏社区矫正经费财政保障的有关文件依据、上级财政部门未下发明确将社区矫正工作经费纳入财政预算的文件，各地在经费保障的操作上缺乏相应的依据，等等。这使得我国社区矫正经费保障机制运行不畅，进一步加剧了保障乏力的困境。

三 加强我国社区矫正经费保障的对策建言

（一）进一步健全和夯实我国社区矫正经费保障的财政体制基础

1. 在政府收支分类科目中将社区矫正经费单列，使社区矫正经费保障达到与司法、监狱、强制戒毒等同等重视的水平和力度

社区矫正作为中央司法体制和工作机制改革的重要组成部分和社会管理创新的重要手段，其经费保障在政府收支分类科目中单列的必要性不言而喻。截至2013年10月底，各地累计接收社区服刑人员166.5万人，累计解除矫正100.7万人，现有社区服刑人员65.8万人。② 目前，

---

① 陈志楣：《中国县乡财政风险问题研究》，人民出版社，2007，第299页。
② 周斌：《2013年我国全面开展社区矫正工作》，http://www.legaldaily.com.cn/The_administration_of_justice/content/2014-01/06/content_5176223.htm?node=54750.，最后访问日期：2016年11月11日。

在浙江、江苏等省份，社区矫正人员已经接近全部服刑人员的 50%。社区矫正正逐渐与监禁矫正在罪犯改造工作中平分秋色。但是，与监禁矫正成本相比较，社区矫正工作经费标准还处于相对较低的保障水平，目前财政给予的社区矫正工作经费已无法适应工作的开展，随着社区矫正工作的深入和工作量的增加，经费的需求问题也日益突出，每年都需要大量挤占司法行政业务经费，我国大部分地区尚未纳入同级财政预算，工作所需经费主要依靠政府的临时性拨款和司法行政机关工作经费自行调剂，与实际工作需要存在较大缺口。

2. 合理划分各级政府的财权、事权，构建中央和省级财政为主的经费保障体制

在分税制基础上，完善社区矫正经费政府间合理、规范的公平补偿机制，中央政府要规范社区矫正经费转移支付制度和加强对不发达地区社区矫正经费的政策扶持力度，提高不发达地区的社区矫正经费财政保障能力，为地方社区矫正经费保障创造公平的竞争和发展环境，尽量避免各地区社区矫正经费保障的不平等而加剧我国社区矫正工作地区间发展的不平衡，影响社会稳定。尤其要重视加大中央对省级政府转移社区矫正专项资金支付力度，改变目前中央提供给各省的社区矫正转移支付资金远远不能满足地方需要的状况。建立合理的省级以下社区矫正经费保障政府转移支付制度。在省级与地市级支出预算中，专门安排对县和乡镇的社区矫正专项资金转移支付数额。

3. 大力发展县域经济和乡镇经济，夯实地方社区矫正经费保障基础

在财政收入形式上，应减少省与市县共享收入税，增加市县固定收入。在保证省级财政具有一定调控能力的前提下，将原省与市县共享的固定资产投资方向调节税和资源税下放，作为市县的固定收入，以增强市县的财力。同时，积极发展县域经济，要破除城乡二元经济结构，按照统筹城乡发展、以人为本的要求，把城市和农村作为一个有机整体，规划县域经济发展模式，建立工农业协调发展（工业现代化和农业现代化同步推进）、城乡共同繁荣（以城带乡，以乡促城）的良性循环系统，围绕"农民增收、企业增效、财政增长、后劲增强"的总体目标,把加快推进工业化和城市化进程作为战略重点,把培育优势产业、推进农业产业化、建设小城镇作为基本着力点,仅仅依靠改革开放和科技创新,加速经济结构战略性调整,壮大特色经济,大力推进一、二、三产业互动,实现城乡相融,促进县(区)域经济持续快速健康发展和社会全面进步,确保全面建设小康社会目标的顺利实现。[①] 要改变传统的以牺牲农业、农民的利益来支持工业发展的现象,为乡镇财政开拓新的收入来源。只有县级和乡镇财政实力得到确实增强,社区矫正经费得到保障的基础才能得以牢固和扎实。社区矫正的落实工作主要在县级和乡镇,基层社区矫正经费保障工作不到位,必然制约社区矫正工作的扎实推进和顺利开展。

(二)加强社区矫正经费保障法律法规,完善社区矫正经费保障的制度框架

我国应尽快出台《社区矫正法》,规定全国统一的社区矫正经费保障制度。目前,根据财政部、司法部出台的《关于制定基层司法行政机关公用经费保障标准的意见》和财政部下发的《政法经费分类保障办法》,各地省级财政部门和省级司法行政机关应联合制定《关于矫正经费使用管理暂行办法》,完善社区矫正经费的全额保障制度,将社区矫正工作人员经费、行政运行经费、办案业务经费、业务装备经费等纳入各级年度财政预算,并根据工作发展的需要,建立社区矫正经费动态增长机制。积极争取基础设施建设资金,改善社区矫正办公场地,配备必要的执法装备和办公设施。各地应出台省级《社区矫正专项资金管理办法》,建立省级社区矫正专项资金,按照全省(自治区、直辖市)不同地区的不同标准对各地实行专项补助,各市、县(市、区)按照相应比例进行配套,为社区矫正工作提供有力支撑。

---

① 黄燕等:《地方公共财政发展研究》,中国社会科学出版社,2007,第101页。

（三）实行社区矫正经费保障中央和省级财政分级负担体制

建议我国确立以政府资金为主的保障体制，不仅有利于社区矫正经费的正常保障，而且充分体现了社区矫正作为一项执法工作的严肃性。确立以省级财政为主的经费保障体制，可以更好地保障社区矫正所需要的正常经费。让不同级别的政府分担社区矫正经费，可以鼓励各级政府更好地进行社区矫正工作。要努力建立有利于利用社会资源的制度环境和法律环境，从而有利于促进这方面工作的有效进行。分级财政负担是解决地方各级工作经费紧张的有效办法，中央社区矫正专项资金是全国社区矫正专项经费中不可缺少的重要组成部分，在全国社区矫正工作的整体推进中起着至关重要的作用，建议在全国经济发展形势良好的宏观背景下，中央承担50%，省级承担50%，建立合理、科学、有力的社区矫正专项资金补助体系，推动社区矫正工作的深化发展。[①]

（四）完善现行社区矫正经费划拨制度

在省财政下达年度社区矫正补助经费时，可先划拨给省级业务主管部门。由省级业务主管部门综合各地上年度社区矫正工作业绩、经费使用管理等检查考核和审计监督情况再下达到各地。对业绩不明显或使用管理有问题的地方，允许省级主管部门采取缓拨或降低省财政补助额度等措施和手段，实行动态考核和监管。

（五）加大社区矫正基层基础建设保障力度

社区矫正工作的出发点、落脚点在乡镇（街道）、在基层司法所，加强以司法所为重点的社区矫正基层基础建设显得尤为重要和紧迫。根据笔者实地调研结果，我国中部地区某县根据该县的经济状况，县政府按每个社区矫正人员500元不到的标准给予社区矫正经费安排，社区矫正经

---

① 吴宗宪：《社区矫正比较研究》，中国人民大学出版社，2011，第77页。

费短缺成为该县社区矫正工作中存在的最大问题之一。该县共有 21 个乡镇司法所，全县共有基层司法所工作人员 31 名，司法所专用警车仅有 8 辆，人均 0.25 辆，独立办公室 6 间，人均 0.19 间，电脑 25 台，人均 0.81 台，复印机 10 台，人均 0.31 台，这些数据充分表明司法所基础设施不齐备，远远不能满足社区矫正工作人员的需求。所以，根据当前状况，建议司法部尽快制定出台《社区矫正基层基础建设规划纲要》，明确建设标准、建设内容和建设要求，落实财政保障。

On China's Funds Guarantee of Community Correction

Tian Xinghong, You Jinliang, Guo Jian

Abstract: China's community correction funding has achieved certain results, but there are problems such as funding is not enough, the relevant system is not perfect, etc. We should take measures such as speeding up the community correction legislation, establishing dynamic growth fund guarantee mechanism, putting into practice the central and provincial level hierarchical fiscal system community correction, establishing special construction funds of community correction, increasing infrastructure construction efforts of community correction, improving funding transferring system, and so on.

Keywords: Community correction; Funds guarantee; Fiscal system

我国社会工作立法相关问题研究

屈振辉[*]

摘 要：法与社会工作有着密切联系。它既是社会工作的重要方法，也是促进社会工作行业发展的手段。近年来我国社会工作行业迅速发展，但是相关的立法严重滞后，甚至已经成为制约我国社会工作行业发展的瓶颈。因此加速这方面的立法进程，也将推动我国社会工作行业的发展。我国社会工作立法实践滞后，因此相关研究也未受到重视。本文拟以我国社会工作立法为题，着重从社工立法对和谐社会建设的意义、社会工作立法性质、中国社会工作立法的主要生成途径、未来我国社会工作立法若干预想等部分对未来我国社会工作立法展开论述。

关键词：社会工作；立法；和谐社会建设

一 社会工作立法对构建和谐社会的意义

我国在三十多年的改革开放与经济建设后，进入了社会建设的新时代，促进社会和谐发展成为这个时代的主旋律，这是我国社会工作大发展的直接动因。尽管对社会工作的概念社会上有不同理解，但是比较专业的看法还是认为"社会工作是以利他主义价值观为指导，以科学的知

---

[*] 屈振辉，男，河南信阳人，湖南女子学院教育与法学系副教授，主要从事法社会学研究。

识为基础，运用科学的方法进行的助人服务活动。"① 社会工作在我国为新兴行业且涉及甚广，本文仅就其中的立法问题进行相关的研究，以期用立法手段推进我国社会工作的发展。

社会工作与法律之间的关系可谓源远流长。17 世纪初英国颁布的《伊丽莎白济贫法》被后世普遍认为是社会工作的最早萌芽。"最早、最完备而影响很大的社会工作立法，是英国 1601 年伊丽莎白女王制定的救济法案。"② 即社会工作最初便是以法律的形式展开的。目前社会工作立法在西方国家已较为发达，美国、瑞典、奥地利、南非及亚洲的韩国，都制定有社会工作及与其相关的法律法规，这也极大地推动了这些国家社会工作的发展。反观我国社会工作发展相对落后的现状，其实也与社会工作立法的缺位与疏漏有关。因此尽快制定有中国特色的社会工作立法，运用立法手段来推动我国社会工作的发展，将成为我国社工业发展最重要的路径之一。有学者已经进行了相关研究。

（一）和谐社会需要社会工作及相关立法

社会在人类的产生和发展中具有重要作用，人在通常情况下是不能离开社会而存在的。"人的本质不是单个人所固有的抽象物，在其现实性上，它是一切社会关系的总和。"③ 人类对社会实际上具有极为强烈的依赖性，而随着社会化程度的提高这种依赖也越来越深，而到现代社会更是达到了无以复加的地步。但随着社会的发展特别是进入工业化社会后，社会问题不断涌现并已妨害到了人的发展。"社会问题是指在社会中存在的人与自然、人与社会以及人与人之间关系的严重失调或冲突现象。"④ 其本质是人与自然、人与社会以及人与人的不和谐。它的出现造成了社会的失控、失序与失范，从而也给社会发展带来了较为严重的障碍，因

---

① 王思斌：《社会工作概论》，高等教育出版社，2006，第 12 页。
② 吴铎：《简明社会学》，华东师范大学出版社，1986，第 211 页。
③ 《马克思恩格斯选集》第 1 卷，人民出版社，1995，第 60 页。
④ 向德平：《社会问题》，中国人民大学出版社，2011。

此社会工作作为其解决手段应运而生。社会工作对于解决社会问题具有重要作用。"社会工作是现代社会对社会问题的一种回应机制,是解决现代社会问题的一种社会建制。也是在这个意义上,社会工作被看作是解决社会问题、帮助人们拥有良好社会生存状态的一种制度。"① 社会问题现已成为阻碍社会发展的痼疾,因此必须要通过社会工作等手段予以革除。

和谐是颇具中国传统文化色彩的社会发展理想,它反映了千百年来人们对社会的美好期望。每个社会都有其自身发展的逻辑和规律,我国社会发展至今,和谐已成为其应然主题,构建社会主义和谐社会已是刻不容缓之事。我国自从改革开放之后社会就处于转型期,社会发展尽管比较快但远跟不上经济发展,且伴随经济发展和社会转型社会问题丛生,存在着各种显性和隐性的社会不和谐因素,已经严重阻碍到了社会的正常运行和发展。如前所述,社会工作是解决现代社会问题的重要手段,因此当代中国社会也迫切地需要社会工作,运用其来解决社会问题和促进社会的和谐。"当前我国社会问题的有效解决需要发展社会工作。困难群体、弱势群体的利益需要关照,利益分化过度失衡造成的裂痕需要弥合,社会信任和社会凝聚力需要重建……而发展以有效传送社会福利、建构和谐社会关系为己任的社会工作就成为一个重要选择。"② 由此可见,发展社会工作对于解决社会问题、促进社会和谐具有重要的意义。

建设法治国家是当代我国的重要治国方略,它意味着社会生活都应当纳入法制的轨道,就此而言社会工作领域自然也不能够例外。如前所述,在解决社会问题、促进社会和谐的过程中,社会工作具有独特且非常重要的作用。但我国社会工作目前的发展总体比较落后,除沿海地区外大多数中西部地区发展更加缓慢。这种状况的形成诚然是多方面的因素所致,但缺乏立法的保障、促进和推动是其要因。"我国现阶段的社会

---

① 王思斌:《社会工作导论》,北京大学出版社,2011。
② 王思斌、阮曾媛琪:《和谐社会建设背景下中国社会工作的发展》,《中国社会科学》2009 年第 5 期。

工作缺乏立法支持，没有制定较为完善的社会工作法律法规体系，致使社会工作不能全面系统地展开，这对当前我国正在推进的社会主义和谐社会建设，造成了一些消极影响。"① 目前我国社会工作立法存在的主要问题有：第一，我国社会工作目前主要是以政策调整为主，上升到法规层面的少而法律层面的就更少，而且我国社会工作领域至今没出台基本法；第二，有关社会工作的政策与法规散见于各部门，没有经过系统汇编和编纂，其中矛盾丛生，从而为我国社会工作的开展造成内在障碍；第三，我国社会工作长期以民政工作形式出现，民政部门制定了大量民政工作政策与法规，其占据着许多本应由社会工作立法调整的领域；第四，我国对社会工作立法的理论研究重视不够，也并没有将其提升到立法的议事日程上来，有关的研究和实践都处于非常落后的状态。当然还有立法技术等方面的其他问题。鉴于社会工作立法的重要性和其在我国的现状，加强立法将成为我国社会工作的要务。

（二）法律也是社会工作的重要方法之一

社会工作之所以能够成为较为独特的领域，实际上与其特殊的工作方法密不可分。"社会工作的方法就是为了实现社会工作宗旨的一套系统化的专业活动，包含专业的知识和技术。"② 人们通常将其分为微观方法和宏观方法，前者主要包括个案工作和小组工作两种，后者所涉及的范围就更为宽泛和广阔了，"运用的方法包括：社区组织与发展、社会立法、社会行政、社会工作研究、社会工作督导与咨询等。"③ 在王思斌教授对宏观方法的这个界定当中，我们可以明显看到法律已被纳入其中了，只是以往人们对法律这种方法并不太重视，只是局限于个案工作、小组工作、社区工作、社会政策。

法律之所以也是社会工作的重要方法之一，原因有以下几点。第一，

---

① 袁光亮：《我国社会工作立法思考》，《理论月刊》2011年第7期。
② 王思斌：《社会工作导论》，北京大学出版社，2011。
③ 王思斌：《社会工作导论》，北京大学出版社，2011。

法律具有与社会工作基本相同的特性。社会工作以增进人类的福祉为宗旨和己任，而法律也恰恰具有这样的功能和作用（西塞罗曾说"人民的福祉是最高的法律"），因此法律与社会工作具有颇为相近的主旨；而法律也是系统化、技术性的专业活动，其中包含专业知识和技术也是众所周知的。第二，社会立法也是社会政策法律化的必然产物。"社会政策法律化是指国家机关将经过实践检验的社会政策上升为国家的法律法规，赋予社会政策以法律效力和国家强制力。"① 既然社会政策是社会工作的重要方法之一，那社会立法作为社会政策法律化的产物，自然也应当归入社会工作方法的范畴中。第三，法律作为社会工作方法也是其发展的结果。社会工作发展历经了从个案工作、小组工作，到社区工作、社会行政、社会政策的演变。此间社会工作可供利用的资源也逐步拓展，即从工作者自身扩大到小组再扩大到社区，到社会政策阶段，其运用的是整个社会资源。社会立法也是政府动用社会资源解决问题，从这个意义上说它与社会政策是异曲同工的。而从工作实际上来看社会工作者运用法律，可以解决其他社会方法所不能解决的问题，特别是社会政策这种方法不能解决的问题。这主要是因为法律具有国家强制性，它比政策能调用更多的社会资源，也能比政策发挥更大的执行效力。"社会立法为一切社会工作提供了法律依据，是一种处于高层次的规范地位、具有重要指导作用的社会工作基本形式。"② 从这个意义上说，法律是社会工作的重要方法之一。

（三）立法是推进社会工作发展的重要路径

社会工作能够促进社会和谐与发展，社会工作将成为我国今后重点发展的领域，社会工作立法因此也具有行业立法的意义。当前我国社会工作领域发展总体并不理想，甚至并没有形成真正意义上的社会工作行业，对此我们认为可通过立法形式推进其发展。加强立法是推进行业发

---

① 陈信勇：《法律社会学》，浙江大学出版社，2007。
② 陈墀成、黄河：《社会工作概论》，厦门大学出版社，2000。

展的重要路径之一,这已是为国内外许多行业发展所证明的事实。

对目前我国社会工作行业发展的状况而言,存在以下问题需要运用立法形式予以完善。其一,社会工作机构的管理尚处于无法可依的状态。近年来我国社会工作较之以往发展得较快,特别是沿海地区社会工作机构如雨后春笋,其数量和从业人数在短期内呈现猛增之势。社会工作机构在我国还属于新型组织,现行立法也没有对其性质做出清晰的界定,且没有出台法律法规,因此无法对其进行较好的管理,某些机构违规从业和内部管理混乱的现象,已经在某些地区特别是沿海地区开始显现。因此,我国必须加快社会工作立法的进程,以期规范社会工作机构的组织和运行管理,其中最重要的就是"完善内部治理结构"。[1] 其二,社会工作者的职业地位需要法律予以明确。职业在现代社会中是需要获得法律认可的,否则其职业权益就无法获得应有保护。社会工作在我国是近年来才兴起的新职业,但有关社会工作职业的立法并未及时跟上。"社会工作是实践性工作,社会工作人员的身份、待遇与自我保护、社会工作的绩效评价等,这些需要从法律方面来规范。"[2] 目前我国社会工作职业立法尚处于缺位状态,这也是造成社会工作队伍人才流失的要因,这将使社会工作行业的发展成为"无本之木"。其三,法律应当明确政府在社会工作领域的职责。社会工作作为非生产非营利性的社会事业,其自身无法创造经济效益,只能靠外部投入,这主要是通过政府购买服务形式进行的。从目前全国社会工作发展的总体态势来看,政府购买服务较多的地方社会工作就发达,政府无力或者不愿提供购买服务的就落后。现代法不仅重在"治民"更重在"治官",管理社会公共事务是现代政府的主要职责,对政府在社会工作领域的这种不积极行为,必须运用立法形式明确其职责、督促其作为。至此我们认为在未来中国社会工作立法中,或者说至少在制定有关社会工作的基本法时,必须涵盖这三方面内容,甚至对其专章规定,才能够起到促进社会工作行业发展的作用。

---

[1] 柳拯:《关于社会工作行业组织发展的几点思考》,《中国社会工作》2011年第30期。
[2] 方曙光:《我国当前社会工作立法的探究》,《黑龙江史志》2009年第2期。

二 对社会工作立法性质的理论探讨

在我国全面构建社会主义和谐社会过程中，社会工作立法因具有重要意义而势在必行。然而在论证了社会工作立法的必要性之后，接踵而至的就是制定什么样的法律的问题。"我国长期以来实行计划经济体制，我国的社会福利服务和社会工作采取了行政化的组织模式……我国在计划经济时期实行的是行政性的、半专业化的社会工作模式。"[①] 因此，我国在这种背景下，在新中国成立后的很长一段时间里，这方面立法主要是以民政法规形式存在的，从法的视角看其性质应归入行政法的范畴。而今我国已经步入社会主义市场经济时代，在社会管理模式上已经发生了巨大的转变，社会工作已成为社会管理的重要新兴力量。而"使社会管理成果长期稳定有效，只有通过法律手段"[②]，即依法管理社会。社会工作毕竟有异于我国传统的民政工作，原有民政法规不能适应现代社会工作需要，现实的需要迫切要求社会工作立法的创新，这意味着其性质也应有别于传统民政立法。新时期我国的社会工作立法应属社会立法，社会性应当成为其最为基本的属性，当然传统民政法规也是其可资借鉴的基础。

（一）社工立法：行政立法抑或社会立法

众所周知，我国在计划经济时代并没有专业的社会工作机构，社会福利和服务主要通过民政工作来进行。"这一阶段，民政工作就是中国特色的社会工作，民政部门承担了社会工作的主要任务。"[③] 民政是指以基层社会为中心，以广大人民群众为对象，以基层社会保障和社会行政事

[①] 王思斌：《社会工作概论》，高等教育出版社，2006年。
[②] 应松年：《社会管理当中的政府职能》，《行政管理改革》2012年第1期。
[③] 周红云：《社会资本与社会治理：政府与公民社会的合作伙伴关系》，中国社会出版社，2010。

务为主要内容，以稳定社会、稳定统治秩序、稳定政权为目的的社会行政管理。① 尽管民政工作在范围上涉及许多社会事务，在活动和工作对象上也具有明显的社会性，但究其本质仍是政府行政管理的重要内容，因此行政性自然也就是其基本属性和特征。"民政工作与社会工作的基本区别在于，前者属于社会行政管理工作，是一种政府行为，具有行政性的特征。"② 民政工作是我国社会工作开展的特有模式，"中国社会工作的发展很大程度上是由政府用行政手段推动的，这在民政工作中尤为突出，于是就形成了一种较为特殊的社会工作运作模式，我们称之为社会工作的'民政模式'"③。但传统民政工作毕竟不同于现代社会工作，两者之间虽然有联系，但是也有许多区别。总的来说，社会工作的范畴相比民政工作要更为宽广，在服务的方式及内容上也不同于民政工作，并已经形成了较为科学、专业的体系。但民政工作与社会工作之间最根本的不同，还在于社会工作具有社会性的基本属性。这也决定了两者在立法性质上的不同，即前者属于行政法然而后者则属于社会法。我国现代社会工作的主要工作和任务，在传统计划经济年代都由民政工作来完成，为使其有章可循，国家制定了大量民政法规，至今仍在我国发挥着很重要的作用，是现在许多具体领域社会工作开展的依据。

民政工作的行政性决定了其法规的行政性。"民政法规是行政法规的一种，是国家法规的一个组成部分。"④ 换而言之，民政法规在分类上基本属于行政法的范畴。行政法是调整各种国家行政管理活动之法，传统意义上的行政法以国家利益为其本位，而在此基础之上形成的民政法规也是如此。"民政法律制度属于国家行政管理制度范畴，它调整的是一种行政关系，即民政行政关系。"⑤ 现代社会工作应以社会利益为其价值本位，这就决定了社会工作立法的社会利益本位，其在分类上则应被归入

---

① 金双秋、李少虹：《民政概论》，北京大学出版社，2009。
② 朱耀根：《简论民政工作与社会工作的关系》，中国社会科学出版社，2001。
③ 王思斌：《社会工作概论》，高等教育出版社，2006。
④ 杨旭：《简明民政辞典》，农村读物出版社，1987。
⑤ 曾祥平、孙士杰：《民政法律制度教程》，中国政法大学出版社，1994。

社会法的范畴。"社会法是调整有关劳动关系、社会保障和社会福利关系的法律规范的总和……社会法的目的在于从社会整体利益出发,对上述各种人的权益实行必需的、切实的保障。"① 就此而言,社会工作立法的调整范围处于社会法之内,两者都以社会整体利益为价值本位,因此社会工作立法应被归入社会法的范畴。在现代社会中,社会工作立法在社会法中具有重要的地位。"社会工作立法是社会立法的重要组成部分……社会工作立法保证了专业化高质量的社会工作服务的输出,从而可以更好地实现社会法的政策目标,提升了社会立法运行的整体绩效。"② 社会工作立法的性质与传统民政法规不同,这意味着在社会工作中后者不能替代前者,我们制定的应是具有社会法性质的社会工作立法。"社会工作法应属于社会主义法律体系组成部分的社会法部门……社会工作立法应以社会法基本法理为基础。"③

当然,鉴于我国社会工作立法的条件有限,有学者认为"我国先采用国务院行政法规的形式进行社会工作者立法,即先由国务院制定一部《社会工作者条例》",今后"再行制定社会工作专门性法律"。但他也指出这是我国社会工作立法的下策,"下策则是社会工作立法始终停留在国务院行政法规或更低法律效力层次上,裹足不前,这将不利于我国社会工作的推动,有碍于社会建设和社会主义和谐社会建设的伟大事业,当然是不可取的。"④ 我们也认为制定相关行政法规是权宜之计,社会法才是我国社会工作立法的最终归属。

(二) 从传统民政立法走向社会工作立法

尽管社会工作立法并不同于传统民政法规,但后者为我们制定前者

---

① 张文显:《法理学》,高等教育出版社,2011。
② 民政部社会工作司:《社会工作立法问题研究》,中国社会出版社,2011。
③ 竺效、杨飞:《境外社会工作立法模式研究及其对我国的启示》,《政治与法律》2008年第10期。
④ 竺效、杨飞:《境外社会工作立法模式研究及其对我国的启示》,《政治与法律》2008年第10期。

奠定了较好基础。第一，现有民政法规是进行社会工作立法的基础。现在社会工作在传统上由民政工作来进行，民政法规作为其依据发挥了较重要的作用，我国因此制定了为数众多的民政法规，满足了许多具体社会工作领域的需要。马克思主义哲学认为质变需要量变的积累，现有的大量民政法规是社会工作立法的素材，也是我国社会工作立法中的"本土资源"。我们进行社会工作立法时固然要借鉴西方，但不能摒弃我国传统民政法规这个基础，否则我国社会工作立法就将成为"无本之木"。以现有民政法规为基础进行社会工作立法，从立法成本角度考虑也是最具有经济性的。社会工作立法并非简单复制传统民政法规，而是需要对其进行加工、提炼、转换和改造，特别要注意摒弃其行政性和行政法的色彩，将社会性融入其中并树立其社会利益本位。第二，社会工作立法有利于统领现有的民政法规。民政工作涉及面较广决定了其法律多元性，"民政法律制度调整的民政关系，庞杂且繁多，每一项业务都有各自的发展目标，可以自成体系，独立运行，具有多元性的特点……民政业务特点决定了民政法律制度的多元性。"[1] 而这些分散的民政法规至今也并未统一，我国至今还未制定这方面的基本法甚至条例。尽管新中国成立后我国民政工作成绩显著，但在很多方面也存在着问题、不足和弊端。为此民政部门在20世纪末引入了社会工作，这不仅在逐步改变我国民政工作的面貌，也使我国社会工作获得了较为长足的发展。在民政工作中引入社会工作的意义在于"民政工作的社会工作化，即要把社会工作作为民政业务领域的专业支持，通过在各项民政业务领域引入社会工作的专业理念和服务方法，使民政工作向专业化、职业化、规范化方向发展。"[2] 在这个背景下与其再制定民政工作基本法，还不如加快我国社会工作基本法制定步伐，以此促进我国民政工作的社会工作化进程。第三，社会工作立法与现有民政法规应互为补充。现代社会生活的涉及领域较以往

---

[1] 王云斌：《论民政法律制度的特点和发展规律》，《济南大学学报》（社会科学版）2010年第6期。

[2] 甄炳亮：《民政工作与社会工作的关系研究》，中国社会出版社，2007。

更为宽广，有些适于社会工作而其他则适于民政工作，因此社会工作并不可能完全替代民政工作，所以加快推进前者不意味着对后者的否定。进行社会工作立法时要重视现有民政法规，特别是在制定具体领域的社会工作立法时，更要注重现在实际正在起作用的民政法规。前者应当对后者起填补和替代的作用，即使民政法规尚且缺位的领域能有法可依，或与时俱进地替代已不合时宜的民政法规。在传统民政法规向现代社工立法的转变过程中，要注重其中行政性的摒弃和社会性的融入，才能制定出真正符合社会工作精神的立法。

三 我国社会工作立法的主要方式

法的形成是法学及法理学研究的重要命题，它是指"新的法律规范逐步萌芽、产生、发展，直至最后被纳入一个国家的法律体系的过程。"[①] 制定和认可是其中人们公认的两种形式，但这两种界定实际上非常笼统也很不全面。结合改革开放后我国社会工作的发展历程，我们认为社会工作立法在我国的形成方式，除前文所述的对现有民政法规"立改废"外，还有移植外法、伦理的法律化及现有政策的法律化三种。现将对这三种方式进行较为具体的论述。

（一）移植西方社会工作立法

这是我国社会工作立法形成最简单的方式。社会工作在我国可谓"西方舶来品"，即使在 20 世纪末有所发展，但也非常缓慢，社会工作立法在我国更是从无到有。而社会工作在西方发展至今已有四百多年，加之西方国家具有很悠久的法治主义传统，注重运用法制的手段规范和管理社会工作，从而形成较为发达和完备的社会工作立法。因此借鉴和移植西方国家的社会工作立法，成为我国社会工作立法形成的主要方式。

---

① 孙国华、朱景文：《法理学》，中国人民大学出版社，2010。

法律移植是指"在鉴别、认同、调适、整合的基础上，引进、吸收、采纳、摄取、同化外国的法律（包括法律概念、技术、规范、原则、制度和法律观念等），使之成为本国法律体系的有机组成部分，为本国所用……比较落后的或后发达国家为了赶上先进国家，有必要移植先进国家的某些法律，以保障和促进社会发展"。① 我国社会工作立法与西方国家相比较为落后，因此借鉴和移植西方相关立法非常有必要。世界上有很多国家都制定了社会工作立法，例如加拿大安大略省的《社会工作及社会服务工作法》、萨斯喀彻温省和新斯科舍省的《社会工作者法》、阿尔伯塔省的《社会工作职业法》、曼尼托巴省的《注册社会工作者机构社团法》以及阿尔伯塔省法令《健康职业法》的附件27即"社会工作者职业"，美国阿拉斯加州的《社会工作者法》和《社会工作检查委员会条例》、西弗吉尼亚州的《社会工作考官委员会法规》以及《爱荷华法典》第154e章"社会工作"和《西弗吉尼亚法典》第30章第30节"社会工作者"，英国的《卫生访问专员和社会工作员训练法》，菲律宾的《公共社会工作者法》，印度尼西亚的《关于社会工作者基本任务、职责及工作守则的规定》、《关于社会工作者职务津贴的规定》，南非的《社会服务职业法》，马耳他的《社会工作职业法》、比利时瓦隆地区的《社会工作者行业规范》，伯利兹的《社会公益服务机构法》，韩国的《社会福利事业法》，瑞典《社会服务法》，奥地利的《社会工作人员法》及《社会法典》中的一部分，等等。德国目前虽然没有全国统一的社会工作立法，但已经有十六个州分别制定了专门的立法。这些法律或法规虽侧重点不同、名称各异，但都对本国社会工作的发展起了重要作用。"许多国家地区的实践已经证明，社会工作立法对明晰社会工作者的公众形象、规范社会工作者的行为、提高专业社会工作服务的质量、维护社会工作服务对象的权益起到了至关重要的作用。"② 其也对我国社会工作立法提供了

---

① 张文显：《法理学》，高等教育出版社，2011。
② 竺效、杨飞：《境外社会工作立法模式研究及其对我国的启示》，《政治与法律》2008年第10期。

借鉴之处，具体我们将在本文第四部分中进行论述。

但正如人体器官移植时会产生排异反应一样，在法律移植的过程中也存在许多的问题。例如每个国家都有各不相同的具体国情，适合国外国情的外国法并不完全适合我国，移植国外的法律与本国法存在兼容问题。因此我国社会工作立法不能完全移植西法，即使是在移植西方国家社会工作立法时，也必须注重对其加以本土化的整合和同化。"法律是一种文化的表现形式，如果不经过某种本土化的过程，它便不可能轻易地从一种文化移植到另一种文化。"① 而实际上除了移植西方社会工作立法以外，秉承中华传统且从我国的实际情况出发，我国社会工作立法还有另外两种形成形式，即社会工作伦理的法律化和现有社会政策的法律化。它们能很好地解决移植西法中存在的问题。

（二）社会工作伦理的法律化

中华传统文化是伦理文化而并非法治文化，其社会控制规范"以德为主、刑罚为辅"，因此在立法上也形成了道德法律化的传统。其实道德法律化并非中国传统社会所独有，其在各国法制发展的历程中都有不同表现，因此它实际也是人类法律形成的主要方式。"所谓道德的法律化，主要侧重于立法过程，指的是立法者将一定的道德理念和道德规范或道德规则借助于立法程序以法律的形式表现出来并使之规范化、制度化。"② 而对于社会工作而言道德的问题也很重要，社会工作以助人为主旨，非常讲求道德，从而也形成了独特的伦理即社会工作伦理。"社会工作伦理是社会工作价值体系的有机组成部分，是利他主义的社会工作理念、人道主义的哲学理念和社会工作专业价值在实务层面的体现。"即同理、助人、怜悯、救济、正义、福利。③ 社会工作伦理应是社会工作者的职业操

---

① 〔美〕格林顿、戈登、奥萨魁：《比较法律传统》，米健、贺卫方、高鸿均译，中国政法大学出版社，1993。
② 范进学：《论道德法律化与法律道德化》，《法学评论》1998年第2期。
③ 王思斌：《社会工作导论》，北京大学出版社，2011。

守，也是其在实际工作中应遵守的准则和规范，它也因其重要性而被喻为社会工作的灵魂。

社会工作伦理在社会工作立法中非常重要。第一，任何立法都应当秉承一定的伦理道德理念。"立法者就必须在立法过程中从伦理角度准确地把握立法原则的道德内涵，充分顾及社会的价值理念，并认清伦理价值的异化及归同的伦理进路，以全面凸显社会的正义、平等、自由及其共同利益。"[1] 同理、助人、怜悯、救济、正义、福利等，这些在社会工作当中必须遵循的道德理念，也应当同样地体现在有关社会工作立法中，立法者立法时要秉承这些道德理念。有学者认为"社会工作立法理念是社会工作立法所要遵循的立法精神或者指导思想"，并将其归纳为实质正义、福利、社会本位、专业性、依法立法等方面。[2] 这些理念中其实很多就是伦理价值层面的。如前所述，社会法应是我国社会工作立法的基本属性，以实质正义、福利、社会本位为价值理念，有利于保障我国社会工作立法的上述属性。"不同的立法价值理念，不仅影响到对特定立法之必要性的认识，而且，对特定立法的宗旨及其终极关怀都将产生举足轻重的影响。"[3] 第二，社会工作伦理已是社会工作的准则和规范，社会工作立法是对这些准则和规范的强化。道德与法律在约束力和强制性上差异显著，前者靠社会舆论、习俗和人们的信念维系，而后者则靠警察、法庭等国家强制力实行，即前者是"自律"，后者则是"他律"。社会工作伦理在社会工作中虽然作用重要，但我国社会工作起步较晚且发展较慢，社会工作机构的行为及其内部管理不规范，在实践中已经引起了很多较严重的问题。这些问题仅靠社会工作伦理来规范并不够，而社会工作伦理的约束力和强制力也不强，无法很好地约束社工行为和管理社工机构。因此我们只能通过"道德法律化"的方式，将对社工和机构的伦理要求变为法律要求，发挥社会工作立法强制性和约束力的作用，才能

---

[1] 李建华：《法律伦理学》，湖南人民出版社，2006。
[2] 张昱、杨超：《论社会工作立法理念》，《福建论坛》2013年第6期。
[3] 江国华：《立法：理想与变革》，山东人民出版社，2007。

起到约束社工行为和管好机构的作用。"依法确立社会工作者行为守则和道德准则,并以法律法规或规章制度形式加以规范,使其具有强制性特点,是保障社会工作有序、长效发展的需要。"① 有些西方国家已颁布了《社会工作者法》及社会工作机构管理方面的法律法规,用法律的形式实施对于社工和机构的管理,收效甚佳,这也对我国社会工作立法颇有启示。第三,社会工作立法也是社会工作伦理的底线。因此,"我国的社会工作组织和社会工作者必须坚持法律法规框架内的社会工作专业伦理,必须在法律法规允许的范围内开展职业活动。"②

(三) 现有社会政策的法律化

社会政策是现代社会的主要控制手段。"根据社会运行中出现的具体情况制定社会政策,是社会控制的手段之一。"③ 通常而言,社会政策是指"政府或其他组织在一定社会价值的指导下,为了达到其社会目标而采取的各种福利性社会服务行动的总和。"④ 社会政策在现代社会工作中居于重要位置。它如前所述既是社会工作的重要方法,也是社会工作行动的指导方针和最高原则,目前我国社会工作主要依靠社会政策调整。社会政策这种调整方式固然有灵活等优势,但也存在不稳定、不规范、效力弱等劣势,而实现其法律化,则能较好地弥补这些不足。与原有的社会政策相比,"法律化的社会政策更具规范性"、"法律化的社会政策更具强制力"、"法律化的社会政策更具持久性"。⑤ 因此法律化也将成为社会政策的发展趋势。社会政策法律化也是社会工作发展的需要。如前所述,法治即意味着社会生活都应纳入法制轨道,作为社会管理方式的社会工作也不应例外。社会管理是政府最为重要的公共管理职责,社会政策则是政府最重要的公共管理手段。为了"使国家或政府的政治行为不

---

① 方曙光:《我国当前社会工作立法的探究》,《黑龙江史志》2009 年第 2 期。
② 袁光亮《我国社会工作立法思考》,《理论月刊》2011 年第 7 期。
③ 郑杭生:《社会学概论新修》,中国人民大学出版社,1999。
④ 关信平:《社会政策概论》,高等教育出版社,2009。
⑤ 陈信勇:《法律社会学》,浙江大学出版社,2007。

偏离既定的轨道,防止为满足某个领导的喜好而使社会政策发生变化,防止'公权私用'并尽可能减少腐败现象的发生等,都需要将国家或政府在社会政策实施过程中的行为纳入一定的法治框架下运作,真正做到依法行政。"① 社会政策法律化还有助于社会工作者工作。国外有学者认为"社会政策是社会工作者开展直接服务的法理依据",② 那么法律化的社会政策将使社会工作者开展直接服务的法理依据更加坚实。

  法律化并非社会政策的否定,反而是其延续,因此它有时又被称为延续型的社会政策。"在实践中,有一些社会政策被证明是正确的,并具有长期生命力,为了更好地发挥其规范、引导、约束的作用,将一些效力等级较低的政策形式转化为效力等级较高的法律形式。"③ 其实法律化不仅是社会政策的延续和发展,它也能解决社会政策无力解决的社会问题。社会政策在执行过程中常常遭遇某些阻力,由于社会政策的强制性和权威性比较低,有些人拒不配合甚至抗拒社会政策的执行。这时社会政策的法律化常常就能起到作用。"在这种情况下,社会政策制定者通常会寻求将社会政策法律化的途径,即推动社会政策进入立法程序,通过立法程序使社会政策向法律转变,提高它的权威性,从而在很大程度上扫除社会政策执行的阻碍,达到解决公共问题的目的。"④ 从这个意义上也证明了我们前面的说法:法律特别是社会立法也是社会工作的方法。

  实际上社会政策法律化也是有条件的,并不是所有的社会政策都能够实现法律化。社会政策法律化至少存在四个方面的限度。第一是"先决限度",即法律局限性的存在。法律至上是法治社会的首要特征,但法律并非万能的,而是有局限性的。其主要表现为法律具有天生保守的倾向和难以应变的弊端,也无法全面涵盖和适应已经存在或即将发生的社会现象;其语言模糊而易导致其自由裁量范围的扩大化,还存在着从管

---

① 丁建定:《社会政策概论》,华中科技大学出版社,2006。
② 丁建定:《社会政策概论》,华中科技大学出版社,2006。
③ 丁建定:《社会政策概论》,华中科技大学出版社,2006。
④ 李冬妮:《社会工作政策法规》,中央广播电视大学出版社,2008。

理走向强制、从控制走向压制的潜在危险；此外它还存在着执行的成本问题，而且其实现总要受制于外部条件；等等。法律既然有局限就不能将所有政策都法律化。在社会政策法律化的过程中应合理区分两者界限，从而也给社会政策留出其应有的存在空间。相比社会政策而言法律虽存在着诸多优势，但它在指导性、号召性、教育性、灵活性、具体性及非规范性等方面明显优于法律，从而可在某种程度上弥补法律的不足。第二是"层次限度"，即公共政策的下位性。社会政策与法律虽同为社会事务管理规范，但是两者毕竟在层次上存在着重大的差别。法律是最高的社会规范，而政策则处其下位，将社会政策全盘法律化会混淆两者间的关系，甚至还会导致社会政策对法律的"僭越"。第三是"条件限度"，即全局、稳定、成熟、必要。"只有那些成功的和成熟的社会政策、具有长期稳定性的社会政策以及对全局有重大影响的社会政策才有必要转化为法律。"[①] 第四是其他限度。社会政策法律化还受到其他因素的限制。人们对政策立法必要性的认识，社会心理的承受能力以及民众的政治支持，社会各政治主体、利益集团以及其他国家机关甚至新闻媒介，对社会政策的法律化都有极其重要的影响。[②] 通过社会政策的法律化进行社会工作立法，并不是要社会工作立法全面替代社会政策，而只是将符合条件的社会政策上升为法律。

四　关于我国社会工作立法的若干预想

我国社会工作近年来的发展亟待相应立法，这在我国社会工作界已形成普遍共识。某些省份已在进行这方面地方性立法尝试，而全国性社会工作立法进程依然缓慢。这种状况固然与我国社会工作不发达有关，但也与我国社会工作立法理论研究落后有关。"国内专业社会工作的实践尚无太多经验可以总结，关于社会工作的理论研究成果尚储备不充分，

---

① 刘庆龙、韩树军：《中国社会政策》，河南人民出版社，2002。
② 屈振辉：《试论公共政策法律化的限度》，《兰州商学院学报》2007年第6期。

特别是社会工作立法方面的理论研究仅'悄然拉开帷幕'。"① 实际上我们并不能因我国社会工作不发达,就误认为我国社会工作立法进程还可延缓,而应通过加快立法来促进我国社会工作的发展。"发达国家和地区的社会工作发展经验表明,专门的社会工作法律法规,可以极大地促进和规范社会工作职业的发展。"② 为此笔者提出了以下三方面的预想。

(一) 社会工作的基本法应当优先制定

正如本文在第三部分所介绍的那样,世界上很多国家都制定了社会工作相关立法,但是各国的立法模式不尽相同。有些国家以社会工作者为中心展开立法,例如加拿大萨斯喀彻温省和新斯科舍省的《社会工作者法》、菲律宾的《公共社会工作者法》、奥地利的《社会工作人员法》和日本的《社会福祉士及护理福祉士法》等;有些国家以社会工作职业为中心展开立法,例如加拿大阿尔伯塔省的《社会工作职业法》、安大略省的《社会工作及社会服务工作法》、马耳他的《社会工作职业法》等;还有些国家并没有专门性的社会工作立法,而是将其作为其他社会立法当中的一部分,例如韩国的《社会福利事业法》和瑞典的《社会服务法》中的相关条款。有学者将其称为社会工作立法的三大模式,即集中立法、分散立法和附属立法模式。③ 基于对国外社会工作立法模式的上述划分,有学者认为我国社会工作立法应以社会工作职业为中心,即首先制定有关社会工作者的法律法规。"目前,最需要的就是制定一部规范管理社会工作者的法律法规。"④ "当前应该首先制定社会工作师法的专门法律。"⑤ 我国应当制定社会工作的基本法,即《社会工作法》,并将其置于立法最优先的位置。《社会工作者法》并不足以涵盖社会工作。社会工作者在社

---

① 竺效、杨飞:《境外社会工作立法模式研究及其对我国的启示》,《政治与法律》2008年第10期。
② 袁光亮:《我国社会工作立法思考》,《理论月刊》2011年第7期。
③ 竺效、杨飞:《境外社会工作立法模式研究及其对我国的启示》,《政治与法律》2008年第10期。
④ 王云斌:《社会工作立法框架建构研究》,《社会福利》2012年第8期。
⑤ 方曙光:《我国当前社会工作立法的探究》,《黑龙江史志》2009年第2期。

会工作中虽处于主体地位，但它并不能涵盖社会工作的全部内容。社会工作领域中某些亟待立法解决的问题，如社会工作机构管理和政府社会工作职责，就不适合在《社会工作者法》中进行规定。社会工作机构在社会工作中也很重要，以《社会工作者法》为名的社会工作立法，就不适合将社会工作机构的内容涵盖其中。如果我国首先制定的是《社会工作者法》，那今后恐怕还要制定《社会工作机构法》，甚至要制定涉及社会工作其他方面的立法。这样社会工作立法也就失去了其涵盖性，从而不符合立法应遵从的最大概括性原则。但通过制定《社会工作法》这样的基本法，可以将社会工作的各方面内容涵盖其中，并且起到统领我国社会工作发展的作用。我们这个观点也是与有些学者不谋而合的："应将制定一部属于集中立法模式的《社会工作法》作为我国社会工作立法的最终目标"[1]；"我国社会工作立法应该以制定集中立法模式的《中华人民共和国社会工作法》为最终目标。"[2]

有学者认为我国未来"社会工作立法包括主体立法、事业立法和受助群体利益保护立法三个部分，"[3] 其中前者基本上是有关社会工作者的规定；而后两者主要涉及我国社会工作各领域，但在这些领域我国已有民政法规在进行调整。除非现有民政法规存在空白或已不合时宜，否则不宜用社会工作立法对其进行立改废，这样不仅徒增立法成本且易导致法律冲突。他还在事业立法和受助群体利益保护立法中将社会保障法的内容，如社会保险、社会救助、社会福利、社会优抚囊括其中，从而混淆了社会工作立法和社会保障立法。因此这样的立法框架除前者外基本不可取。我们认为作为未来我国社会工作的基本法，《社会工作法》至少应包括以下几部分内容：总则、社会工作者、社会工作机构、政府社会工作职责、社会工作行业协会、法律责任、附则。其中总则部分主要阐

---

[1] 竺效、杨飞：《境外社会工作立法模式研究及其对我国的启示》，《政治与法律》2008年第10期。
[2] 袁光亮：《我国社会工作立法思考》，《理论月刊》2011年第7期。
[3] 王云斌：《社会工作立法框架建构研究》，《社会福利》2012年第8期。

明立法的目的和依据，以及其基本原则、效力和使用范围等问题。社会工作者部分应明确其职业的法律地位，及社会工作者应享有的权利和承担的义务，其中义务部分应是社会工作伦理的法律化，即将对社工的道德要求上升成为法律要求。社会工作机构部分应明确社工机构的性质，并对社会工作机构的设立、运作及其终止做出详尽规定，旨在规范社工机构行为。随着我国特别是沿海省份社会工作的发展，目前我国社会工作机构数量也在快速增长，但我国没有对其进行管理的法律法规，社会工作机构运作存在很多不规范的地方，从而也导致了整个社会工作市场的某些混乱。在我国社会工作立法中设立机构管理专章，设立社会工作市场准入和退出的法律机制，使社会工作机构管理有法可依、有章可循。"社会工作法律应当包括社会工作组织方面的法律，以法律的形式规定社会工作组织的社会地位、运行方式等相关内容，从而促进社会工作向独立性、法人性、非政府性、非营利性方向的发展。"[1] 政府社会工作职责部分旨在明确政府职责。在现代社会中，"社会工作已成为国家的责任和政府行政的组成部分，它通过发挥政府社会工作的责任和功能，把社会政策转化为社会工作实践，并组织、领导、管理社会工作的顺利进行。"[2] 换而言之，政府在社会工作方面负有不可推卸的责任，而其购买服务则是我国社会工作的主渠道。而目前我国有些地方性政府对此认识不清，不愿拿出该拿出的资金购买社会工作服务，这也是这些地方社会工作发展缓慢的要因。故应通过立法形式明确政府社会工作职责，并将政府购买服务在其中明确地予以规定。社会工作行业协会"从性质上说是作为政府与社会工作机构之间的桥梁、对社会工作机构和社会工作者利益维护的社会组织。"[3] 它在我国社会工作的发展中具有重要作用，因此必须通过立法形式明确其地位和职责。法律责任部分主要是对政府、社会工作者以及社会工作机构的违反法律行为进行制裁。附则部分主要是对与

---

[1] 方曙光：《我国当前社会工作立法的探究》，《黑龙江史志》2009年第2期。
[2] 宋林飞：《社会工作概论》，南京大学出版社，1991。
[3] 彭善民：《上海社会工作机构的生成轨迹与发展困境》，《社会科学》2010年第2期。

本法相关的问题做出规定。这就是我国社会工作立法应有的基本架构。

(二) 尽快推动国家层面统一立法的出台

我国幅员辽阔,各地经济社会发展不平衡,这导致了各地社会工作的发展有快有慢,通常沿海省份发展较快内陆省份发展较慢。这导致了各地对社会工作立法的需求不同,通常沿海省份较为迫切内陆省份不太在意。如前所述,立法对社会工作的发展具有重要推动作用,但因我国目前还缺乏国家层面统一的立法,所以某些社会工作发展较快的省份或地市,例如广东、浙江、北京、上海及深圳等地,都在寻求通过地方性立法形式加快其进程。特别是深圳作为我国社会工作发展的前沿,在社会工作立法方面更是走在全国的前列。"为将深圳社会工作纳入法制化和规范化轨道,推动深圳社会工作健康深入发展,深圳将社会工作立法项目列入 2009~2010 年全市立法计划,拟定名称为《深圳市规范和促进社会工作办法》,拟以深圳市政府规章形式出台。"① 广东省也将社会工作者立法提上了议事日程。② 这些地方性社会工作立法的呼声此起彼伏,也有力地推动了全国性社会工作立法的进程。

我国社会工作立法应采取统一的立法模式,尽快制定《中华人民共和国社会工作法》。采取这种立法模式的主要理由有三个。第一,世界上大多数国家都采取了这种立法模式。尽管加拿大和美国都有社会工作地方性立法,各省(州)社会工作立法名称内容也各异,但这主要是其尊崇英美法系的传统所致。我国是单一制国家理应保持内部法制统一,社会工作立法不宜采用地方性立法的形式。第二,地方性立法的形式不利于我国社会发展。目前我国各地社会工作发展不平衡的局面,主要是由于我国各地经济发展不平衡。如前所述,社会工作立法本具有促进社会和谐的作用,然而如果将这方面的立法权赋予各地的话,那么各地社会

---

① 张小玲:《社工机构连续三年不合格,退出深圳拟对社会工作立法,现正公开征求修改意见》,《南方都市报》2010 年 1 月 4 日。
② 李强:《社会工作者立法提上了议事日程》,《南方日报》2010 年 5 月 25 日。

工作发展的差距也将被拉大,这也将导致各地的社会发展更加不平衡,是不利于整个中国社会实现和谐的。"法律是寻求正义的科学,一个最重要的方面就是公平正义和平等,如果各个地方有不同的社会工作法律法规,不仅构成资源的巨大浪费,更重要的是造成了不平等,使全体公民的基本人权不能得到保证。"① 第三,地方性立法的形式还浪费国家立法资源。"在现实生活中,一部立法可能耗时几年甚至十几年,或是造成大量立法资源的消耗,最终形成的却很可能是一部'奢侈的法律'。制定'良法',需要我们在立法过程中注重立法成本的节约"。② 社会工作立法就其本性而言应是"良法",因此就更需要注重立法成本的节约问题。时至今日,我国地方性社会工作立法都仍处于规划阶段,而这也从侧面反映出社会工作立法的难产。与其各地在社会工作立法上各自为政,还不如集中全国这方面立法资源统一立法。因此统一性社会工作立法在我国非常必要。"统一立法,立法权统一由中央行使,社会工作由一部统一的法典来加以规范是解决这种不平等、维护社会公平正义的唯一方式。"③ 但我国社会工作立法应该先制定基本法,还是如前所说的制定一部"统一的法典",我们在总体上还是持先制定基本法的观点。我们持这种观点的主要理由也有三个。第一,制定"统一的法典"模式的社会工作立法,不仅需要耗费巨大的立法成本且时间漫长,因此对我国而言只是美好的理想而不现实。而尽快制定《社会工作法》这样的基本法,则能够满足我国社会工作迅速发展的需要。第二,社会工作只是整个社会事务中的一个部分,对此不宜采用制定法典的形式来进行调整。社会工作法就性质而言应纳入社会法典中,从而作为社会法典的一个组成部分而存在。奥地利社会工作立法就在《社会法典》中。第三,在我国制定"统一的法典"模式的社会工作立法,势必要涉及对现行民政法规的立改废,这更是规模浩大而且系统的复杂工程,而我国社会工作发展的需要已是时不我待。

---

① 方曙光:《我国当前社会工作立法的探究》,《黑龙江史志》2009年第2期。
② 刘少军:《立法成本效益分析制度研究》,中国政法大学出版社,2011。
③ 方曙光:《我国当前社会工作立法的探究》,《黑龙江史志》2009年第2期。

(三) 路径上应坚持专家参与与公众参与并重

专家参与与公众参与是现代立法的两种路径，也是我国在社会工作立法之时需要考虑的。前者是指在某个需调整的社会生活领域中，由该领域内具有专门知识、专门技能的人，参与调整这些领域的法律草案的制定过程；后者则是指全体民众都参与了立法过程。公众参与是一种较为古老的立法生成路径，但随着现代社会生活日益复杂化和专业化，专家参与甚至是专家制定至少是草拟法案，已经成为现代社会立法生成的主要路径。

在社会工作立法之中专家参与和公众参与，这两种路径不仅都有必要而且各有所长。说到专家参与这里不仅包括立法专家参与，还包括社会工作领域专家学者的参与；后者中既包括理论专家也包括实践专家，即高校教学、科研人员和一线社会工作者。立法本身是一项技术性非常强的法律工作，这意味着立法专家必然要参与到其过程中。在社会工作立法之中专家参与有很多优势，它能保证立法的公正、正当、合法和科学，保证立法具有可行性、可操作性和规范性，从而保证该法的体系化和内部和谐、统一。[①] 但社会工作毕竟是一种专业化的助人活动，具有自己独有的价值观、理论和工作手法。这是包括立法专家在内的很多不直接接触社会工作的人，甚至社会工作服务的对象都难以理解的。这时就需要社会工作专家、学者参与立法，从而能够保证立法在该领域中的专业性。社会工作立法就此而言具有两方面专业性，即立法上的专业性和社会工作上的专业性，我国未来社会工作立法应注重这两者的结合。与此同时，社会工作立法还应多吸纳社会工作者参与。他们具有较丰富的基层社会工作实践经验，在实际中遇到过很多具体的社会工作问题，也有很多对这些问题的智慧性的解决之道。这些都应当及时地吸纳到社会工作立法中，从而使立法更具有可操作性且能解决问题。我国目前很多地方性社会工作立法调研，都是在当地社会工作者中所进行和展开的，

[①] 布小林：《立法质量研究》，红旗出版社，2002。

这就是社会工作立法之中的实践专家参与。① 当然，如果仅仅是专家参与立法甚至是专家立法，也存在难以表达民众意愿等诸多弊端，因此专家参与必须与公众参与密切相结合。"公民参与立法是保证立法民主的重要制度途径。"② 事实上社会工作立法并不像很多专门立法，后者往往局限在比较窄的专业性领域当中，从而远离人们的生活，人们也不常触及；而社会工作却与人们的社会生活密切相关，而且社会越是发展，这种关系越是密切。广大社会公众是社会工作主要的服务对象，其对社会工作服务质量等问题具有发言权，因此社会工作立法时必须要注重公众参与。

具体而言，我们认为未来我国在制定社会工作立法时，似乎也可以采取这样的立法草案形成路径，即由立法部门召集立法专家和社会工作的专家，组织或者委托他们草拟立法的专家建议稿；然后由民政部门面向社会工作者征求意见，同时也由立法部门面向社会公众征求意见，从而形成对于立法草案修改的意见和建议。在必要时，还可由民政部门组织在社会工作者中调研，从而形成社会工作立法的实践专家建议稿。将两个专家建议稿合二为一，再交由立法部门面向社会公众征求其意见。这样才能实现专家参与与公众参与的结合，也才能制定出科学专业和民主公正的立法。

五 结论与展望

进入 21 世纪后我国社会建设正在逐步加快，社会发展的现实需要呼唤社会工作的发展，也使我国社会工作立法被提上了日程。然而，我国社会工作立法也面临很多困难，诸如我国社会工作不发达而且发展不平衡，社会工作立法理论研究仍非常落后等因素，都制约着我国社会工作

---

① 谢泽宪：《广东地区社会工作立法需求状况调查及立法路径建议》，中国社会出版社，2008；曲玉波、曾群：《我国社会工作者的立法需求与路径选择——来自北京、上海、广州地区综合的调查》，上海社会科学院出版社，2010。

② 莫纪宏：《论立法的技术路线——专家立法在立法公民参与中的作用》，《广东社会科学》2009 年第 4 期。

立法的发展进程。为此,我们要站在构建社会主义和谐社会的高度,视法律特别是社会立法为社会工作的方法,用立法形式促进我国社会工作行业的发展。在这个过程中,我们要充分认识到社会工作立法的社会性,并要妥善处理好其与现有民政法规的关系;还要注意到我国社会工作立法的三条路径,即借鉴甚至移植西方国家的社会工作立法,在社会工作伦理法律化的基础上形成立法,在现有社会政策法律化的基础上形成立法。可以预见,未来我国社会工作立法应优先制定基本法,并要制定具有全国统一性的社会工作立法。

我国的社会工作立法工作任重而道远,我们深知自己的研究只能涉及一隅,还有很多值得研究的地方需要进一步探索。"路漫漫其修远兮,吾将上下而求索",我们将在今后的研究当中继续关注该问题。

Research on Related Problems of Legislation of Social Work in China

Qu Zhenhui

Abstract: There is a close relationship between law and social work. Law is both the important ways of social work and the means of development to promote the social wok industry. The social wok industry has developed rapidly in recent years but the related legislation lag behind greatly that it has become the bottleneck of the development of the social work industry in our country. For this reason, to spend up the progress of legislation in this field will promote the development of social work in our country. Since the legislation of social wok lag behind, the study in the field has also been neglected. This paper takes legislation of social work as its subject and engaged in the related studies.

Keywords: Social work; Legislation; Construction of harmonious society

风险社会及其他问题研究

论"风险社会"与"社会风险"的刑法应对[*]

申 纯[**]

摘 要：近年来，源于社会学的"风险社会"理论对刑法学的基础理论产生了较大冲击，但在当前中国，所谓的'风险社会"并未到来，其实质只是"社会风险"的加剧。刑法面临不断增加的"社会风险"，应坚持有所为有所不为，对于传统的社会风险，应当在坚守刑法的基本立场和基本原则的基础上，积极予以应对，而对于现代科技进步所带来的现代性风险，应保持刑法的消极保守立场，防止刑事法网的不恰当扩张。

关键词：风险社会；社会风险；刑法发展

科学技术的创新极大地改变了人们的生活方式和工作方式，各种现代科技的应用，使社会个体成员能更广泛和更深层次地参与社会生活，当然，这也会产生一定的副作用，在犯罪领域，主要表现在两个方面。一方面，新的科技手段不断被犯罪分子应用于传统的犯罪领域，为这些犯罪的治理和控制带来新的难题，比如随着计算机和互联网技术的发展，各种利用计算机网络而实施的盗窃、诈骗犯罪层出不穷，而网络上的

---

[*] 本文为2015年湖南省教育厅科研优秀青年项目"刑事法治与公众规范意识引导研究"（项目编号：15B016）的阶段性研究成果。

[**] 申纯，男，湖南邵东人，长沙理工大学文法学院讲师，博士，主要从事刑法学研究。

"虚拟财产"是否可作为刑法中侵犯财产罪的犯罪对象,需要刑法对此作出解释。另一方面,科学技术的发展为人类带来便利,降低了人类遭受自然灾害侵袭的风险的同时,也带来了新的社会风险,比如环境污染、核辐射等,如何应对社会风险的问题已经在社会学和哲学领域展开了广泛的讨论,其中以"风险社会"理论为主要代表观点,这也成为推动刑法理论发展的新的动力。

一 "风险社会"的理论脉络梳理

谈到社会风险,很多人都自然会联想到新近的一个热门词语——"风险社会","风险社会"作为一种新兴的理论,对社会学、伦理学、法学都造成了较大的影响,因此我们在这里有必要先厘清"风险社会"的理论脉络及其内涵。

风险社会,这是一个来自社会学的概念,社会学家们从各自不同的角度对"风险社会"进行了解读,形成了多种风险社会的理论。

(一)现实主义的"风险社会"理论

这是一种以"新风险"理论为代表的"风险社会"理论,认为所谓的"风险"是指有别于传统风险的新的现代化风险,这些风险有的来自科技发展的副作用,比如核危机、环境危机,有的来自社会制度所存在的弊端,比如极权主义、种族歧视、贫富差距扩大等。[1]

(二)文化意义上的"风险社会"理论

这种观点认为,"风险社会"的到来是人类风险意识和风险认识水平不断提高的结果,许多过去实际存在但人们并未予以关注的风险得到了重视,而事实上社会风险较之过去并没有显著的增加,"在当代社会,风

---

[1] 杨雪冬等:《风险社会与秩序重建》,社会科学文献出版社,2006,第27页。

险实际上并没有增多,也没有加剧,相反仅仅是被察觉、被意识到的风险增多和加剧了。"① 与此同时,人们发现自己身处风险之中却毫无应对之策,往往表现出非理性的过度反应,"以至于对个人来说,明确在什么情况下应该信任特定的系统或体系,在什么情况下应该中止这种信任,是极为困难的事情"。② 这种理论实际上是在对第三种也就是制度主义的"风险社会"理论的反思及批评中形成的。

(三) 制度主义的"风险社会"理论

这是影响最大的一种风险理论,我国学者们所讨论的"风险社会"理论主要指的就是以德国学者乌尔里希·贝克为代表的这种理论。贝克以生态环境与科学技术的关系为切入点,把风险首先定义为现代科学技术对环境所产生的威胁,"风险首先是指完全脱离人类感知能力的放射性、空气、水和食物中的毒素和污染物,以及相伴随的短期和长期的对植物、动物和人的影响"③,并得出结论,面对风险社会,"科学和法律制度建立起来的风险计算方法崩溃了。以惯常的方法来处理这些现代的生产和破坏的力量,是一种错误的但同时又使这些力量有效合法化的方法",然后他以"风险"这一概念为核心,使之与反思的现代化理论联系在一起,从而抽象出一个具有普遍意义的概念,以提示现代化对人类产生的影响,提倡通过对社会制度和规范的重构来积极应对风险社会,这就是所谓的"再造政治"。

二 "风险社会"与"社会风险"

通过以上对各种"风险社会"理论的比较分析,我们可以看出,社

---

① 李惠斌:《全球化与公民社会》,广西师范大学出版社,2003,第291页。
② 〔英〕安东尼·吉登斯:《现代性的后果》,田禾译,生活·读书·新知三联书店,2000,第130页。
③ 〔德〕乌尔里希·贝克:《风险社会》,何博闻译,译林出版社,2004,第19页。

会学家们所指的"风险社会"是有其特殊的含义的,"风险社会"并不能简单地等同于"有风险的社会"或"风险增加的社会"。自有人类社会以来,我们就面临着各种"风险",这些风险有来自自然界的,如洪水、地震、海啸等,也有来自人类社会的,如战争、犯罪等,但是社会学家们所指的"风险社会"中的风险显然不完全是指这些传统的风险,否则,"风险社会"理论也就失去了其特殊的研究对象,没有了存在的价值。其实,无论哪种"风险社会"理论,其所指的"风险"都是与传统风险相区别的,是一种能使人类社会的基本生存方式以及社会制度产生根本性变革的力量,其具有以下的基本特征。

第一,风险的人为性。如果说传统的风险更多的是源于人类认识的局限性和自然法则的偶然性,风险社会的风险则主要源自人类自身的实践,尤其是产生于科技进步所带来的副作用,"这些具有毁灭性的全球风险不是现代化失败的产物,而恰恰是现代化成功的结果,现代化的自反性便在于此。"

第二,风险的难以预测性。虽然风险都是指向未来的,是未知的、不确定的,但是传统的风险"来临的可能性却可以以过去事件为基础来推断和计算"[1],比如说长期在有毒有害环境中工作会有得某种职业病的风险,这种风险是可以依据经验对工作环境进行评估并作出有效预防的。但是风险社会所引发的风险已经"侵蚀并破坏了当前由深谋远虑的国家建立起来的风险计算的安全系统"[2],是无法预测、无法防卫的——谁也无法推断并计算出现代社会核工业、遗传工程的发展及应用在未来会给人类带来何种危险,这种危险又会在何时以多大的能量释放出来。

第三,风险的全球性。"风险社会是具有普遍性的一种社会现象,是人类在走向现代化和迈向全球化时所遭遇到的共同问题"。[3] 目前,人们

---

[1] 〔英〕芭芭拉·亚当、乌尔里希·贝克、约斯特·房·龙:《风险社会及其超越:社会理论的关键议题》,赵延东、马缨等译,北京出版社,2005,第10页。

[2] 〔英〕芭芭拉·亚当、乌尔里希·贝克、约斯特·房·龙:《风险社会及其超越:社会理论的关键议题》,赵延东、马缨等译,北京出版社,2005,第10页。

[3] 张恩明:《风险社会理论相关研究文献概述》,《探求》2008年第1期。

所面临的风险已经不是某一国家或地区特有的,而是全人类必须共同面对的一个普遍的世界问题。虽然,风险社会首先是由少数率先走向现代化的国家引发的,但是由于人类生存环境的整体性和全球化进程的加速,世界已经处于普遍联系之中,任何局部的风险和问题都有可能放大为全球的风险和问题。事实证明,发达国家通过将部分落后产业转移到发展中国家,试图避免由此带来的对生态环境的破坏,但全球化的影响却让"杀虫剂通过水果、可可和茶叶回到他们高度工业化的故乡。"[①]

第四,风险的系统性。风险社会的风险是系统性的风险,不是由某一单独因素所引起的,而是伴随着社会发展进步而长期累积的各种社会矛盾的集中体现,错综复杂而又彼此牵连,一旦爆发必然会引起内部的连锁反应。所以,风险社会表现为一种"社会性的危机状态""是各种社会矛盾交织的结果,是各种自然和社会张力积蓄、发展的结果",[②] 防范和化解风险,不是单纯从某一方面入手就能够解决的,它不仅需要全球合作,而且需要系统性、制度性地进行化解。比如,作为传统风险的交通事故,可以通过购买意外保险的方式来进行防范,但是工业污染对生态环境的毁灭性的破坏却不是任何保险制度所能解决的。

第五,风险的强大破坏性。风险社会的风险较之于传统社会的风险,具有极大的破坏性。而且风险根植于社会根本制度之中,所以这种风险也是无法预见的,同时也难以采取有效的预防措施。风险不是孤立存在的,而是系统性的,所以一旦集中爆发,其影响范围极广,人们面临这种局面时往往措手不及,无能为力。而且,如果风险不能及时解除,它会继续积蓄能量等待下一次的爆发,从而给人类社会造成更大范围、更大程度的破坏。一起核电站的核爆炸事故所造成的破坏极大,其后果甚至需要几十年的时间才能完全显现出来,是人类的"不可承受之重"。

由此可见,"风险社会"的风险,是科技发展所带来的"潜在副作用",是人类现代化成功的产物,相对于传统社会中的风险而言,"风险

---

① 〔德〕乌尔里希·贝克:《风险社会》,何博闻译,译林出版社,2004,第49页。
② 张恩明:《风险社会理论相关研究文献概述》,《探求》2008年第1期。

社会"的风险我们可以称之为"现代性风险"。这两类风险也是现代社会中"社会风险"的两种基本样态,两者无论是从来源、可预测性、复杂性还是破坏性等方面都有着质的区别。正如"风险社会"理论的主要创始人贝克所言,两类风险具有"世纪性的差别"。具体而言,"传统社会的事故型风险可以在古典工业社会背景下,通过既有的制度和技术手段得到控制,福利国家创造的保险制度、法律制度等都服务于这一目标,而核风险、基因风险、生化风险这些系统产生的可能带来全球性灾难的未知风险,无法在古典工业社会的框架内得到有效控制。"[1]

分析到这里,我们基本上可以对风险社会进行一个简单的描述,"风险社会"是人类社会高度工业化、现代化的结果,其主要特征有两个方面。首先,社会风险的主要方面已经由传统风险转向现代性风险。当然,这并不是说随着风险社会的到来,传统风险就消失了,而是随着科学水平和社会制度的不断进步,人类对传统的风险已经有了充足而完备的应对手段,传统的风险对人类的影响基本在可控制的范围之内。与此同时,现代性风险已经对人类社会的生存和发展造成了直接的威胁,人们关注的重心不得不从传统风险转向现代性风险。其次,风险成为重新构建社会制度的核心力量。由于风险类型的转变,传统社会中的风险控制模式如保险制度、法律制度等无法应对现代性风险所带来的负面作用,整个社会制度都会因为风险社会的到来而受到冲击,"对生活的自然状况的侵犯成为对人的全球性的社会、经济和健康的威胁——这伴随着完全新型的对高度工业化的全球化社会的社会和政治制度的挑战。"[2]

三 当前中国社会的风险形态解读

中国是否已经进入了风险社会呢?这是一个涉及社会学、哲学和伦理学的宏大命题,碍于知识的局限性和文章的篇幅限制,本文对此不做

---

[1] 南连伟:《风险刑法理论的批判与反思》,《法学研究》2012年第4期。
[2] 〔德〕乌尔里希·贝克:《风险社会》,何博闻译,译林出版社,2004,第98页。

过多的阐述。但通过比对风险社会的基本特征，可以得出一个基本的判断是，中国目前至少没有全面进入社会学家所描述的"风险社会"。

中国社会目前所面临的风险形态仍然是以传统风险为主。这并不是说现代性风险在中国所造成的真实影响会小于传统风险，事实上，环境污染等现代性风险在中国正日趋严重，但相对于更具有紧迫性和现实性的传统风险，现代性风险还远远没有达到对社会结构造成根本性的影响的程度，反而是矿难、交通事故、建设工程事故等传统类型的风险几乎时刻都在发生，并使社会遭受重大损失，因此无论是社会还是个人所关注的都是如何防范传统的社会风险，这些都是在现有的社会制度的框架范围内来进行解决的。因此，在目前的中国，"风险"不可能成为社会的基本特征，也没有必要对社会基本制度进行重新构建来应对"风险"。

四　社会风险的刑法应对

（一）"风险社会"理论对我国刑法理论的影响

"风险社会"理论进入我国以来，引起了较大的关注，在刑法学界，风险社会及由此而衍生出的"风险刑法"（安全刑法）理论成为热门的讨论话题，各种与此相关的研讨会也层出不穷。但是，刑法应当如何应对"风险社会"，是否有必要重构"风险刑法"，学者们的态度并不一致，大致有以下几种观点。

1. 肯定说

对"风险刑法"持肯定态度的学者，大多基于风险社会的理论，认为我国目前已经进入"风险社会"，因此刑法有必要对此作出积极应对。当代社会的风险性使得刑法变成管理不安全性的风险控制工具，风险成为塑造刑法规范与刑法理论的最重要的社会性力量。[1] 在风险社会的逻辑

---

[1] 劳东燕：《刑法基础的理论展开》，北京大学出版社，2008，第11页。

支配下，一种新的刑事法律体系和一种新的刑法理论应当而且必须建立，风险社会呼唤并促成风险刑法的诞生。①《刑法修正案（八）》中，增设了危险驾驶罪，同时对销售假药罪、重大环境污染事故罪等进行修改，变实害犯为危险犯，降低了入罪门槛，刑法保护机能的发展呈明显扩张趋势，风险社会理论似乎正好契合了刑法的这一发展趋势，提倡建立"风险刑法"理论的呼声更是日趋高涨。持"肯定说"的学者也都承认，"风险刑法"以防范风险为主要任务，必然会对传统的"罪责刑法"的基本原则和理论形成突破，那么如何处理"风险刑法"与传统刑法之间的关系成为一个必须面对的问题，对此，又形成了两种观点。

第一种观点为替代说。持这种观点的人认为，传统刑法恪守法益侵害的原则，只能在法益侵害的危险或结果出现以后才能介入，无法满足风险社会中提前对风险进行防范的需要，因此，"刑法从传统刑法向风险社会的安全刑法转向是社会发展的必然。"②"在风险社会下刑法理论需要进行如下调整：刑法体系由罪责刑法向安全刑法转变，刑法机能应以保护社会为主、保障人权为辅，刑罚价值观的侧重点是秩序而不是自由。"③因此，主张在风险社会当中，传统的罪责刑法应当退居幕后，而代之以"风险刑法"。

第二种观点为补充说。大多数赞同风险刑法理论的学者认为，刑法作为一种重要的社会管控手段，对于风险社会的转型应当要积极面对，所以有必要构建"风险刑法"，但是传统刑法并不会由于风险社会的到来而丧失其存在的价值，刑法的主要任务仍然在于规制实害，风险刑法不可能取代传统刑法的主流地位，其最终的定位只是对传统刑法的必要补充，"在风险社会，可以采用传统刑法与风险刑法并存的方式，以弥补传统刑法在功能上的不足和责任追究上的漏洞。"④

---

① 陈晓明：《风险社会之刑法应对》，《法学研究》2009年第6期。
② 赵书鸿：《风险社会的刑法保护》，《人民检察》2008年第1期。
③ 胡莎：《风险社会下我国刑法理论的调整》，《广东广播电视大学学报》2011年第2期。
④ 陈晓明：《风险社会之刑法应对》，《法学研究》2009年第6期。

2. 否定说

对"风险刑法"持否定态度的学者也不在少数，主要是从以下两种思维途径来对"风险刑法"提出疑问。

第一种途径立足于传统刑法的基本原则和立场对风险刑法提出疑问。持这种观点的学者一方面承认风险社会理论有其合理性，但是并不据此就认可"风险刑法"的必要性和合理性，尤其是认为"风险刑法"可能对刑法的一些基本原则造成突破，从而可能导致侵害人权的"风险"，应保持足够的警惕。将防范风险的希望完全寄托在刑法之上，非但不能实现刑法的社会保护之目的，反而可能导致刑法丧失其保障人权的机能，要警惕这种以防范风险为名，行侵害个人权利之实的刑事立法。"刑法乃至刑事政策本身的风险也是我们时刻必须警惕的。"①

第二种途径通过对"风险社会"理论的批评，否认"风险刑法"。比如张明楷教授引入了贝克的反对者们所提出的文化意义上的"风险社会"理论的论点，认为："风险社会并不一定是社会的真实状态……风险是文化或治理的产物。"因此，"将'风险社会'当作一种真实状态，要求刑法对这种所谓的真实状态做出反应就存在疑问"。②

3. 折中说

这种观点首先肯定风险社会的现实性，认为刑法面对社会转型应当做出积极地应对，但同时又指出"如果刑法为了化解'风险社会'的风险而过于扩张甚至突破罪刑法定主义、责任主义等法治刑法的底线，那么同样也是不可取的"，③ 所以，如于志刚教授所主张的："比较恰当的做法是将'风险刑法'理论主张者的若干思考、结论纳入我国传统刑法的理论框架中，取其精华、去其糟粕，并以传统刑法理论的基本价值观念限制其不当功能的发挥。"④

---

① 卢建平：《风险社会的刑事政策与刑法》，《法学论坛》2011 年第 4 期。
② 张明楷：《"风险社会"若干刑法理论的反思》，《法商研究》2011 年第 5 期。
③ 陈兴良：《"风险刑法"与刑法风险：双重视角的考察》，《法商研究》2011 年第 4 期。
④ 于志刚：《"风险刑法"不可行》，《法商研究》2011 年第 4 期。

（二）刑法应对社会风险的立场选择

如前所述，目前中国社会并没有全面进入"风险社会"阶段，但不可否认的是，随着现代社会日益复杂化、科技化、流动化，中国社会所面临的风险也在不断增加，风险类型呈多样化的趋势，既包括传统类型的风险如交通事故、食品安全事件、建设工程事故、群体性事件等，也包括现代性风险如环境污染、核辐射等。那么，面对这些纷繁复杂的社会风险，刑法应当如何应对呢？对这个问题，应当一分为二地来看待。

1. 对于传统风险的增加，刑法应当予以积极应对

传统刑法当中没有"风险"这个词语，与之相近的概念是"危险"，比如"危险犯"、"法益侵害的危险"等。因此，我们首先应当对"风险"与"危险"这两个概念进行辨析。现代汉语词典将"风险"解释为"可能发生的危险"，因此，风险与危险的概念的区别更多是程度上或者说量的区别，风险、危险、损害性的后果，三者之间是呈递进关系的。从刑法学的角度来看这种解释也是恰当的，刑法从处罚结果犯到处罚危险犯，再到"风险刑法"理论所提倡的为了"风险防范"而大量增设"抽象危险犯"，也说明了这种递进关系，其实质体现了犯罪圈的扩大和刑法保护机能的扩张。通过以上分析，可以得到这样一个结论，社会风险的增加，实际上就意味着"法益侵害的危险"增加了，因此，以"保护法益"为目的的刑法也有必要对此做出积极地应对。

但是刑法的这种应对不能突破刑法原有的基本原则，比如根据刑法的"行为主义原则"，对犯罪人处罚的基础在于其犯罪行为，没有表现于外部的思想、内心意思、心情等不能成为刑法处罚的对象。因此，如果为了防范风险而对没有任何犯罪行为只是具备危险人格的人处以刑罚，就违反了"行为主义原则"，这种刑法就被认为是不具有正当性的。

事实上，"风险"伴随着人类社会的发展一直就存在，当代的刑法以及刑法的基本原则也都是在应对风险的挑战中完善和发展起来的，凝结了无数刑法学者的智慧和思想，对风险的考量也并不是一个全新的命题。

至少从目前来看,没有充分的证据能证明现有的刑法体系已经不能应对传统风险的增加,需要颠覆原有的刑法原则和体系来实现防范风险的目的。

2. 对于现代性风险的防范,刑法应当是消极和保守的

几千年来,人们为了应对社会风险早已发展出了一整套完备的制度体系,包括科技的、经济的、政治的、法律的,但是,传统的风险控制体系在面对全新的现代性风险时往往是失效的。事实上,每一个新的核电建设项目被批准,都通过了层层严格的审核,各种各样的安全评估报告对其所可能发生的危险都进行了详尽的分析,但是正是这种小概率但是后果极其严重的"剩余风险"不断累积,造成了我们所面对的"现代性风险"。甚至在一起重大的核泄漏事件发生以后,通过对几个直接责任人员追究法律责任,将事故归责于个别人的疏忽大意,从而掩盖了核工业发展本身所具有的风险,法律反而成了"风险"的"帮凶"。

现代性风险的特征,也决定了刑法并不是防范此类风险的恰当的工具。风险的人为性决定了风险伴随人类的实践活动而存在,无法从根本上进行消除;风险的难以预测性决定了我们很难将风险的发生归责于具体的个人;风险的全球性决定了以国家主权领土为适用范围的刑法不能成为全球统一的风险防控体系;风险的系统性决定了对风险的防范应当依赖于科技、政治、法律等社会制度的系统性的应对,刑法没有能力单独承担如此艰巨的任务。

通过以上分析,虽然我们不能因此而完全否认刑法对防范现代性风险的作用,但我们必须清醒地认识到,在刑法不能有效地防范现代性风险的前提下,冒着可能威胁公民自由和基本权利的危险,提倡"风险刑法"或"安全刑法"的观点是经不起仔细推敲的。

总之,所谓的"不断扩大的社会风险"中的绝大部分其实只是科技变革所带来的副作用,不能片面夸大风险对人类社会及生活方式所产生影响。科技的进步与发展,是人类文明的成果,随着人类文明向更高层次的演进,许多风险必然也被逐渐消弭,但在此过程中,新的风险可能又随之而来，周而复始。因此，如果将化解风险的任务全部寄托于刑法，一方面必然阻碍社会文明的进步与发展，另一方面也会造成刑法所"不能承受之重"，面对风险，刑法既要积极应对，也要坚守其基本品格，做到"有所为、有所不为"。①

Criminal Law' Response to "Risk Society" and "Social Risk"

Shen Chun

Abstract: In recent years, the theory of "risk society" originating from sociology has produced a great impact on the basic theory of criminal law. However, in the current China, the so-called "risk society" is not coming, its essence is only "social risk" intensified. Facing increasing "social risk", criminal law should insist on do some things and leave some things undone. For the traditional social risks, criminal law should respond actively based on the basic position of the criminal law and the basic principles. For modern risk brought out by the modern scientific and technological progress, criminal law should maintain a negative conservative position to prevent the inappropriate expansion of the criminal law network.

Keywords: Risk society; Social risk; Development of criminal law

---

① 齐文远：《刑法应对风险社会之有所为与有所不为》，《法商研究》2011年第4期。

物业管理法律问题研究

戴谋富　李玉林[*]

摘　要：伴随着我国商品性住宅的迅猛建设，物业管理服务行业也出现了繁荣发展的景象。但该行业发展时间较短，制度建设不完善，导致了很多物业管理纠纷的发生，并且难以较好地运用法律条文将问题解决。本文依据我国物业管理公司的发展状况和实践经验，针对存在的问题进行分析，借鉴境外先进的物业管理立法模式，在立法和具体执行方面提出建议，以期更好地解决物业管理服务中出现的纠纷。

关键词：物业管理；业主委员会；立法建议

随着我国经济和房地产行业的迅猛发展，越来越多的小区业主愿意接受物业管理公司提供的物业管理服务，一方面，物业在一定程度上解决了业主的后顾之忧，与此同时，业主和物业管理公司之间由物业管理活动引发的各种服务纠纷问题也变得日益严重起来。物业管理质量直接关系到广大业主的切身利益，甚至影响社会的发展。现行物业管理法律对解决我国日益严重的物业管理纠纷问题还存在大量的空白。2003年国务院颁布实施的《物业管理条例》带有浓厚的公法色彩，2007年出台的《物权法》也只是在"业主的建筑物区分所有权部分"对物业管理法律关

---

[*] 戴谋富，湖南邵东人，长沙理工大学法学院副教授，民商法博士，研究方向为民商法；李玉林，湖南新化人，长沙理工大学文法学院法律硕士研究生，研究方向为民商法。

于各方的权利义务做出了很笼统的规定,而 2009 年《最高人民法院关于审理物业服务纠纷案件具体应用法律若干问题的解释》缺乏可操作性,导致现有的立法资源远远满足不了解决我国日益严重的物业管理纠纷的需求。因此,我们有必要对物业管理纠纷的现状及其成因进行系统的分析,针对我国实践中出现的物业管理纠纷问题,从理论和实践两个层面提出具有可操作性的方案,为完善我国物业管理立法、解决我国物业管理纠纷提供法律参考和建议。[1]

一 物业管理存在的问题及原因分析

随着我国从计划经济时代进入市场经济时代,城镇住房制度也在发生深刻的变化。人们解决住房问题的方式从政府分配转变为商品房的供给。正是这样的改变,为物业管理的发展带来了巨大的契机。物业的发展并不是一帆风顺的,对物业管理的现状进行分析,能够发现很多直接影响群众生活和群众安居的问题。

(一) 物业管理存在的问题

1. 开发商遗留问题

大多数物业管理纠纷并非物业管理公司本身经营能力的问题,而是开发商节省原材料费用导致房屋质量差、开发商挪用业主缴纳的维修资金、过度承诺等遗留问题,开发商通常将责任转嫁到之后的物业管理公司身上,物业管理公司也有苦难言。而物业管理公司一般为开发商的下属单位,根本无能力解决开发商遗留的问题,这对后期的物业管理工作造成了重大的影响。

2. 业主委员会法律地位不明确及监督机制不完善

《物业管理条例》和其他配套法规对作为业主管理组织的业主大会和

---

[1] 仇诚:《物业管理纠纷法律问题研究》,硕士学位论文,沈阳工业大学,2011。

业主委员会的职责有明确的规定,却没有明确业主大会和业主委员会的性质和法律地位。[①] 此外,由于对业主委员会的监督不到位,民主协商的程序被束之高阁,有些业主委员会以代表大多数业主的利益之名,行个人利益之实,损害其他业主的合法利益,引发小区内各种矛盾纠纷。

3. 物业公司与业主双方思想观念错位及协调机制不健全

在实践中,物业管理公司与业主对各自地位定位不准确,业主的立场是服务品质高交费少,而物业公司的立场是多收钱少服务,导致双方在具体的物业管理中不能有效协调管理事项问题,出现纠纷难以得到有效调解,反而激化了双方的矛盾。此外,业主的物业管理消费意识尚未形成,也是导致纠纷的一个因素。物业管理纠纷涉及业主之间、业主与物业服务企业和开发企业之间、物业服务企业与公司事业单位之间、物业管理各方主体与政府之间的关系,较为复杂,这就要求有一套健全完善的协调机制在其中起制衡作用,否则,必将会产生纠纷和矛盾。[②]

4. 物业服务标准模糊及收费标准不公开使服务水平与收费不相符

由于物业管理相关的法规对物业服务的标准规定模糊不清,一些物业管理公司未能摆脱资本逐利的本性,利用法律的漏洞,一味追逐利润,未能按照物业服务合同约定的内容提供相应的服务。然而在物业管理收费定价的时候,既没有征求业主的意见,也未能考虑业主支付物业管理费的经济负担。物业公司低质量的物业服务水平与其收取的物业服务费用不相符,导致业主与物业公司之间发生纠纷。

(二) 原因分析

1. 我国现有物业管理方面的法律法规及立法缺陷

我们国家现有的关于物业管理方面的立法仍然存在一定的缺陷,主要体现在以下几个方面。

[①] 黄国铭:《试论业主大会和业主委员会的法律定位》,《福建工程学院学报》2005 年第 2 期。

[②] 苗玉坤:《物业管理纠纷法律问题研究》,《法制与社会》2011 年第 19 期。

第一，法规规章的内容规定得较不完善。我国物业管理方面的理论体系较不完善，理论根基不扎实，导致在此理论基础支撑下所制定的法规规章在实际运用过程中缺乏可操作性。物业管理活动中的权利义务区分不明确，法律关系定位不恰当，法律责任分担不公平，所以日常生活中总是有一些难点、热点问题影响着物业管理活动的正常进行，影响着物业管理行业的健康、有序发展。

第二，虽然国务院已经颁布了《物业管理条例》，并且全国各地的地方性法规也层出不穷，但我国目前的物业管理法律体系仍然缺乏整体协调性、配套性、互补性，没有一个完整而系统的法规体系，并且由于立法机关职权的局限和经验的缺乏，我国物业管理领域存在大量的"立法空白"和"立法误区"。

第三，我国物业管理方面的立法层次不高。虽然在《物权法》中将建筑物区分所有权作为我国不动产所有权的基本法律制度，但总体上立法层次较低，法律效力的等级不高，这对法律的具体实践有很大的制约性和局限性。

第四，虽然在我国加入世界贸易组织后，我国在制定物业管理法律法规方面在不断地学习和模仿一些国家，但我国现有的物业管理法规规章并没有真正地融合国际理念，所立之法并没有与国际立法上的建筑物区分所有权制度相连。与一些西方国家进行对比，我国的物业管理法律法规的制定始终处在一个不发达的阶段。随着国际竞争对手的加入，竞争局面的不断严峻，立法方面的欠缺势必会对我国物业管理行业的发展造成极大的影响。

目前，我国物业管理在立法方面存在以上不足。在实际活动过程中，相关行政机关并未完全发挥其介入的效力，缺乏相应社会团体的参与，以及业主自治制度难以实践，导致我国物业管理活动存在"有人活动，无人监管"的情况。

2. 缺乏对物业管理公司有效的规范、指导和监督

由于我国目前在配套的法律法规和管理制度方面的欠缺，物业管理公司的经营活动难以规范化、标准化。而对于物业管理公司并不规范、标准的管理行为，法律法规并没有明确规定行政机关应当如何对物业管理公司进行监督和指导。对于行政机关因行政不作为而需要承担的法律责任和社会监督的具体实施等方面，法律法规也未明确作出相应的规定。这就导致物业管理公司的行政监督、社会监督缺失，相应的行政责任、民事责任难以界定。缺乏监督的行为总是难以公平、公正、合情、合理的。因而，一些物业管理公司会做出有损业主合法权益的行为。例如，胡乱收取物业管理费用，不依照合同约定提供物业管理服务等。

3. 业主自身的法律意识、维权意识淡薄

由于物业管理在我国刚刚兴起，一些业主在物业管理方面的法律观念和意识还未建立起来。在与物业管理公司接触过程中，业主总是希望支付最少的费用来换取质量最好的物业管理服务，而对于物业管理本身的问题并不了解，甚至对于自己和物业管理公司之间的权利义务关系也不明确。在遇到物业管理纠纷时，一些业主也不懂得如何合法合理地维护自己的权益，总是容易情绪化地处理问题，从而引发群体性事件、暴力伤害事件。

4. 业主自治制度难以有效地实施

业主自治的主体是实行自治的全体业主，组织是业主大会和业主委员会。根据《物业管理条例》的规定，业主委员会是业主大会的执行机构，主要负责实施业主大会制定的各项决议。我国自1994年开始实施物业管理，并提出应当在实施物业管理的过程中实行业主自治。在这二十多年间，业主自治制度随着我国经济社会的发展而不断发展、完善，但在实际操作中仍然存在着与业主自治有关的各类纠纷，主要有以下两大类：①开发商或物业管理公司操纵业主委员会，引发了业主与业主委员会之间的纠纷；②业主进行自主治理的过程中因操作不当而产生的纠纷，例如业主在选举或者决定重大事项的过程中对实体性和程序性问题产生的争议。

二 境外物业管理立法概况

我国物业管理的发展只有二十多年,在很多方面还很不成熟。特别是在我国加入世界贸易组织后,各国竞争对手的涌入,对我国的服务行业造成了巨大的冲击。想要从根本上改变我国物业管理行业的不利处境,我们必须认真地学习和研究物业管理行业发达的国家在此方面的理论和经验,以此寻求符合我国发展需要的精华。我们要实事求是,理论联系实际,透过基本的现象,寻找更深层次的问题难题,建立起科学、完备的物业管理理论根基和法律体系。

美国是现代物业管理诞生的国家,百余年的发展根基造就了极其深厚的理论基础和丰富的经验。香港特别行政区,因为其具有的中国特色国情和优势的地理位置,一直是内地学习和借鉴物业管理的首要模范。通过比较、分析美国和中国香港地区的物业管理理论和经验成就,希望以此能够找到适应我国物业管理发展的道路。

首先,立法方面。美国作为现代物业管理的诞生之地,物业管理方面的法律法规比较明确地规定了物业、业主双方的权利与义务。特别是对于物业管理的收费标准、收费主体、出现问题的解决办法等均有明确说明,不易出现因物业管理费纠纷影响服务质量的问题。[①] 20世纪30年代以来,美国一直在完善其物业管理方面的法律法规:1949年通过了《联邦住宅法》;1961年通过了《国家住宅法》;1962年联邦住宅局制定了《公寓大厦所有权创设之形态法》;1965年通过了《征用公管住宅法》;1968年通过了《住宅城市开发法》;1968年国会通过了《新住宅法案》;1974年通过了《住宅社区开发法》。同时各州也纷纷结合当地特点,制定了相对独立的物业管理法律规范。可以看出,美国物业管理相关法律法规的立法层次是很高的,并且具有较强的可操作性。例如:在房地产开发商移交相关控

---

① 黄安永:《美国现代物业管理理念及做法》,《中国质量报》2012年10月16日。

制权方面，法律明确规定了开发商移交控制权的时间，需要移交的相关文件，以及开发商不及时移交的法律责任和业主由此获取的自治权、免责权。

中国香港地区属于英美法系，但其将物业管理法律关系从区分所有权法独立出来专设物业管理法的立法模式具有显著的特色。1970年，香港政府制定了《多层大厦（业主立案法团）条例》，在历经了多年的讨论和修改后，《建筑物管理条例》（香港法例第334章）于1993年5月8日正式生效，这为香港物业管理的正常工作提供了完善的法律构架。

其次，政府机关参与管理、监督方面。在美国，各级政府机关的内部均设立了房产管理局，专门制定、监督检查相关房地产法规。这些行政机关在进行行政管理的同时，还帮助解决中低收入家庭的住房问题。通过相关的法律法规，行政机关也参与到物业管理活动中。例如：在设立物业管理公司方面，各个州的区分所有制法均要求房地产开发商在设立物业小区时，必须按照法律的规定，编制各种文件，并办理相应的登记手续，取得营业执照，一些州还在原有框架下提升了设立标准。在香港地区，政府机关内设有建筑事务监督员、消防专员和卫生专员。这些公职人员为保证物业管理的相关工作和内容能够达到法定的标准，定期依照法律规定对物业管理活动进行监督和检查。香港政府并不禁止房地产开发商聘请物业管理公司，但政府规定，所聘请的物业管理公司必须是经过房屋署批准设立的，并且开发商需要缴纳保证金和预备紧急维修基金，以保证物业管理活动的顺利进行。在香港政府对物业管理活动进行监督的同时，其本身还参与到物业管理活动中。法律规定，负责规划、兴建、管理各类房屋和附属设施并监督物业管理公司工作的房屋委员会应当对房屋进行前5年或10年的管理。在约定的管理期限届满后，房屋委员会可以通过合约的方式聘请物业管理公司代为管理。房屋署也负有维修大厦的主要结构、公共部位、设施及设备的责任。房屋署应当保障大厦的功能良好，并在必要时更换任何需要更新的部分，费用列入管理开支项目中。

再次，业主自治方面。在美国，业主与物业管理公司之间的矛盾纠纷相对较少，其中很重要的原因是，业主本身具有较强的自治水平和法律意识，他们积极地参加业主大会，关心物业的相关事务，依法行使自己的知情权和监督权。在敏感的物业管理费用问题上，每个物业小区的管理委员会都会制定适宜的欠费催缴程序和严格的时间期限。较完善的催缴程序不仅给予了业主缴费的缓冲时间，也避免了大量欠款催缴案件进入诉讼程序，缩短了案件处理的时间，降低了案件处理的成本。在中国香港，民众依据《多层建筑物（业主法团）条例》成立了法定的团体——业主立案法团，法团通过召开业主大会组建起来。业主大会的召开，可以通过各业主在购买物业时授权的管理者召集；也可以通过拥有物业产权50%以上的业主联合筹备召集；或是由拥有物业产权20%的业主向地方法院申请，由法院指定的业主召集。法团可以收取管理费用，雇用物业管理员工，委任专业的物业管理公司。这为促进业主的自我管理、民主管理发挥了极大的作用。

最后，相关社会团体的参与和监督方面。在美国，设立有国际资产管理协会（IREM），其主要是负责注册物业管理师的培训。香港特区政府则通过立法鼓励群众性团体的成立。其中有的社会组织通过办理注册手续成为法人团体，香港房屋协会便是其中之一。1948年，协会在香港特区政府的支持下成立；1951年，《香港房屋协会注册成立条例》颁布实施，协会成为一个自负盈亏的法定团体，为香港中低收入居民提供更多的居所，解决其住房紧张的问题。

三　物业管理制度的完善

现阶段我们应着力解决目前物业管理过程中存在的诸多问题，规范物业公司的行为，提高物业管理公司的管理服务水平，完善物业管理服务功能，引导物业公司的健康发展，促进小区和谐稳定。

（一）制定完善的物业管理相关配套法规

1. 物业管理的早期介入

物业管理早期介入法制化。以法律规范的形式要求物业管理公司参与小区前期项目可行性研究、小区的规划、设计、施工等阶段，站在业主的角度，从使用、维修管理出发提出建设性意见，从源头上杜绝影响日后物业管理的隐患。

2. 积极开展招投标机制

在物业管理引进招投标机制的初期，广大群众还不太适应市场的选择，因此政府应加大宣传和引导力度，首先可以对比较规范的住宅小区进行试点，并逐渐推广，形成良好的竞争机制，淘汰不合格的物业管理公司。

3. 建立物业管理信用档案

政府应加强对物业管理企业征信系统的构建，形成完善的物业管理公司信用档案体系，为各级政府部门和社会公众监督物业管理公司及从业人员的市场行为提供参考，方便业主和业主委员会查询物业管理公司信用水平，针对物业管理公司的违法违规及损害业主的行为建立为社会群众提供投诉途径的信息管理系统，从而减少物业管理公司违法违规的经营行为。

（二）逐步推进房地产开发与物业管理分业

要逐步推进房地产开发和物业管理分业经营，改变物业管理由房地产开发派生出来并依附于房地产开发的状况，使物业管理企业真正成为自主经营、自负盈亏、自我约束、自我发展的市场主体，从体制上解决建管不分的弊端。同时，要大力推进物业管理市场化进程。按照社会化服务与专业分工的要求，合理调整物业管理行业的企业结构。引导一部分物业管理企业明确自身市场定位，优化内部资源配置，向物业管理专营类企业发展，并力求形成"专、精、特、新"服务特色，实现专业化、规模化经营，降低管理服务成本，提高管理效率，增强市场竞争能力。①

---

① 白萍：《境外物业管理模式的分析与启示》，《广东财经职业学院学报》2005年第4期。

（三）培育和监督业主大会与业主委员会的建立与运作

1. 增强业主的自我约束与自我救济能力

由政府、媒体共同加大宣传力度，增强业主花钱买服务的意识，加大不交物业管理费是违法行为的宣传，引导业主依法履行义务，同时监督《业主公约》的执行力度，将业主违约行为进行宣传，提高业主的自觉性。

2. 借助社区管理的力量，监管业主、业主委员会的建立与运作

过去，业主委员会是由开发企业来选举的。新的物业管理条例改为应当在物业所在地的区、县人民政府房地产行政管理部门的指导下，成立业主大会，并选举产生业主委员会。同时，当业主委员会成立后，要到房地产部门备案，并接受居委会的监督指导。因此，可将业主委员会的成立纳入政府的派出机构、居委会或社区监管的范畴，这既有利于社区服务功能的建设，同时又确保业主大会、业主委员会成员有较高的素质，使业主委员会规范地运行。在业主委员会与物业管理公司产生矛盾纠纷时，社区监管部门可以作为中间人进行调解，化解纠纷，及时解决问题。

3. 政府推行建立第三方管理机构

业主对物业管理的不满与日俱增，并迫切要求物业管理在透明、公正的环境下进行，同时物业管理公司面对业主过多缺乏理性和专业性的责问，已显得力不从心，而政府将太多的时间耗费在业主委员会的成立及物业管理公司与业主关系的调和上，此时可以组建一个第三方机构解决这些矛盾。第三方机构可以是招投标中心、业主咨询公司，也可以是行业认证机构、仲裁机构、专家委员会。[1]

（四）重视物业服务合同的签订

物业服务合同是确定物业公司与业主之间权利义务关系的重要依据，

---

[1] 姜蕾：《浅析物业管理存在的问题与对策》，中国江西网，http://www.jxcn.cn/2444/2012-3-13/30053@1057799.htm，最后访问日期：2016年12月6日。

尤其是物业公司要提供什么样的服务，可以收取多少物业费，应该承担哪些法律责任，都可通过合同明确加以约定。翔实的合同条款可以有效地预防物业管理纠纷的发生，可以增强当事人自觉履行合同的责任感，所以加大签订物业服务合同的前期投入，可以有效降低纠纷发生的可能性。

（五）业主与物业公司应转变观念，经常进行"换位"思考

物业管理公司要转变观念，从之前的"管理"转变到"服务"，尊重业主，在管理好小区公共设施的同时，主动积极与业主沟通，一切以方便业主为出发点，全心全意地为业主服务。业主也应该转变"少花钱、多享受"的错误观念，正确树立"物业服务也是消费"的观念和"平等"法治观念。双方应经常进行"换位"思考，设身处地为对方着想，了解和体会彼此的苦衷，只有这样，才能减少物业管理纠纷。

（六）认真执行物业收费的公示制度

2004年1月1日起施行的《物业服务收费管理办法》，明确规定了住宅小区内的收费项目及公示要求。其中收费项目有车辆保管费、综合服务费（物业服务费）、物业维修养护费、特约服务费及代理收费5项。[①]这些收费必须实行明码标价制度，要求物业公司将收费内容（收费项目、收费标准、服务内容等）经过物价部门审查后，在物业管理区域内明显的位置进行公示。只有物业管理公司认真执行物业收费的公示制度，才能够有效预防物业公司的违规收费，减少甚至杜绝物业收费纠纷发生。

（七）企业应当规范自身的行为，加强自身建设

第一，公司应当具备应有的物业管理资质；第二，加强物业管理培训工作，提升企业整体素质，提高公司从业人员的职业素养和技能，树

[①] 张颖倩：《物业管理监督法律制度研究》，硕士学位论文，郑州大学，2011。

立良好的服务意识；第三，建立健全各类工作、服务的标准及流程，使管理运作规范化。进行物业管理培训，确保所有物业管理人员持证上岗。

Research on the Legal Issues of Real Estate Management

Dai Moufu, Li Yulin

Abstract: With the rapid development of commercial housing in China, the estate management service industry has also seen a prosperous development. However, due to the short development time of the industry, the system construction is imperfect, resulting in a lot of property management disputes, and difficult to better use the law to solve the problem. Based on the development status and practical experience of the property management companies in China, this paper analyzes the existing problems and draws on the foreign advanced property management legislation model, puts forward some suggestions on the legislation and the specific implementation, with a view to better resolve the disputes in the property management services.

Keywords: Real estate management; Committee of house-owners; Legislative suggestion

新环保法下湘江流域环境保护法律机制研究

陈淑芬　王　颖[*]

摘　要：随着经济的发展，工业化步伐的加快，湘江流域的开发利用，流域内的生物物种逐渐减少，生态景观的观赏价值不断下降。本文从生态环境退化、环境事故多发、环境改善诉求强烈、环境压力加大四个方面剖析了湘江环保问题的趋向，从明确政府的环境保护责任、解决环境违法成本过低问题等四个方面解读了新环境保护法，并剖析新环保法存在的问题，提出完善对策，然后对湘江环境保护法制建设进行了探讨，以期望对湘江流域环保的法制建设提供参考。

关键词：新环保法；湘江流域；法制建设

2014年4月24日，全国人民代表大会常务委员会审议通过新《环境保护法》，并于2015年1月1日起实施，新《环境保护法》在基本理念、原则、制度方面做出了重大突破，被公认为"史上最严厉的环保法"、"环境史上的又一里程碑"。环境保护之所以受到重视，是因为目前中国的环境污染问题已经十分严峻，雾霾、沙尘暴、水污染、气温变化异常

---

[*] 陈淑芬，湖北鄂州人，长沙理工大学文法学院讲师，法学博士，研究方向为国际法、能源与环境法；王颖，河南商丘人，长沙理工大学文法学院法律硕士研究生，研究方向为国际法。

等资源环境问题给人们的日常生活带来了严重影响，同时引发了人们对未来的担忧，保护环境活动需要政府、企业、个人在各自责任范围内作出共同努力并进行协作。湘江流域经济发展迅速、规模大，两岸人口密布，城市化水平高，是湖南最具发展潜力和发展优势的区域。经济的高速发展，也造成了湘江流域生态环境的极大破坏。目前，湘江流域面临生态环境退化、环境事故多发、环境改善诉求强烈、环境压力加大等方面的问题，新环保法的出台与实施，对湘江流域环境保护具有重要的意义，将是推进湘江流域生态环境改善的重要法制保障。

一　湘江流域环保问题的趋向

（一）生态环境退化

据现有数据统计，湘江流域内目前水生动物仅有413种，水生植物194种，其中白鳍豚、中华鳃和白鹤等国家一级保护野生动物的生活环境面临威胁。2006年科学家的"长江豚类考察报告"介绍，白鳍豚已功能性灭绝，仅在人们的视野中"存活"了不到90年。除此之外，人们近几年对曾广泛分布于湘江流域的赤狐、大灵猫等物种，也所见甚少。此外，随着湘江流域生态环境的改变，地表植被的变迁，湘江流域降水量也发生了变化。据统计，湘江流域连续多年秋冬季节降雨量偏少，长沙段水位连续8年出现26厘米之下，橘子洲的河床绝大部分裸露。

（二）环境事故多发

根据新闻报道，2013年，全国突发环境事件共发生712起，其中重大突发环境事件和较大突发环境事件的发生次数分别为3起和12起，按事件起因可分为生产安全事故、交通运输事故、企业排污、自然灾害和其他因素引发的突发环境事件，发生次数分别为291起、188起、31起、39起和163起，生产安全事故和交通运输事故是引发突发环境事件的主要因素。湘江流域的环境事故也不在少数，未经过处理的工业废水、有色金属矿厂污水肆意排入江中,生活中的废水以及农田化肥、农药经雨水冲洗一并被带入江中,使得湘江水域受到污染。湘江城市群相继发生砷(As)、镉(Cd)污染地下水导致的群体性饮水中毒事件。

(三) 环境改善诉求强烈

2016年5月,环境保护部"12369"环保举报热线受理群众举报案件44件,大气污染是引发群众举报的首因,次之为水污染和噪声污染,平均每天接受环保举报案件1件。近年来,昆明二甲苯(PX)事件、茂名二甲苯(PX)事件等环境群体性事件多发;① 大范围持续的雾霾天气频发,引发公众对空气质量的高度关注;湘江流域在新建石化项目、垃圾处理厂等项目时,遇到的阻力越来越大;水污染的防治以及环境的公益诉讼越来越受关注。这种种事件的背后,皆反映出公众环境觉悟正逐步提高,对环境改善的诉求日益强烈。

(四) 环境压力加大

湘江流域,在古人笔下是一幅"湘江秀木茂盛,江澄如练"、"漫江碧透,鱼翔浅底"的如诗如画的景象,现如今,未经处理的工业废水、有色金属矿厂的污水肆无忌惮地排入江中;发黑的生活用水也通过水管直接排到河里;大量的农田化肥、农药经雨水冲洗也一并流入江中。在高温的作用下,江风吹过散发出阵阵恶臭,蚊蝇飞扬,垃圾成堆。曾经被誉为我国优质水源的湘江如今成了一条被重金属、城市污水和农药污染的臭水沟,而且由于湘江流域处于亚热带季风气候区,降水径流年际变化大,时空分布不均匀,季节性缺水现象严重,往昔被称为"黄金水道"的湘江,如今不断刷新最低水位纪录,还屡次出现枯水现象。这表明对湘江水资源的管理不善会加大环境压力,加强湘江流域环保治理已经成为拯救湘江的必要之举。

---

① 杨朝飞:《基于新环保法解读的长江经济带开发环保法制探析》,《长江流域资源与环境》2015年第10期。

二 新环保法的制度创新

(一) 明确政府的环境保护责任

新环保法强化了政府的环保责任,主要体现在环境质量标准的制定、环境监测等方面,旧的环保法仅以一条原则性规定概括之,新环保法第二章节对"监督管理"做出了阐释,着重规定监督管理措施,更进一步地深化地方各级人民政府对环境质量的责任。增加规定:"地方各级人民政府应当对本行政区域的环境质量负责,未达到国家环境质量标准的重点区域、流域的有关地方人民政府,应当制定期限达标规划,并采取措施按期达标。"但是这种监督管理责任的落实大部分体现在环境污染防治上,而在生态环境建设和自然资源的保护上,落实政府监督管理责任并不能体现出来,虽然这较之旧环保法是一项进步,但仍需要进一步完善。

(二) 解决环境违法成本过低的问题

首先,新环保法较之旧环保法,对环境违法成本过低的问题做出了一系列的修订,但是在司法体系和执法上依然存在不足。新环保法规定对造成环境损害的应承担环境侵权责任 (第五条、第六条、第六十九条),规定违法排污、拒不改正的,按日计罚 (第五十九条),其中"按日计罚"是新环保法的亮点之一,体现了环保法的处罚力度明显加大。针对"双超"的,有权责令其限产、停产或停业、关闭 (第六十条),甚至可以查封扣押造成严重污染的设施、设备 (第二十五条),且规定与之相关的环境服务企业承担环境污染和生态破坏的连带责任 (第六十五条)。而针对企业事业单位和其他生产经营者环境违法行为,属于主观故意的,处 5~15 日拘留 (第六十三条),构成犯罪的,依法追究刑事责任 (第六十九条)。2014 年 12 月以来,环保部针对环境违法处罚等方面相继出台了《环境保护主管部门实施按日连续处罚办法》等多个配套文件,虽见成效，但是环保部门的执法权限是有限的，它没有冻结、查封和扣押等强制执行权，对于限期治理而言，环保部门没有决定权。其次，环境司法有所成效但也受到干预。三部门积极介入新环保法实施，最高人民法院在全国大部分省市设立了环保法庭、合议庭或巡回法庭。但是，在我国对环境的保护，强调的一直是以政府为主导，这样环境司法的地位及功能会受到影响，造成司法作用微不足道，再者，新环保法较之旧环保法，环境公益诉讼开始起步。[①] 一些地方设立了专门的环境案件审判庭，环保民间组织也参与到环境公益诉讼中去，扩大了保护环境的诉求主体和途径，使保护环境的诉求得到极大优化。

（三）完善环保的财政和经济政策

新环保法与旧环保法相比较，一方面，在环保财政投入上进行了加大，提高了资金使用效益（第八条），采取财政、税收、价格、政府采购等政策，支持环保技术装备、资源综合利用和环境服务以及污染物减排等（第二十一条，第二十二条，第三十六条），并且支持企业为环保而转产、搬迁、关闭（第二十三条）。另一方面，建立健全生态保护补偿制度（第三十一条），实行排污收费与环保税制度（第四十三条），鼓励投保环境污染责任保险（第五十二条）。并且近年来国家通过财政、税收、价格、信贷、保险、证券、贸易、生态补偿及政府采购等诸多手段来完善环境经济政策。环保部门推动出台了《关于落实环保政策法规防范信贷风险的意见》、《环境保护、节能节水项目企业所得税优惠目录（试行）》等一系列环境经济政策文件。环境经济政策成效初步显现，比如国家将有关企业环境违法信息纳入中国人民银行征信系统，以此作为信贷的依据。《国家环境保护"十二五"规划》提出了建立和完善环境经济政策的重要任务，对资源环境代价问题有了新的要求。

[①] 常纪文：《解读〈环境保护法〉修改的亮点、难点和遗憾》，《中国环境报》2014年第3期。

(四) 完善环境保护社会治理体系

新环保法中，添加了民主的机制，从加强社会监督与加强企业自律两个方面来体现完善环境保护社会治理体系。首先，在加强社会监督方面，对公众参与、环保意识、舆论监管（第九条）做出了规定，保障公众的环保知情权、参与权、监督权（第五十三条，第五十七条）。而且要求政府与企业公开环境信息（第五十三条，第五十五条，第五十六条），并且完善社会诚信体系，第五十四条规定"应当将企业事业单位和其他生产经营者的环境违法信息记入社会诚信档案"，并且建立了公益诉讼制度（第五十八条）。其次，在加强企业自律方面，减少环境污染和生态破坏（第六条），被检查时应当如实反映情况、提供资料（第二十四条），建立环保责任制、明确责任，正常监测、保存原始监测记录，禁止偷排偷倒、伪造数据（第四十二条），遵守有关环境监管制度（第四十条，第四十一条，第四十三条，第四十五条）。规定企业做好突发环境事件应急处理（第四十七条），并且规定重点排污单位公开环境信息，接受社会监督。

三 新环保法实施存在的问题及其改善

（一）环保法的执法力度不够

新环保法作为环境领域的立法，即是实体法又是程序法，而当前我国法律运行的现状是重实体、轻程序，新环保法的实施也不例外。有关部门颁布部门规章，对环保法中的程序性规范作出变动，这样不利于环境执法的有效性，对此应加强环保执法的力度，规范环保执法的行为，对违反环保法的行为罚当其罪，确保不走样地执行新环保法。[1]

---

[1] 易理旺：《新环保法实施中存在的问题及其对策探讨》，《广东科技》2014年第20期。

（二）环保法的执行缺乏针对性

新环保实施以来，环境问题虽得到不同程度的改善，但是环境质量的总体趋势是恶化的，每每发生重大环境污染事故，公众的关注程度是很高的，但是从处罚结果来看，真正由于破坏环境资源而承担刑事责任的人员却很少，这表明环保执法方式存在软弱性，环保法执行缺乏针对性，对此贯彻新环保法，在实行处罚上应当分不同程度，依法严肃处理破坏环境资源和生态安全的人员，要根据其破坏环境的程度对其进行处罚；各级环保主管部门在执法过程中特别是在处理环境刑事案件时也要加强与公安机关、人民法院等机构的衔接。

（三）环保法的实施受外界因素干扰

国家下发的保护环境指令，地方部门尚未充分传达，有的地方政府官员可能会为一己之私干扰指令的完全落实。另外，我国目前引进资本开发经济的潮流盛行，为了凸显政绩，有部分地区领导在一些重污染项目上考虑更多的是经济利益而非环保利益，就会存在领导干涉环保法落实的情况，这就需要对具体监管环保法实施的地方环保部门进行整改。比如，地方环保部门的负责人由上级环保部门直接任命，直接对上级环保部门负责，这样可以确保政令的畅通，也可以有效减少地方政府违规执法和越权审批等行为的发生。

（四）执法和司法存在不足

我国对环境的保护，一直以来强调的是政府行政主导，而行政主导存在的问题是行政机构隶属关系严格，这样会出现部门分割、权限划分不明的情况，环保执法权限划分不清，会影响环保执法的落实；另外行政主导环保，会使环保司法地位和功能受到影响，司法作用亦显得微不足道。对此我们可以借鉴外国经验，建立环境警察制度，既保证环境执法的刚性，又凸显环保司法功能。

四　湘江流域环保法制建设

（一）严守红线，保护敏感区域

新环保法第二十九条规定"国家在重点生态功能区、生态环境敏感区和脆弱区等区域划定生态保护红线，实行严格保护"，另外需要建立完善的生态补偿制度，实现区域生态补偿的制度化和规范化。湘江流域环境治理在落实新环保法的政策下，应该实行严格的建设项目环境准入制度，从法制角度严守环保红线，并规定政府在生态环境建设和自然资源保护的责任，在规定一些重污染行业的准入条件时应充分考虑生态安全和环境承载底线，对达到最大环境容量的区域，禁止新建增加污染的项目，力求严守生态红线，有力保障湘江区域环境安全。湘江流域的生态敏感区主要包括自然保护区、风景名胜区、森林公园、地质公园、湿地公园、水产种质资源保护区及鱼类产卵场，在湘江流域的开发建设过程中应该特殊保护流域内的环境敏感点，政府以行政命令的手段出台划分湘江流域环境敏感区域的文件，切实承担生态环境和自然资源保护的监管职能。

（二）把控风险，做好环境应急

新环保法对环境风险评估、突发环境事件的风险控制做了规定（第三十九条，第四十七条），湘江流域是我国突发环境事件的高发地区，近年来，湘江流域水污染问题逐渐凸显，如2005年，城市生活污染排放量达到了惊人的34.33万吨，严重超出了湘江的自我净化、修复能力。2016年，湖南省环保公益组织对外公布了湘江流域重金属污染调查结果：郴州三十六湾矿区，砷含量超标715.73倍，铬含量超标206.67倍，而且环境群体性事件主要有大中城市基础设施建设、农村和中小城镇违法排污以及大中企业安全生产事故引发的区域性环境污染等，种种环境污染事件向我们传递着湘江流域的环境治理到了刻不容缓的地步的信息。因此湘江流域开发中应建立水源地环境风险防控工程,强化水上危险品运输安全环保监管,加强对石油和化工、涉重金属、放射源和危险废物产生处置等高污染、高风险行业企业的监管与检查,严格做好风险把控,从而逐步形成湘江流域内各部门、各领域联防联控的环境风险防范与应急处理格局。做好环境应急措施储备,将环境污染风险降到最低,也有学者呼吁建立湘江污染治理决策风险评估评价委员会,必要时,可以与社会咨询机构、非政府组织、非营利组织就湘江流域重大环境问题开展法律风险评估或实施情况评价。

(三) 公开信息,接受社会监督

新环保法对政府与企业公开环境信息、接受社会监督做出了高要求高标准的规定,首次以一个章节的形式规定了信息公开与公众参与制度,明确重点排污单位应当如实向社会公开环境信息,可见其重视程度。在湘江流域环保治理中,从政府的角度而言,应建立健全有关湘江环境信息公开的内部考核、责任追究和社会评议机制,从企业的角度而言,将企业最大限度地置于各方监督之下,使企业的环境信息敞亮地接受各方监督,才能对企业影响环境的行为起到更好的规范作用。具体而言,湘江流域在环境保护工作中应明了流域内企业影响环境的行为,企业要定期向湘江流域管理委员会或者企业所在区域环保主管部门汇报企业所登记的排污检测数据,不得虚报或隐瞒,如果出现瞒报、作假行为,应追究企业的法律责任。在对湘江流域企业的环境管理中,不仅要有湘江流域环境行政机关的主动监督和管理,而且要有流域内各城市群广大公众的舆论监督。[1] 在这项工作中,要想节约运作成本,其中重要的一点应是企业主动地将环境信息披露。[2] 这样有利于转换企业在环境保护中的被动

---

[1] 彭海波:《两型社会建设中湘江污染治理的法制建设研究》,硕士学位论文,中南林业科技大学,2013。
[2] 孙佑海:《新〈环境保护法〉:怎么看? 怎么办?》,中国学术期刊电子出版社,2014,第2页。

强迫地位为主动积极寻求地位，可以大大节省对企业环境管理和监督的成本，提高环境管理的效率。因此，健全环境信息公开制度是建立"公众—企业—政府"三方相互制衡、良性互动的环境监督执法体系的前提，是解决湘江流域环境执法力量不足、降低环境执法成本的重要举措。

（四）全民参与，树立环保典范

新《环境保护法》第五十三条赋予了公民、法人和其他组织环境知情权、参与权、监督权。针对湘江流域而言，企业应加大保护生态自然环境的宣传力度，并且将自身对环保所采取的措施与开展的活动以及取得的环保业绩向大众公开。这在提升自身企业形象，树立环保典范的同时，是赋予其他企业在建设绿色企业文化层面的一种认同感和使命感，也是落实新《环境保护法》中公民知情权、参与权、监督权的体现。

湘江流域环境质量的提高，绿色城市、环保生活的建设既是为我们每个人造福的"幸福工程"，更是需要我们每个人积极参与和配合的"互动工程"。在湘江流域的环保治理中必须坚持社会自治和社会公众参与的原则，形成以政府为主导，企业为核心，公众为监督力量的良性互动，并建立相应的公众参与保障机制，发展多种形式的公众参与。要实现湘江流域环境质量的改善，每个要素都应尽出自己的一份力。

五 结语

新环保法及其相关配套法规的出台，顺应了新时期环保工作的重点。湘江流域有着极其重要的生态环境地位，也是我国生态环境脆弱、突发环境事件较多、环境风险系数较大和环境问题影响关注度较高的地区，保护湘江流域生态环境任重而道远。流域内各级政府应加强相关立法，以"史上最严环保法"为依据，严格执法，科学引导公众参与环保事业，科学有效地利用制度来保障湘江流域的生态环境。

Study on Legal Mechanism of Environmental Protection in Xiangjiang River Basin under New Environmental Protection Law

Chen Shufen, Wang Ying

Abstract: With the development of economy, speed up the pace of industrialization, the development and utilization of the xiangjiang river basin, the basin of the species gradually reduced, the ornamental value of ecological landscape. This article from the ecological degradation, environmental accidents, environmental demands intense, environmental pressure four aspects analyzes the tendency of the xiangjiang river environmental protection, from clear government environmental responsibility and solve the illegal cost lower four aspects explains the new environmental protection law, and analyze the new environmental problems, puts forward some countermeasures for perfecting, and then probes into the xiangjiang river environmental protection legal system construction, in the hope of the xiangjiang river basin environmental legal construction to provide the reference.

Keywords: New environmental protection law; Xiangjiang river basin; The rule of law

论损害额认定制度在环境公益诉讼中的确立与完善

——基于全国首起检察机关提起的环境民事公益诉讼案的实证分析

乔英武 李 娟 吴一冉[*]

摘 要：环境民事公益诉讼的专业性、科学性使得司法实践中对损害数额的认定往往须借助于司法鉴定。我国环境司法鉴定制度尚不健全、鉴定费用过高且鉴定资源稀缺，这客观上造成了司法裁判中对损害数额较难认定的问题。本文以首起宣判的检察机关提起的环境民事公益诉讼案件作为实证分析的基础，首次提出在环境民事公益诉讼领域确立损害额认定制度，并在参考国内外立法实践的基础上，探讨确立损害额认定制度的必要性，同时针对该制度在司法实践中的适用问题，提出其适用的原则、范围及所需考量的因素，以破解前述难题。

关键词：环境资源审判；环境民事公益诉讼；损害额认定制度；司法适用

---

[*] 乔英武，男，徐州市中级人民法院党组成员、副院长，法学硕士；李娟，女，徐州市中级人民法院审判委员会委员、环境资源审判庭庭长，法律硕士；吴一冉，女，徐州市中级人民法院环境资源庭法官助理，法学硕士。

一　环境民事公益诉讼损害额认定的制约因素

（一）环境侵权特性的制约

环境民事侵权行为是由行为人的活动引起的对自然环境的破坏及由此而导致他人人身、财产权益和环境权益损害的行为。这种行为具有不同于传统侵权行为的特性，使得在一般侵权领域能够较为精确地计算和评估的损害结果，在环境民事侵权中却难以准确认定。

1. 损害利益多元化

环境民事侵权行为所产生的损害形式既包括环境污染又包括生态破坏，又伴随着对人身或者财产权益的损害，其损害形式、内容是多样的。一方面，环境污染和生态破坏各自在内部有不同的态样；另一方面，环境污染和生态破坏二者之间常常互为因果，相互转化。除此之外，自然环境的公共利益属性决定了环境民事侵权既有公益性又有私益性，其在损害利益上亦是多元的。

2. 因果关系复杂化

首先，环境民事侵权行为所产生的侵害具有潜伏性。环境民事侵权行为通常是通过空气、水、土壤、生物等环境介质间接作用于受害人，且有些侵害往往会潜伏在环境中持续作用一段时间后才会逐渐形成并显现。其次，环境法律关系所具有的"人—自然—人"的特点使得有些环境民事侵权行为不仅仅是人的行为作用的结果，而且是人的行为与自然因素共同作用的结果，这必然使环境侵权的因果关系呈现复杂状态。①

3. 价值判断综合化

除了具有违法性的环境民事侵权行为之外，在很多情况下造成环境民事侵权的原因行为本身乃是社会必要的经济活动或正常生产生活的

---

① 吕忠梅：《环境侵权的遗传与变异——论环境侵害的制度演进》，《吉林大学社会科学学报》2010年第1期。

"副产品"。"盖企业之经营、汽车之使用、商品之产销、原子能装置之持有，系现代社会必要经济活动，实无不法性之可言。"① 这些"副产品"是创造社会财富、从事公共福利生活中不可避免的衍生行为，在产生这些"副产品"的同时也给社会带来了不同程度的利益。环境侵权的这一特性使得我们在认定环境侵权损害赔偿时不仅要对侵权行为的违法性、行为人的主观过错程度进行衡量，还要结合生态环境的稀缺性、生态环境恢复的难易程度等客观因素予以考量。

（二）司法鉴定制度的制约

环境民事公益诉讼案件作为环境民事侵权案件的一种，亦具有环境民事侵权的前述特性，在判断因果关系、确定损害的程度和范围、评估生态环境的恢复等专业性、技术性问题时都需要借助科学的方法。司法鉴定作为在诉讼活动中鉴定人运用科学技术或者专门知识对诉讼涉及的专门性问题进行鉴别和判断并提供鉴定意见的活动，能够为裁判提供更为专业、科学、权威的依据，提高司法公正和效率。② 但是在目前环境资源审判司法实践中，环境损害的鉴定存在诸多问题，对环境民事公益诉讼案件的审理形成了很强的制约。

1. 环境损害评估鉴定资源稀缺

2014年1月环境保护部正式下发《环境损害评估鉴定推荐机构名录（第一批）》的通知，推荐12家在环境损害评估鉴定领域具有经验和实力的机构开展环境损害评估鉴定工作。2015年6月最高人民法院发布《最高人民法院关于审理环境侵权责任纠纷案件适用法律若干问题的解释》，第八条规定对查明环境污染案件事实的专门性问题，可以委托具备相关资格的司法鉴定机构出具鉴定意见或者由国务院环境保护主管部门推荐的机构出具检验报告、检测报告、评估报告或者监测数据。依照此条规

---

① 王泽鉴：《民法学说与判例研究》第2册，中国政法大学出版社，1998，第162页。
② 《全国人民代表大会常务委员会关于司法鉴定管理问题的决定》第1条，2005年10月1日起施行。

定，具有从事环境类司法鉴定资质的机构和环保部推荐的第一批 12 家环境损害鉴定评估机构均可以提供环境损害司法鉴定服务，机构总数不超过 20 家。① 就目前而言，上述鉴定机构无论是从数量上还是地域分布上都尚不能满足司法实践中对环境损害评估鉴定的现实和潜在需求。

2. 环境损害评估鉴定管理尚不规范

第一，环境损害评估鉴定技术规范存在缺失和冲突。环境损害评估体系涉及环保、农业、国土、林业、海洋等行政管理部门。这些部门正在或已经组织编制的技术规范各有侧重，关于环境损害范围的界定与评估方法也有差别，甚至有些方面的环境损害司法鉴定技术标准缺失。② 第二，环境损害司法鉴定管理规范不统一。我国环境损害司法鉴定缺乏统一的管理规范和资质标准，分散式的环境损害司法鉴定管理模式也会导致环境损害司法鉴定行业的准入门槛较低，评估鉴定市场机构林立，质量参差不齐。③

3. 环境损害评估鉴定周期长、费用高

第一，环境损害评估鉴定周期长，难以满足案件的审理期限需求。环境损害评估鉴定涉及范围广、污染因子较多、时空变化较快、牵涉其他因素众多，使得鉴定相对复杂。同时，环境损害鉴定链条包含了污染物质鉴别、污染成因分析、累积因素排除、损失分析评估、损害量化确认等环节，导致环境损害鉴定的周期较长。④ 第二，环境损害评估鉴定的费用高。一方面，环境损害评估鉴定的专业性决定了对其投入、周期和专家的技术要求相对较高，必然导致较高的环境损害评估鉴定成本；另一方面，环境损害评估鉴定的收费标准没有统一的规定，环境损害评估鉴定市场不成熟、不透明，导致鉴定价格虚高。

---

① 马勇：《从公益诉讼视角看我国环境损害司法鉴定》，《中国司法鉴定》2015 年第 1 期。
② 王旭光：《环境损害司法鉴定中的问题与司法对策》，《中国司法鉴定》2015 年第 1 期。
③ 党凌云、郑振玉、宋丽娟：《2014 年度全国司法鉴定情况统计分析》，《中国司法鉴定》2015 年第 4 期。
④ 王旭光：《环境损害司法鉴定中的问题与司法对策》，《中国司法鉴定》2015 年第 1 期。

二 损害额认定制度的实证分析

2016年4月11日徐州市中级人民法院一审公开开庭审理并宣判全国首起检察机关提起的环境民事公益诉讼案件。① 法院经审理查明，2013年4月27日，徐州市铜山区环境保护局柳新环境监察中队经现场监察发现，被告徐州市鸿顺造纸有限公司（以下简称鸿顺公司）年产6万吨高强瓦楞纸项目存在私设暗排口排放未经处理的废水等问题，并向鸿顺公司发出环境监察建议书，建议该公司立即停止违法排放行为，停产整改。2014年4月5~6日，鸿顺公司私设暗排管违法排放未经处理的生产废水600吨，污水汇入苏北堤河。徐州市铜山区环境保护局依法向其作出责令改正环境违法行为决定书及行政处罚决定书。2015年2月24~25日，鸿顺公司临时设置直径20厘米的铁质排放管，将未经处理的生产废水2000吨经该公司污水处理厂南侧暗排口排入苏北堤河。基于此，该案的公益诉讼人提出要求被告承担两方面的环境损害赔偿责任：①生态环境修复费用；②生态环境受到破坏至恢复原状期间服务功能的损失（以下简称服务功能损失）。

对生态环境修复费用，在该案中被告鸿顺公司于2014年、2015年偷排生产废水2600吨的事实是明确的，按照国家环保部发布的《关于开展环境污染损害鉴定评估工作的若干意见》（环发〔2011〕60号）和《环境损害鉴定评估推荐方法（第Ⅱ版）》，采用"虚拟治理成本法"可以确定生态环境修复费用。② 但是2013年偷排废水的具体数额无法确定亦无法进行鉴定，对生态环境修复费用也难以确定。在公益诉讼人提供证据已在高度盖然性的层面证明被告实际排污量远大于2014年、2015年偷排

---

① 徐州市中级人民法院（2015）徐环公民初字第6号案件（下同）。该案一审审结后被告提出上诉，江苏省高级人民法院于2016年12月23日作出二审裁判予以维持。
② 所谓虚拟治理成本是指工业企业或污水处理厂治理等量的排放到环境中的污染物应该花费的成本，即污染物排放量与单位污染物虚拟治理成本的乘积。

的 2600 吨，但难以证明实际偷排量的情况下，一审法院适用了《最高人民法院关于审理环境民事公益诉讼案件适用法律若干问题的解释》（以下简称《环境民事公益诉讼司法解释》）第 23 条的规定，综合考虑了被告违法程度及主观过错程度、被告的生产工艺、污染物的种类、所排放生产污水治理成本、修复的周期和难度、被破坏的生态环境状况、被告生产经营情况及因侵害行为所获得的利益、双方技术专家的意见等因素，对生态环境修复费用进行了酌情确定。

对服务功能损失，依据《环境民事公益诉讼司法解释》第 21 条的规定，根据侵害事实，综合双方技术专家的意见，该项损失确实客观存在，但鉴于受污染环境的复杂性、功能的多样性，在该案中难以准确计算。在此前提下，法院在认定被告所应承担的赔偿费用时酌情考虑了该项损失。

通过对案件的分析可以看出，一审法院在面对环境损害事实的发生得以证明，而损害大小难以证明或不能证明的情况，采取了综合考虑主客观因素来酌情合理确定环境损害数额的方法。这实际上即为损害额认定制度的适用，亦即本文所意欲探讨的制度。

三　损害额认定制度的概念

（一）概念和构成要件

损害额认定制度指的是在损害赔偿诉讼中，如果损害事实确实已经发生，但权利主张者难以证明或无法证明具体损失大小的时候，从诉讼公平角度出发，赋予法官根据言词辩论情况和证据材料对该损害赔偿数额作出裁量的制度。[①] 依据该定义，其构成要件主要为以下几个。

1. 须存在损害

在损害赔偿诉讼中，当事人就所受的损害主张权利的前提是存在受

---

① 毋爱斌：《损害额认定制度研究》，《清华法学》2012 年第 2 期。

损害的事实或者能够证明损害发生事实已经达到了证明标准，使法官形成了内心确信。根据"无损害，无救济"的原则，如果在损害赔偿诉讼中，并无损害产生或者当事人不能证明损害事实存在，那么就不存在损害额认定制度适用的问题。

2. 损害数额大小难以证明或不能证明

在损害赔偿诉讼中，在损害确实存在的情况下，一般损害赔偿数额可通过举证来确定。但是在损害数额证明的费用过高、损害的性质特殊等证明困难的情况下，可以适用损害额认定制度。所谓证明困难，"一般言之，如依一般原则要求原告证明时，①原告将受不当的不利益，②将发生不符合损害赔偿法的规范目的之结果，③为证明损害数额，除依本条规定外，别无代替的手段时，可谓相当于证明显有重大困难。"①

3. 法官依职权酌情合理确定损害数额

损害额认定制度的核心在于从司法公正角度出发，在损害数额大小难以证明或不能证明的情况下，法官根据证据材料依职权对该损害赔偿数额作出酌情合理裁量。一方面，法官在进行损害额认定时是依职权进行的，须有法律的明确规定；另一方面，法官在对损害额进行认定时须以全案证据材料为依据，综合考虑与之相关的主客观因素，形成内心确信并合理行使自由裁量权。

（二）国外立法例

损害额认定制度最早在德国1877年《民事诉讼法典》中确立。《德意志联邦共和国民事诉讼法》第287条规定，"当事人对于是否有损害、损害的数额以及应赔偿的利益额有争论时，法院应考虑全部情况，经过自由心证，对此作出判断。应否依申请而调查证据、是否依职权进行鉴定以及调查和鉴定进行到何种程度，都由法院酌量决定。"② 日本在1996

---

① 骆永家：《损害额数额之认定》，载王文字等编《月旦法学教室（2）私法学篇》，元照出版有限公司，2000，第201页。

② 《德意志联邦共和国民事诉讼法》，谢怀栻译，中国法制出版社，2001，第70页。

年引入损害额认定制度,并于1996年修订民事诉讼法时在第248条规定,"在承认损害确已存在的情况下,由于损害的性质决定了证明其损害金额极其困难时,法院可以根据口头辩论的全部旨意和证据调查的结果,认定适当的损害金额"。①

通过对上述大陆法系的各个国家和地区关于损害额认定制度的相关立法可以看出,其从诉讼公平、兼顾效率的角度出发,在损害的发生得以证明的情况下,由法院依职权酌情合理认定损害额,以应对损害赔偿诉讼上损害赔偿数额不能证明或难以证明的问题。

(三) 国内关于损害额认定制度的相关应用

受国外立法例和相关理论研究的影响,我国民事诉讼法中虽然没有明确确立损害额认定制度,但民事侵权领域以及环境民事公益诉讼领域的相关立法规定已经对该制度予以了体现和适用。

1. 民事侵权领域

民事侵权领域关于损害额认定制度的体现主要见于精神损害赔偿以及侵害人身权造成财产损失的赔偿。2001年3月8日发布的《最高人民法院关于确定民事侵权精神损害赔偿责任若干问题的解释》第10条第1款规定确定了在民事侵权案件中精神损害赔偿应当参考的因素。② 因精神损害不同于一般的财产损害,其难以通过金钱来量化,所以该解释规定根据所列因素确定精神损害赔偿数额实质上是在该损害数额难以证明或精确计算的情况下,赋予法官对精神损害赔偿数额进行确定的自由裁量权。2009年12月全国人民代表大会常务委员会发布了《中华人民共和国侵权责任法》,该法第20条规定:"侵害他人人身权益造成财产损失的,

---

① 白绿铉编译《日本新民事诉讼法》,中国法制出版社,2000,第93页。
② 《最高人民法院关于确定民事侵权精神损害赔偿责任若干问题的解释》(2001年3月8日发布)第10条第1款,精神损害的赔偿数额根据以下因素确定:(一)侵权人的过错程度,法律另有规定的除外;(二)侵害的手段、场合、行为方式等具体情节;(三)侵权行为所造成的后果;(四)侵权人的获利情况;(五)侵权人承担责任的经济能力;(六)受诉法院所在地平均生活水平。

按照被侵权人因此受到的损失赔偿；被侵权人的损失难以确定，侵权人因此获得利益的，按照其获得的利益赔偿；侵权人因此获得的利益难以确定，被侵权人和侵权人就赔偿数额协商不一致，向人民法院提起诉讼的，由人民法院根据实际情况确定赔偿数额。"此一立法标志着在侵权诉讼领域内开始了对损害额认定制度的探索。①

2. 环境民事公益诉讼领域

为破解环境资源审判实践中在环境损害的发生已经得以证明的情况下，生态环境修复费用却难以确定这一问题，《环境民事公益诉讼司法解释》第23条规定，生态环境修复费用难以确定或者确定具体数额所需鉴定费用明显过高的，人民法院可以结合污染环境、破坏生态的范围和程度、生态环境的稀缺性、生态环境恢复的难易程度、防治污染设备的运行成本、被告因侵害行为所获得的利益以及过错程度等因素，并可以参考负有环境保护监督管理职责的部门的意见、专家意见等，予以合理确定。该条赋予了法官在生态环境修复费用难以确定或者确定具体数额所需鉴定费用明显过高的情形下，可以依职权对生态环境修复费用综合主客观因素后予以酌情合理裁量的权力，实际即是损害额认定制度在环境民事公益诉讼领域的体现。

四 环境民事公益诉讼中损害额认定制度的适用

通过前文分析，环境侵权的特性及环境损害司法鉴定评估的现状决定了我国在环境民事公益诉讼领域引入并确立损害额认定制度的必要性；国内外的立法实践特别是《环境民事公益诉讼司法解释》第23条的规定，为我国在环境民事公益诉讼领域适用损害额认定制度提供了依据和可行性。

（一）指导原则

1. 环境正义原则

环境侵权法上所追求的正义观乃是环境正义，其内涵包括：第一，

---

① 谷佳杰：《论民事损害赔偿数额的确定》，硕士学位论文，西南政法大学，2012。

以环境利益这个公共利益为追求和救济对象；第二，环境正义主要依靠矫正正义来实现；第三，以对自由进行限制的方式来防止经济人为了经济利益而随意侵害环境利益。相比较一般民事侵权着眼于对'过错"的矫正，环境民事侵权更重视对"损害"的矫正。这意味着环境民事公益诉讼的目的在于恢复因加害人的行为而受损害的权益及被破坏的环境。因此，在损害已经客观发生的情况下，其理应得到修复。即使在这种损害所需修复费用难以确定或者确定具体数额所需鉴定费用明显过高时，对该损害亦应进行救济和矫正，此乃环境正义的意旨所在。

2. 损害担责原则

损害担责原则是指任何对环境和生态造成损害的单位和个人都必须依法承担相应的法律后果。① 该原则是根据西方经济学家有关"外部性理论"而在环境法上确立的具有直接适用价值的原则。该原则在环境法领域具体包含以下四个方面的内容：①污染者付费；②利用者补偿；③开发者保护；④破坏者恢复。② 基于此，在环境民事公益诉讼领域，污染者已经造成了环境公益的损害，即使对该损害的大小难以确定，亦不能将该损害转嫁于国家和社会公众而免除污染者修复环境损害的责任。

3. 利益衡平原则

法律中的利益问题是立法和司法中的核心问题，也是法学研究不能回避的重要问题。③ 就环境民事公益诉讼来说，环境法领域利益冲突的直接表现可以初步类型化为持续增长的经济发展利益需求与持续增长的环境保护利益需求及其满足能力之间的冲突，即经济利益与环境利益的冲突。④ 在对这两个利益进行衡平时，一方面，生产经营者在生产经营过程中创造的社会财富与环境利益产生了冲突，不能以其创造经济利益的

---

① 周珂主编《环境与资源保护法》，中国人民大学出版社，2015，第35页。
② 周珂主编《环境与资源保护法》，中国人民大学出版社，2015，第36~37页。
③ 何自荣：《论法律中的利益衡平》，《昆明理工大学学报》（社会科学版）2008年第10期。
④ 程多威：《环境法利益衡平的基本原则初探》，《中国政法大学学报》2015年第6期。

行为免除其对环境利益造成的损害；另一方面，在经济利益与环境利益相冲突时，法官需要综合考虑相关因素予以衡平，不应过分强调某一利益的绝对性、排他性，应通过衡平的方式来化解经济利益与环境利益之间相互割裂、彼此封闭的不利态势，此即环境法领域利益衡平原则之要义。

（二）适用范围

1. 生态环境修复费用

依据《环境民事公益诉讼司法解释》第 20 条第 3 款的规定，生态环境修复费用包括制定、实施修复方案的费用和监测、监管等费用。如前所述，损害额认定制度在环境民事公益诉讼领域的具体体现是该司法解释的第 23 条。基于该条规定，在生态环境损害客观存在的情况下，如生态环境修复费用难以确定或者确定具体数额所需鉴定费用明显过高的，法院可以依职权酌情认定损害额。

2. 服务功能损失

服务功能损失在《环境损害鉴定评估推荐办法（第Ⅱ版）》中被定义为生态环境损害发生至生态环境恢复到基线状态期间，生态环境因其物理、化学或生物特性改变而导致向公众或其他生态系统提供服务的丧失或减少，即受损生态环境从损害发生到其恢复至基线状态期间提供生态系统服务的损失量。在《环境民事公益诉讼司法解释》中对服务功能损失难以确定或者确定具体数额所需鉴定费用明显过高的，没有规定可以适用损害额认定制度。笔者认为，对这种情况也应当适用损害额认定制度并应在立法上予以明确规定。

首先，服务功能损失是客观存在的。从环境法角度而言，生态环境不仅具有经济价值，还具有生态服务功能，包括供给服务、调节服务、文化服务以及支持服务。[①] 如生态环境遭受破坏，其在损害开始到恢复原

---

① 奚晓明主编《最高人民法院关于环境民事公益诉讼司法解释理解与适用》，人民法院出版社，2015，第 305~306 页。

状期间上述生态环境服务功能必将全部或部分丧失，对于造成的损失亦应予以赔偿。

其次，服务功能损失亦存在难以确定或者确定具体数额所需鉴定费用明显过高的情况。与生态环境修复费用相同，服务功能损失往往需要通过专门的技术手段予以确定。《环境损害鉴定评估推荐办法（第Ⅱ版）》附录 A 中介绍的常用的环境价值评估方法主要包括直接市场价值法、揭示偏好法、效益转移法、陈述偏好法。一方面，不同机构采用不同方法可能造成评估数额差异巨大，环境价值评估方法的不确定性较高；另一方面，环境资源本身的存在价值或某些服务功能难以用货币化的方法评估。[①] 况且前述的环境价值评估方法亦不能穷尽所有确定服务功能损失的计算方法。在此情况下，就会出现对该项损失无法确定的困境。因此在环境民事公益诉讼实践中，对该项损失提出诉讼请求并得到支持的极少。

最后，在环境民事公益诉讼司法实践中，在服务功能损失明确存在但难以准确计算的情况下适用损害额认定制度已经有了初步探索。在前述徐州市人民检察院与鸿顺公司环境污染公益诉讼案中，就遭受污染损害的苏北堤河而言，在生态环境受到损害至恢复原状期间，其所承担的沿线灌溉和排涝等功能必然受到影响。公益诉讼人申请出庭的技术专家亦提出：高浓度水排入后会存在灌溉时引的水不符合灌溉需要的问题，河流功能会受影响，排涝过程中苏北堤河和京杭运河是相通的，就会影响京杭运河的水质，同时也会影响京杭运河的功能。双方申请出庭的技术专家均认为服务功能损失客观存在但是难以准确计算。对此，一审法院认为，案件中受污染的环境具有复杂性、功能的多样性，按照《环境损害鉴定评估推荐办法（第Ⅱ版）》服务功能损失在案件中是难以准确计算的，但是此项损失又是客观存在的。因此在确定被告所应承担的赔偿费用时对该项损失予以酌情考虑，并计算在全案损害赔偿数额中，这实

[①] 奚晓明主编《最高人民法院关于环境民事公益诉讼司法解释理解与适用》，人民法院出版社，2015，第 308 页。

际上是引入了损害额认定制度以确定服务功能损失的司法实践探索。

(三) 考量的因素

结合国内外关于损害额认定制度的立法例及《环境民事公益诉讼司法解释》第 23 条的规定，本文认为在环境民事公益诉讼中适用损害额认定制度应考量以下因素。

1. 主观因素

环境民事公益诉讼作为环境侵权诉讼，在归责原则上亦适用无过错责任原则，即环境公益受到损害，环境污染者或生态破坏者的行为与损害结果有因果关系的情况下，无论环境污染者或生态破坏者有无过错，都应当对其污染或破坏行为承担侵权责任。[①] 无过错责任原则是为弥补过错责任的不足，解决工业化社会中的一系列新型侵权行为所带来的挑战和难题而设立的。依据该归责原则，受害人无须就加害人的过错举证，也不必推定加害人过错，加害人也不得以其没有过错为由进行抗辩。[②] 但是这并不意味着加害人没有过错，也没有否认在对损害进行认定时不考虑加害人的过错。以排污为例，在排污许可证许可的范围内合法排污造成环境损害与超标排污、私设暗管排污，所具有的主观过错程度、对环境的危害程度是明显不同的。因此在环境民事公益诉讼中法院适用损害赔偿认定制度时需将主观过错程度作为必不可少的考量因素。

在前文所述的徐州市人民检察院诉鸿顺公司环境污染公益诉讼一案中，在 2013 年 4 月被告违法排放生产废水的数量并不确定的情况下，一审法院认为，从行政机关查处的被告连续三年、三次违法排污情况看，被告都是故意违法，且采用偷埋、私设暗管等方式实施违法行为。被告为追求利益最大化，多次故意实施违法排污行为，在环保部门给予环境监察建议、处以罚款后，仍加大违法排污量实施环境污染行为，其主观

[①] 奚晓明主编《最高人民法院关于环境民事公益诉讼司法解释理解与适用》，人民法院出版社，2015，第 246 页。
[②] 周珂主编《环境与资源保护法》，中国人民大学出版社，2015，第 103 页。

过错较为明显。一审法院在进行损害额认定时将被告主观过错情况作为考量的因素之一。

2. 客观因素

对损害额认定时所要考量的客观因素较多，本文主要概述如下。

（1）生态环境恢复的难易程度。对于生态环境恢复的难易程度，《环境损害鉴定评估推荐办法（第Ⅱ版）》推荐使用虚拟治理成本法来确定。虚拟治理成本是按照现行的治理技术和水平全部治理排放到环境中的污染物所需要的支出。虚拟治理成本法适用于环境污染所致生态环境损害无法通过恢复工程完全恢复、恢复成本远远大于其收益或缺乏生态环境损害恢复评价指标的情形。其具体计算方法见《突发环境事件应急处置阶段环境损害评估技术规范》。虚拟治理成本法已被多起环境民事公益诉讼案件采用。在前文所述的徐州市人民检察院诉鸿顺公司环境污染公益诉讼一案中，对2014年和2015年偷排的2600吨生产废水双方的技术专家均主张采用《环境损害鉴定评估推荐办法（第Ⅱ版）》中的"虚拟治理成本法"确定生态环境修复费用，公益诉讼人与被告亦认可该种计算方法，一审法院据此确定了被告2014年和2015年偷排的2600吨生产废水的生态环境修复费用。

（2）防治污染设备的运行成本。2014年修正的《中华人民共和国环境保护法》第41条规定，建设项目中防治污染的设施，必须与主体工程同时设计、同时施工、同时投产使用。"三同时"制度拟通过对防治污染设备的建设与运行来最大限度地减少对环境的污染和破坏。但是防治污染设备的建设与运行必然会带来生产成本，在此情况下，生产经营者往往会选择应建设防治污染设备而未建即投产或者虽然已经建设而不依法运行的方式来减少生产成本。因此法院应将企业正常运行防治污染设施的成本作为损害额认定的考量因素。在前文所述的徐州市人民检察院诉鸿顺公司环境污染公益诉讼一案中，法院根据公益诉讼人的主张及庭审质证认定，确定被告2014年和2015年两次违法排放2600吨污水的每吨治理单价为50元，在此基础上采用"虚拟治理成本法"来计算生态环境修复费用。

（3）相关环境保护监管部门的意见以及专家意见。我国对环境保护的监管依据监管资源的不同，采取环境保护、国土、海洋、农业、林业、水利等分散管理模式。前已述及，我国环境损害评估体系主要包括农业环境污染损害鉴定、养殖和野生渔业环境污染损害鉴定、海洋生态环境损害鉴定、室内环境质量检测、林业环境破坏评估鉴定、危险废弃物认定等，分别由环保、农业、国土、林业、海洋等环境资源行政管理部门管理。因此，前述环境资源行政管理部门能够充分利用其专业人员、技术、设备和经验的优势为法院提供更加专业的意见，该意见可以作为法院进行损害额认定的参考。

对专家意见，笔者认为法院在进行损害额认定时可以参考的专家意见主要来自以下四种方式。第一，当事人申请的技术专家提供的专家意见。《最高人民法院关于民事诉讼证据的若干规定》第61条第1款规定，当事人可以向人民法院申请由1~2名具有专门知识的人员出庭就案件的专门性问题进行说明。《环境民事公益诉讼司法解释》第15条亦规定法院可以准许当事人要求具有专门知识的人出庭的申请。在前文所述的徐州市人民检察院诉鸿顺公司环境污染公益诉讼一案中，双方当事人均申请具有专门知识的人出庭，并就生态环境修复费用的计算等专业问题进行了当庭质证。第二，法院内部建立的环境资源专家库。为了处理环境资源审判中的专业问题，许多法院成立了环境资源专家库或者在专家库中设立环境资源专家。依照《环境民事公益诉讼司法解释》第15条的规定，在环境民事公益诉讼中，具有专门知识的人出庭须由当事人申请，法院不能依职权主动通知专家出庭。但是对于案件中的专业知识，法院仍可以向专家进行咨询，以增强内心确信。第三，法院以外的专家资源，主要包括行政机关、检察机关、科研院校内的专家。第四，合议庭成员中的专家陪审员。最高人民法院发布的《人民法院审理人民检察院提起公益诉讼案件试点工作实施办法》第7条第1款规定，人民法院审理人民检察院提起的第一审民事公益诉讼案件，原则上适用人民陪审制。依据该条规定，法院在审理民事公益诉讼案件时可以将既被任命为人民陪审员又具有专门知识的人纳入合议庭参与案件审理，其对案件中专业技术问题发表的合议意见，能够为合议庭对损害额进行认定提供参考。在前文所述的徐州市人民检察院诉鸿顺公司环境污染公益诉讼一案中，法院即采取了由环保领域的资深专家作为人民陪审员参与合议庭的方式，充分发挥专家陪审员在专业技术领域的优势。

综上，在环境民事公益诉讼中对损害额进行认定时所要考量的因素既包括主观因素也包括客观因素，一方面，在对损害额进行认定时所考量的客观因素并不仅限于本文所列举的三个因素，其根据各案案情的不同所存在的客观因素亦不同；另一方面，在存在多个考量因素时，需要法官在以案件的事实和证据为依据的前提下，综合考虑各个因素，合理行使自由裁量权予以酌定。对于对损害额认定有影响的因素以及考量因素的采纳情况，法官应当在判决理由中予以说明，既可以防止法官在裁判时裁量权的恣意扩张，又能够提高当事人对损害额认定的信服力。

结　语

环境司法尤其是环境公益诉讼审判，目前仍处于起步阶段，需要法学界充分关注并为司法提供理论资源与参考，亦需要司法界以一定数量的案例去累积裁判标准，更需要学习、借鉴其他领域成熟的审判经验。在环境审判领域，尤其是环境民事公益诉讼领域，引入并正确适用损害额认定制度，已成为解决环境侵权损害赔偿认定难题的必由之路，必须把握环境侵权行为的特征，遵循损害评估规律，探索裁量性确定方法，逐步建立环境损害赔偿认定的方法和裁量标准。

On the Establishment and Perfection of the System of Claim of Damage in Environmental Public Interest Litigation

—Based on the Empirical Analysis of Environmental Civil Public Interest Litigation Case Initiated by the First Procuratorial Organs in China

Qiao Yingwu, Li Juan, Wu Yiran

Abstract: The professional and scientific nature of the Public Environmental Civil Litigation determines the amount of damage in judicial practice often depend on forensic identification. With the imperfection of the environmental forensic identification, for example, the high costs and scarce resources. It have objectively caused the problem that the amount of damage in the judicial decision is difficult to be identified. For the first time, this paper aims to establish the system of damage claims in the field of environmental civil public interest litigation, by analyzing the Public Environmental Civil Litigation case which firstly prosecuted by The People's Procuratorate of Xuzhou and sentenced by Xuzhou Intermediate Court. On the basis of domestic and foreign legislation practices, this paper discusses the necessity of establishing a system of determining the amount of damage, and puts forward the applicable principle, scope and factors of the application in the judicial practice to solve the above problems.

Keywords: Environmental resource trial; Environmental Civil Public Interest Litigation; The determination of the amount of damage; Judicial application

"小官巨贪"的整治研究

易顶强 杨柳独秀[*]

摘 要：随着国家对社会主义新农村建设的力度不断加大与城镇化进程的加快，村干部手中掌握的权力越来越大，腐败的空间也随之拓宽。一些村干部以权谋私、欺上瞒下、化公为私、优亲厚友、贪污受贿、权钱交易等腐败问题逐渐显露出来。本文通过总结"小官巨贪"的表现特征，并分析其成因，对这一问题的治理提出几点应对之策。

关键词："小官巨贪"；农村法制；村务监督

当前，社会主义新农村建设正在全国各地如火如荼地展开，国家也相应地出台了不少政策性文件来鼓励其发展。中共十六届五中全会对新农村建设提出了"生产发展、生活宽裕、乡风文明、村容整洁、管理民主"的方针。然而，要实现上述美好愿景，法律法规的有力保障是关键的一环，因此建设农村法制是巩固新农村建设的中心。我国虽然相继颁布了《中华人民共和国村民委员会组织法》等基本的法律，但是总体而言，农村法制仍然处于"婴儿时期"，特别是在民主监督的环节面临着法律法规的严重缺失，监督不到位，村干部腐败愈演愈烈，农民的权利就得不到根本性的保障。党的十八大报告明确指出要"着力解决发生在群

---

[*] 易顶强，湖南株洲人，长沙理工大学副教授，法学博士，硕士生导师，主要从事法理学、宪法学研究；杨柳独秀，湖北十堰人，长沙理工大学硕士研究生，主要从事工程法学研究。

众身边的腐败问题。"整治村干部贪腐的相关法律的缺失不仅不利于农村的经济发展,更会对中国整体的民主进程产生负面影响。现结合我国当前农村地区村务监督方面的法律运行体制的实际情况,针对"小官巨贪"的整治提出几点建议。

一 "小官巨贪"的主要特征与表现

其一,总结相关文献发现,村干部腐败的类别以经济类为主,表现在:利用村集体土地征用、新农村建设之机以权谋私;截留、克扣、挪用、贪污各项农村补偿款;虚报冒领、贪污侵占、截留克扣惠农资金。[①]根据全国检察机关反贪部门的统计,资金管理使用和征地拆迁为村干部腐败的主要领域,案发数量占总量的65%。[②]

其二,村干部在政治上没有太大的晋升余地,所以村干部腐败中的政治腐败多以贿选为主。如2011年山西太原市小寺村原村委会主任郝某在竞选村委会主任时,支出768万元拉票贿选。[③] 2014年河南巩义市西村镇圣水村3名党员在村党支部委员选举中贿选,人均贿选支出数万元。[④] 2015年福建龙岩连城县纪委通报两起村级换届选举贿选案件,且涉案村干部在职期间均出现侵占村集体财产的现象。[⑤]

其三,"一把手"贪腐比重大。最高人民检察院在2009年公布的一组数据显示,在2008年全国立案侦查的涉农职务犯罪案件犯罪嫌疑人中,农村基层组织人员高达4968人,其中,村党支部书记和村委会主任犯罪

[①] 刘振滨:《乡村治理进程中村干部腐败的成因及防治对策》,《福建农林大学学报》(哲学社会科学版) 2016年第3期。
[②] 丁忠华、尹伟君:《村官腐败问题探析》,《法制与社会》2013年第26期。
[③] 《太原一村官涉案6000多万元 支出768万元拉票贿选》,http://legal.people.com.cn/n/2015/0603/c188502-27099629.html,最后访问日期:2016年12月10日。
[④] 《河南巩义三党员自曝在村支部选举中借钱贿选》,http://www.chinanews.com/gn/2014/12-28/6917975.shtml,最后访问日期:2016年12月10日。
[⑤] 《福建龙岩:两名村干部在村级换届选举中贿选被查处》,http://fjnews.fjsen.com/2015-04/27/content_16007584.htlm,最后访问日期:2016年12月10日。

人数所占比重接近60%。① 最高人民检察院的另一组统计数据显示，由村干部腐败引发的群众信访数量占农村信访总量的50%以上，而群众上访案件中反映村两委"一把手"贪腐问题的数量居多。②

其四，集体腐败、结党营私现象普遍。2003～2009年武夷山市兴田镇枫坡村原村党支部书记张某伙同6名村干部利用职务便利贪污征地补偿款和粮油直补款、收受他人贿赂约35万元。③ 2012年湖北咸宁市咸安区浮山村6名村干部借城中村开发之机，贪污、挪用村集体资金，引发舆论关注，成为村集体两任班子集体腐败的典型。④ 2010年福建漳州平和县多名村干部合谋，利用高速公路建设征地之机，将村集体所有的田埂、水渠、道路等挂靠在个人名下套取征地补偿款，查实该县3个乡（镇）8个行政村村干部涉案，58人被查处，24人被移送司法机关，犯案人数之多令人咋舌。⑤ 2014年广东省广州市白云区明星村原党支部书记梁某等5人、东华村原村委会主任周某等23人在村土地开发过程中收受贿赂，其互相袒护的"碉堡式腐败"最终难逃法律的制裁。⑥

一 "小官巨贪"的成因分析

首先，立法的缺失。就目前而言，以"法律"结尾的农村立法并不多，时至今日仍然没有一部基本法律，而且专门法也很少，已经制定的地方法规面临着内容模糊笼统、无法适应各个村落的实际情况。无法可

---

① 中华人民共和国最高人民检察院：最高人民检察院工作报告，http://www.spp.gov.cn/gzbg/201208/t20120820_2497.shtm，最后访问日期：2016年12月10日。
② 丁忠华、尹伟君：《村官腐败问题探析》，《法制与社会》2013年第26期。
③ 《福建武夷山市兴田镇枫坡村党总支原第一书记张茂华腐败案剖析》，http://fanfu.people.com.cn/n/2013/0118/c64371-20251610.html，最后访问日期：2016年12月10日。
④ 《咸安区浮山村村干部集体腐败窝案剖析》，http://www.xnlzw.com/news/alpx/2014/125/1412510549HA24AIJB1GH9F48046K8.html，最后访问日期：2016年12月10日。
⑤ 《福建平和58名村干部套取高速公路建设征地补偿款》，http://news.xinhuanet.com/legal/2012-11/21/c_123982643.htm，最后访问日期：2016年12月10日。
⑥ 《广州白云区28名"村官"受贿1600万元被判刑》，http://www.szhgh.com/Article/news/fanfu/2014-03-20/47558.html，最后访问日期：2016年12月10日。

依，就无法全面地保障村民们的权利，更谈不上对村干部的监督了。国家对于村干部腐败尚且没有明确的规定，更加缺乏相关的法律细则，导致了"小官巨贪"难以整治的现状。虽然已经颁布了诸如《中华人民共和国公务员法》、《国家公务员暂行条例》和《国家公务员考核暂行规定》等法律法规对国家干部进行规制，但是从行政机构的角度来说，村干部虽然名为干部，但其并非正式的国家干部，而是游走于国家干部管理体系边缘的"小领导"。在现有的乡村治理框架下，村干部并不属于国家科层制行政体系中的一级，但其职能定位多具有履行乡村行政事务管理职责的性质，受其管理的农村居民在传统观念的影响下也大都将村干部视为政府行政人员的组成部分。① 不像时刻处于各类主体监督之下的公务员们，在"天高皇帝远"的农村，村干部们更容易利用权力结党营私，并且其滥用权力的成本很低，基本不会得到有效的监督和制裁。《村委会组织法》虽然颁布已久，对罢免村干部有明确规定，但这一规定不够具体，缺乏可操作性，使得很多违法的村干部得不到应有的惩罚。譬如浙江省乐清市曾规定，村干部"因私外出三个月以上、一年以下"，仍然可以由正职委托副职代理职务。这一制度大开腐败之便道，其模糊性更加让一些村干部为所欲为。

其次，由于村干部的人选并不是由政府下派，而是由村里的"经济大户"来当任的，这些村干部虽然口袋先富起来了，但是在履行职务能力上没有比普通村民高多少，"小农思想"的劣根性仍在。他们法律意识淡薄，往往会模糊腐败的边界，会理所当然地认为"我为村子干了许多事，天天加班，当然要拿点劳务费"，所以这种不懂法、不辨法、目无组织、目无法纪的"小官"才在腐败的路上渐行渐远。② 过分强调"富人治村"，只会更加容易忽略对道德的考量。比如用集体资金去投资，这在《刑法》上是十分明显的挪用公款罪，但他们可能并没有意识到其行为的

---

① 丁忠华、尹伟君：《村官腐败问题探析》，《法制与社会》2013 年第 26 期。
② 管典安：《新形势下村干部腐败问题治理研究》，《济南大学学报》（社会科学版）2016 年第 2 期。

严重性。况且,让商人来当村干部,难改其追本逐利的缺陷,他们不仅不会帮助村民们脱贫致富,反而会在村干部的岗位上利用职权,巧立名目捞取更多的"油水"。正如马克思所说,资本的本性就是"为发财而发财"。

　　再次,结合大量村干部贪腐案件事实,现将贪腐村干部的心理总结如下。①贪婪与冒险心理。物欲无法得到终极满足,村干部们就会越来越大胆。个人物质的需要无限膨胀,会使得村干部一旦有机可乘,便会奋不顾身地冒着被道德谴责和法律制裁的风险,侵犯村民集体利益。②侥幸与投机心理。有些村干部自以为腐败手段高明,自以为"村民不敢监督,其他村干部不能监督,上级组织不便监督"①,遂充分利用一切机会进行暗箱腐败。在贪污的时候会用一些荒唐的理由为自己辩解,逐步放松思想防线。他们往往有赌徒心理,顶风作案,认为没被抓是运气,抓住了则自认倒霉。③权钱交易与补偿、虚荣心理。有些村干部认为"有权不用,过期作废"、"收钱办事,各得其所",认为权钱交易理所应当。他们认为自己劳苦功高,理应"多拿多占"。另外,随着农村经济的发展,一些村干部也滋生了享乐主义的奢靡之风,爱慕虚荣,主要表现在"人情名目越来越繁,频次越来越密,礼金越来越高,酒席花费越来越大,有的地方将收入的三分之一用于人情支出。安徽省繁昌县某村支书的母亲办丧事,所办酒席讲排场、重规模、拿随礼、攀花费,并且强调随礼金额越大越好,花费也越高越好"②。中国自古就是"人情为大"的社会,西方社会注重权利的衡量,而中国则讲究交情的深浅。村里的大小纠纷一般是协调解决,很少会诉诸法律,"厌讼"的情况在我国农村地区并不少见,身处"抬头不见低头见"的熟人社会,村民们往往害怕一旦对簿公堂会伤害邻里和气。所以,在村干部的思维方式里,就更加以"人情"为第一要素,而对于"法治"缺乏必要的敬畏,故而"小官"们就越发大胆地索要各类名目的"随礼",成为"巨贪"。一方面,村干部作威作福地养成了"家长式"的管理方式。在政治上,村干部成

---

① 郑明怀:《村干部腐败行为的体现、产生原因及其预防》,《领导科学》2014 年第 11 期。
② 贺雪峰:《论熟人社会的人情》,《南京师范大学学报》2011 年第 4 期。

员大多是由一个屋檐下生活的家庭成员组成，一家人掌控着整个村庄的治理；经济上，村支书、村委会主任和集体经济合作社主任或者由一人全部兼任，或者由同姓族人掌握村中的财政大权，大肆搜刮民脂民膏。[1]村里的大小事务，明面上是民主表决，暗地里依旧是村干部及其亲属说了算，民主集中制只有集中不见民主。这些村干部往往以"土皇帝"自居，将其他村干部与村民们视同自己的臣民，对其颐指气使。另一方面，千百年来扎根于农村社会的奴性思想，使得村民们面对手里有权的管理者——村干部的斑斑劣迹，逆来顺受，敢怒不敢言。可以说，双方对自己的错误定位都源自法律意识的淡薄。[2]

最后，民主监督浮于表面。民主监督主要是指自下而上的监督形式，即村民对村干部的职务行为进行监督。然而当前群众的监督权面临知情权缺失的窘迫，布告栏、公示栏大都是为了应付上级检查而办的"形象工程"，真正的村务信息仍旧处于半公开状态。进一步说，即使有个别村民的监督意识觉醒，然而个体力量不足，同时，其也害怕村干部利用职权打击报复，因而不敢揭发腐败。随着城镇化的发展，农村的青壮年劳动力大量流入城市，滞留在村里的大多是极其缺乏监督意识的老人与小孩，监督力量的缺乏更加助长了村干部的腐败行径。[3]

二 "小官巨贪"的应对之策

第一，理应对《村委会组织法》进行必要的修缮工作，使其尽快适应当前对村干部监督的需要。针对该法第三十一条进行细化，调查核实、责令公布的政府主体应该是哪个层级，如何防止调查人员与贪腐者串通造假，反贪者与贪腐者串通损害村民利益应如何追责，这些问题都应该

---

[1] 王丹：《反腐新思路：坚决反对腐败文化》，《行政论坛》2003年第6期。
[2] 王琴：《论村干部腐败问题的治理》，《湖湘论坛》2010年第4期。
[3] 郑明怀：《治理村干部腐败的制度视角：基本思路与措施》，《广西社会科学》2015年第2期。

有明确的规定。

第二，加强对村民法制意识和素质的培养，使其尽快成长为适应社会主义新农村的新型农民。这里所讲的新型农民，除了要有高超的农垦技能外，更加重要的是具备较强的法律意识和法治观念，懂得用法律去维护自己的权益。而今村务监督以政府人员为主，这种内部监督和自我监督着实不利于民主监督的良性发展，想要真正实现外部监督，在短期内快速提升村民素质这条路走不通的情况下，可以借鉴"精准扶贫"的思路，建议对村务进行"精准监督"，即由律师、学者、法官和检察官等法律从业者进村进行"一对一"的监督，赋予监督者村以上的行政监督权力，这样就可以防范"家长式"的村委会一家独大。另外，积极发挥村民集体的监督作用，在充分调动村民监督积极性的同时，要切实保护好举报腐败的村民的人身权利和财产权利，使其不再害怕村干部打击报复，为村干部腐败案件提供切实可靠的信息。

第三，从激励机制上、思想上和惩罚力度上抑制腐败滋生。在激励机制上，合理配比村干部的工资报酬，增加绩效补贴，适当提高村干部的社会保障水平如医疗保险等福利待遇，让其安心工作。有些村干部就是因为工资待遇低，无法养家糊口，才铤而走险在工作中伸手。另外，可以建立完善的村干部晋升制度，村干部并不属于国家科层制行政体系中的一级，村干部的职位升不上去，没有"政治奔头"，才会起贪念。因此，实现村干部的公职化待遇能够在一定程度上提升村干部们对自己岗位的认同感并激发其进取心。在思想上，定期召开防腐反贪会，通过播放反贪影片（如贪官被抓后的牢狱生活和已被查处的腐败分子讲述的切身经历和心理煎熬）来警示村干部们不要逾越法律的底线。在惩罚力度上，建议对"一人贪腐，全家降职/革职"（一个贪官被抓，其在村委会任职的家族成员全部降职/革职）进行可行性分析（优点在于能让贪官有后顾之忧，缺点在于此制度类似于"连坐"，对被降职/革职的未犯案干部并不公平）。

三 结语

党的十八届四中全会提出全面推进依法治国，基础在基层，工作重点在基层。推进基层治理法治化，要增强基层干部法治观念、法治为民意识，提高依法办事能力；要加强基层法治机构建设，强化基层法治队伍，推进法治干部下基层。强化基层法治结构建设，就要着力把控好民主监督这一环；强化基层法治队伍，就要从村干部腐败问题抓起，老虎要打，苍蝇也不能放过。

村干部腐败问题，当今的困境就是制度上的空白。应该在健全相关法律法规的基础上，充分发挥制度治理村干部腐败的作用。《中共中央关于全面深化改革若干重大问题的决定》在第十部分"强化权力运行制约和监督体系"中专门就加强反腐败体制机制创新和制度保障进行了重点部署。《中共中央关于全面推进依法治国若干重大问题的决定》提出要"加快推进反腐败国家立法，完善惩治和预防腐败体系，形成不敢腐、不能腐、不想腐的有效机制，坚决遏制和预防腐败现象"。反腐倡廉法规制度建设既是党和国家法治建设、制度建设的重要方面，又是惩治和预防腐败体系建设的重要基础，更是做好反腐倡廉工作的重要保障。因此，应该通过完善相关法律法规、强化监督机制的运行、提高村民的监督意识和村干部的法治观念、加强权力约束机制、整合反腐败机构、完善村干部管理制度等具体制度来治理"小官巨贪"。

中国村务监督的有效运行并非一日之功，建立健全社会主义新农村的法律制度还需要一段时间，希望以上粗浅的分析能够对中国村务监督的整治有所裨益。

Regulation Research of Village Official Corruption

Yi Dingqiang, Yang Liuduxiu

Abstract: As the state of the new socialist countryside construction strength continuously increased, and the process of urbanization accelerated, village cadres' power is more and more big, the space of the corruption has been widening, some village cadres abuse power for personal gains, deceive his superiors and delude his subordinates, appropriate public property, close friends and thick, corruption and bribery, corruption problems such as trade power gradually revealed. In this paper, through summarizing the features and the cause analysis of "small officer's corrupt", puts forward several response to the problem of governance.

Keywords: "Village Official Corruption"; The rural legal system; Village supervision

论 P2P 网络借贷政府监管制度的构建

熊世遥　易顶强[*]

摘　要：P2P 网络借贷是民间借贷在互联网金融时代的创新，满足了小微企业及个人个性化、自由化、公平化的金融服务需求，体现了互联网精神，符合普惠金融的理念，政府应当对其进行监管和正确的引导，促使其更好地服务于实体经济。在我国，P2P 网络借贷相关现行法律法规缺位，政府监管制度尚未构建，导致行业乱象丛生，暗藏着极大的风险。令人遗憾的是学术界侧重于风险防范的研究，鲜有涉足政府监管制度，而构建我国的政府监管制度往往是 P2P 网贷行业阳光化、规范化、专业化之希望所在。

关键词：P2P 网络借贷；政府监管；信用评级

互联网技术及第三方支付的广泛运用引发了全民互联网金融思维的兴起，互联网逐渐向传统行业渗透、扩张。一些具备创新性思维的领军人物在世界经济危机爆发、民间融资需求量急剧增长及传统金融无法满足需求的背景下，打破思维定式，充分发挥和融合互联网自由、开放、平等、共享、大众化、民主化、去中心化的特性，开创了 P2P 网络借贷。与传统民间借贷不同的是，P2P 网络借贷以小微金融为理念并依托互联

---

[*] 熊世遥，湖南岳阳人，湖南师范大学硕士研究生，主要从事行政法学研究；易顶强，湖南株洲人，长沙理工大学副教授，法学博士，硕士生导师，主要从事法理学、宪法学研究。

网，将不同地区和不同领域的出借人和借款人直接整合在一起，以实现借贷双方的互利共赢。网贷行业的出现弥补了传统金融的不足，为我国存续了千百年的民间借贷赋予了新的活力，促进了民间金融的繁荣，积极地推动着普惠金融的实现。

然而，网贷行业蓬勃发展的同时也带来了众多金融安全隐患。尽管中央银行及有些地方政府出台了专门的文件对其进行引导，但从总体来看收效甚微，不能根除道德风险，无法从根本上扭转整个行业的混乱局面。面对网贷行业市场失灵的困境，充分认识并发挥政府的能动作用，厘清政府的职责和权限，构建政府监管制度是当前亟待解决的难题。有鉴于此，本文将对我国网贷行业存在的问题进行深度剖析，同时对英美等国的监管实践进行对比分析，为构建我国P2P网络借贷政府监管制度进行积极探索。

一　我国P2P网络借贷发展现状及问题

（一）发展现状

2005年3月首家P2P网络借贷平台——Zopa在英国成立。随后，2006年2月美国成立了名为Prosper的借贷网站。受美国发展的影响，2007年6月中国第一家网贷平台"拍拍贷"正式上线运营，开创了中国的P2P网络借贷纯线上交易时代。此后几年网贷行业在我国如雨后春笋般迅猛发展，几乎每天都有好几家平台上线运营。网贷之家2011年以来的统计数据显示，截止到2016年4月平台运营数为4029家。深究其背后的根源可以发现，催生网贷行业在我国爆发式增长的因素主要有以下三个：一是信息技术、第三方支付、大数据的建立等互联网技术的空前发展；二是无准入门槛、无机构监管，加之高举普惠金融大旗符合国家金融发展的政策趋向，利润丰厚；三是传统金融的"嫌贫爱富"将有大量融资需求的小微企业及个人金融理财投资需求者拒之门外，金融呈现贵族化，导致传统金融的匹配失灵。

(二) 存在的问题

1. 法律方面

（1）法律、法规或者规章的缺位。直到 2015 年 7 月，中国人民银行等 10 部委联合印发的《关于促进互联网金融健康发展的指导意见》（以下简称《指导意见》）才首次对平台的性质、功能、监管主体进行明确界定。此举虽然标志着政府对平台合法性的认可，但从法律效力层级来看，《指导意见》不属于行政法规，仅仅是国务院各部门联合出台的行政规范性文件，其效力低于法律、行政法规及部门规章，约束力相对而言较弱。目前针对网贷行业的监管办法、行业标准及细则等仍然处于空白状态，亟待有关部门制定出台以规制乱象，引导行业健康稳步发展。

（2）运营模式的合法性界限不明。《指导意见》明确规定，网贷平台应当是为出借人和借款人提供信息交互、交易撮合、资信评估服务的中介服务窗口，不得提供增信服务，不得非法集资。但需要指出的是，"网贷平台运营模式的不断推陈出新、精彩纷呈，甚至较之 P2P 网络借贷初衷有异化现象。"[①] 在实际操作中，部分平台已经介入借贷双方的交易活动中，还有一些平台为了吸引更多的投资者或者降低其风险，通常会在其收取的手续费中提取一定比例的资金作为风险金（在性质上仍属于平台的资金）向出借人提供担保。从这一异化行为的性质来看，具有从事融资性担保业务的实质，为交易提供了增信服务，已涉嫌非法经营。还有一些平台则采用债权转让的运营模式。债权转让模式是指，平台对借款人的借款申请进行审核后，先由平台的有关人员向借款人发放借款，然后将债权拆分为若干小额债权，再通过平台向投资人进行转让。这一模式主要是通过个人的账户进行债权转让活动，使得平台仅作为资金的往来枢纽而不再是以提供信息交互、撮合交易服务为主要业务的纯粹中介，本质上属于"资产证券化"。这种模式很容易被认定为向社会不特定

[①]《P2P 网络借贷：游走在灰色地带》，《金融时报》2011 年 9 月 15 日。

多数吸收资金,被定性为非法吸收公众存款。但是现有法律法规并不能对平台的上述运营模式的合法性进行清晰界定,使得这些行为长期游离于合法与非法的灰色地带,很容易触犯刑法,引发犯罪。

2. 容易滋生道德风险

最近网贷行业推出了一种"理财—资金池模式"①,即线下以发售理财产品的形式或者利用高额收益吸引投资者,吸收资金形成资金池后,再通过线上渠道寻找借款人将资金借出。该模式与正规的纯线上中介模式"自主配对、自行成交"的不同之处在于,资金供需双方并不是直接在线上进行撮合配对,投资人根本不知道其资金的投向。在这种模式下,如果平台一时找不到好的项目或者成立平台就是为了做资金池,然后挪用资金挥霍,就必将导致一系列的"跑路、提现困难、停业"事件发生。网贷之家数据统计显示,仅 2016 年 3 月一个月的时间"跑路、停业、提现困难"的平台就高达 98 家,特别是 3 月 3 日上线运营的山西"银淦诚",到 3 月 19 日就关网失联,从上线到跑路还不到一个月的时间,这就是一个典型的例证。

3. 政府监管方面存在的问题

(1) 由银监会负责对网贷行业实施监管在一定程度上能够遏制行业乱象,但不能肃清行业乱象,其恐难独担此大任。中国人民银行等 10 部委联合印发的《指导意见》明确指出平台由银监会负责监管,但是从银监会的机构设置来看,虽然银监会设置了网贷监管处,但仅配置了少数的几名工作人员,人力明显不足,且缺乏相关的监管经验及专业技术手段。同时,平台的运营模式仍在不断推陈出新,银监会就更加难以及时、持续性地收集信息进行审核工作。此外,对网贷平台实施监管的核心任务应当是对平台资金流及交易的真实性进行监控,否则容易导致"庞氏骗局"、"洗钱"等乱象,很显然银监会难以胜任对资金流的监控。

---

① 张国文:《论 P2P 网络借贷平台的风险防范与监管》,《武汉金融》2014 年第 4 期。

（2）无准入门槛限制，行业乱象丛生。从 P2P 网络借贷的本质来看，其所提供的服务类似于金融业务，但其设立条件与传统金融机构相对比有着天壤之别：设立金融机构不仅有最低注册资本限额的要求且必须是实缴，还需要向国务院银行业监督管理机构申领金融业务经营许可证；而网贷平台的设立不仅没有最低注册资本及实缴资本的要求，而且无需申领金融业务经营许可证。网贷平台仅需根据《互联网信息服务管理办法》及《互联网站管理工作细则》的规定，在通信管理部门进行备案领取电信业务许可证即可上线运营，几乎无任何门槛限制便可从事高利润回报的类金融业务，这必然会导致行业混乱不堪。

（3）社会征信体系不完善，容易诱发信用风险。目前，由中国人民银行主导的社会征信系统，其数据库统计的信息基本源于信贷信息，并没有将大量的商业交易信息、互联网大数据等公用信息纳入社会征信系统的数据库中，缺乏海量的大数据基础，直接导致我国社会征信系统的基础数据缺失，信用评级不准确。

不仅如此，根据《征信管理条例》的规定，人民银行主导的社会征信系统仅限正规金融机构使用。这也意味着网贷平台无法直接对接央行征信系统，无法对客户进行信用审查，也无法对金融消费者进行信用评级。实践中平台为了降低风险，在撮合出借人与借款人进行交易时会要求借款人提供相关的证明材料，主要包括收入证明、身份证明、财产证明、视频资料等，平台会根据借款人提供的这些材料和自己制定的标准来对其进行信用评级。一方面，平台核实这些信息需要花费时间和金钱成本，而且借款人提供的上述材料都是极易伪造的，很容易造成平台信用评级的误判。另一方面，即使借款人提供的材料都是真实的但也可能不全面，因而平台根本无法全面了解借款人的有关信息。此外，不同的平台制定的信用评级标准不一，侧重点也不一样。所以，平台很难做出正确、客观的信用评价。

二 国外政府监管经验及启示

到目前为止，世界各国仍在不断地探索 P2P 网络借贷的监管制度，但尚未形成完备的体系。从国外的监管经验来看，他们不仅有一套成熟的法律制度和完善的社会征信体系，还有一系列专门制定的监管制度，这些经验都值得我国学习和借鉴。下面以英国和美国为例探讨 P2P 网络借贷的政府监管经验及启发。

（一）英国政府的监管经验

英国对网贷平台实施监管的模式可称为"行业自律+政府监管"，其中自律协会对网贷平台的规制起主导作用。在行业自律方面，早在 2005 年当 P2P 网络借贷在英国处于萌芽期时，因为规模小并未引起政府部门的重视。所以，政府一直未授权有关机构对其进行监管，交易双方的权益得不到任何保障，投资者的积极性不高。网贷行业为了摆脱这种局面，获得公众的信任，2011 年 8 月市场占有率达 95%的三家平台 Zopa、Funding Circle、Rate Setter，自行成立了行业自律组织 P2P 金融协会（P2PFA）。该自律组织制定了 10 项规则，包括高级管理层任职、最低运营资金、平台信息披露、客户资金与自营资金隔离、信用风险管理等。所有平台都必须遵守由行业自律协会组织制定的这些规则，自律组织在功能上弥补了政府监管的缺位，为规范行业的发展发挥了重要作用。"P2PFA 的行业自律和积极作为，很大程度上保障了英国 P2P 网贷行业的稳健发展，也为政府正式监管规则的出台奠定了良好的根基。"[1]

在政府监管方面，首先，实行严格的行业准入许可制。英国《消费者信贷法》规定，P2P 网贷公司必须按照规定在英国公平交易办公室（OFT）办理"消费者信贷许可证"，否则无法提供信贷、租赁、债务催

---

[1] 康玉梅：《政府在 P2P 网络借贷中的角色定位与制度回应》，《东方法学》2015 年第 2 期。

收等服务。其次，有明确的监管主体，2008年以前英国采用"三方监管"的模式对网贷行业实施监管，即英格兰银行、财务部和金融服务管理局，这些部门主要负责"消费者信贷许可证"的发放，并不进行实质性的监管；2008年至2014年4月英国法律规定，除了具有审慎重要性的金融机构需要由审慎监管局（PRA）和金融行为监管局（FCA）进行双重监管外，其他的都由金融行为监管局单独监管；自2014年4月以后，仅由金融行为监管局全面对网贷平台实施监管。从英国监管主体的演变历程我们可以发现，政府在不断地放宽对网贷平台的监管，这一举措为英国网贷行业的发展提供了较为宽松的发展环境。

（二）美国政府的监管经验

"美国P2P监管是基于道德约束和社会惩罚框架及现有的一套较为成熟的法律法规体系的监管。"[1] 美国现行法律体系较为完善，所以并没有针对网贷行业专门制定法律，可以将其纳入现有的法律框架中进行规制。同时美国对消费者保护及金融中介的立法现在已经相当完备，基本不存在法律空白。根据美国法律的规定，美国证券交易委员会（SEC）是网贷行业的监管主体。美国证券交易委员会要求平台将他们的服务注册为证券，在获得美国证券交易委员会颁发的"证券经纪交易商"牌照后方可上线交易。美国的平台运营模式是，平台并不促成出借人和借款人直接进行交易，出借人所购买的是平台按照《证券法》发行的证券类票据。通过上面的分析我们可以看出，平台提供的服务与美国金融机构提供的金融产品相类似。而按照美国法律的规定，美国的金融监管机构是以业务的性质来进行监管的。这样一来，美国网贷行业不仅要受到美国证券交易委员会的监管，还要受到消费者金融保护局、政府责问办公室以及网络借贷维权委员会的监管。这就形成了美国特有的"双重监管"体系。但需要说明的是各监管机构的侧重点并不一样，例如，美国证券交易委

---

[1] 谢平、陈超、陈晓文等：《中国P2P网络借贷：市场、机构与模式》，中国金融出版社，2015，第80页。

员会主要负责对平台的信息披露情况实施监管，一般不对平台的运营状况进行监管。同时，美国证券交易委员会还负责对平台每天提交的贷款明细进行存档，并以此来判定平台是否存在提供虚假信息误导消费者的行为，"平台必须在发行说明书中不断更新每一笔票据的信息，包括对应贷款的条款、借款人的匿名信息等。"[①] 由此可以看出，美国对网贷行业的监管是非常严格的，美国证券交易委员会介入网贷行业的监管虽然违约率会有所下降，但是过于严格的监管不仅增加了平台的运营成本，而且过多的时间成本抑制了市场活力，这反而不利于行业的发展。笔者认为，美国证券交易委员会介入网贷行业的合理性及必要性还有待商榷。

（三）国外政府监管的启示

从英美两国 P2P 网络借贷发展的历程来看，良好的市场发展环境离不开政府的规制和引导，区别在于规制的方式不同而已。虽然英国采用的是行业自律与政府适当监管结合的模式，而美国采用的是严格的政府双重监管模式，但两个国家网贷行业的违约率都相当低。由于我国的监管制度尚未构建，就 2015 年初"e租宝"事件来看，其涉案金额就高达 5 亿元之多，受害者几乎遍及全国各省份。这不仅给众多投资者造成了巨额的经济损失，还给整个网贷行业蒙上了阴影，导致人们提到 P2P 网络借贷就直接想到诈骗、跑路，严重影响投资人的积极性。随后发生的"大大集团"非法集资事件再次引发全社会广泛关注，P2P 网络借贷再一次被推上风口浪尖，又一次向全社会发出了严重的风险警告。呼吁政府出面对网贷行业进行监管已成为业界共识。

需要说明的是，并不是政府介入网贷行业就能肃清行业混乱。网贷行业能在英美等国家稳健发展离不开完善的社会征信体系，完善的社会征信体系下违约的代价是相当高昂的，这就是为什么在欧美等国即使采用纯线上交易的模式，依然可以保持较低的违约率从而使网络贷款行业

[①] 谢平、陈超、陈晓文等：《中国 P2P 网络借贷：市场、机构与模式》，中国金融出版社，2015，第 123 页。

稳健发展。而在我国社会征信体系不健全，很多平台仅仅是将民间借贷简单地搬到互联网上，更多的审核依然在线下进行，因此我国网贷行业跑路、诈骗等各种风险层出不穷。

总体来看，世界各国针对网贷行业的监管问题仍在不断地探索之中，均尚未形成规范完整的体系。通过对比我们发现，每个国家由于法律体系、政府机构职能的分配、社会征信体系等不同，政府所采取的监管措施也会有所差异。就美国而言，政府一开始就介入网贷行业并对其实施严格的"双重监管"，使得行业发展缺乏活力，这反而抑制了它的发展。后来美国政府也意识到这个问题并试图进行调整改变这种困境，但短期内难以找到很好的替代方式，很难有所起色。相对而言，英国政府的监管就相对比较宽松，早期政府并没有介入网贷行业，基本上是行业自律，通过行业自律积累了一定的规制经验，在此基础上再由政府出台专门的法律和规范性文件对其实施监管。笔者认为这一模式值得我国借鉴。在今后我国制定监管制度时，不应当为了过度追求安全、遏制行业混乱采取"一刀切"的做法，而应当在安全、效率与公平价值之间寻求动态平衡点。

三　我国政府监管制度的构建

P2P网络借贷在我国的兴起与发展是大势所趋，但我国法律体系及监管制度的不完善导致行业平台参差不齐，一度成为诈骗的集结地。面对市场失灵，政府可以通过行政强制手段进行规制，对涉嫌非法集资的平台予以取缔，对存在信用风险的平台进行整改，这将有助于改善我国网贷行业的发展环境，突破当前困境。

（一）健全法律体系

网贷行业在我国兴起时由于法律体系不完善、包容性不强，既不能像美国那样将其纳入现有的法律框架进行规制，同时由于经验的缺乏，国家又没能及时地制定专门性法律。现阶段，我国政府无法依规对平台的有些业务模式的合法性进行判定，就更谈不上依规对其实施监管。当下既要抓紧制定专门性法律，又要修改现有法律中与P2P网络借贷不相适应的规范。

（二）确立监管原则

P2P网络借贷行业属于新型金融业态，业务模式仍在不断地发展与创新。因为即使再完善的法律或者监管细则也难保不存在任何漏洞，因此必须确立监管原则，这在一定程度上能弥补法律规则抽象及滞后的缺陷。在确立监管原则时必须考虑以下因素，例如：实行风险适度容忍，要针对不同的风险问题进行不同的处理，不能一概而论实行统一的监管标准，应根据平台是否踩非法集资"红线"来判断是否应予以取缔。根据其是否满足"信息中介"的性质来判定是否应责令其整改或者对其进行警告。要切实保护投资者权益。由于网贷行业的网络效应庞大、投资者众多而且遍布全国各地，平台一旦陷入经营困境，投资者权益难以得到保障，这就很容易引发社会问题。此外，还可以借鉴美国的经验，注重保护交易双方的隐私、保护投资者的资金安全以及对投资者进行正确的投资观的培训培育等。

（三）构建监管制度

1. 完善网贷行业准入及退出机制

网贷行业在英美等国家之所以得以稳健发展，其中最重要的原因之一是设置了行业准入门槛，使得一些投机者无法涉足这一行业，保护了投资者的利益。与这些国家恰恰相反的是，在我国创建一家平台只需先到工商局办理营业执照，然后再向电信部门申领电信业务许可证增加电信业务经营范围即可，几乎没有任何门槛即可从事类似的金融业务，同时又不需要像金融机构那样受到严格的监管，这导致平台数量呈井喷式增长，平台质量参差不齐。因此，亟须在我国建立网贷行业准入制度，可以比照设立金融机构的情形，要求其具备相应的条件，如最低注册资金要求、从业人员资格要求、牌证要求、备案要求等。

随着政府对网贷行业的监管介入，一些不合法的平台可能会被关闭或者破产清算淘汰出局。在平台破产清算时也应当注重保障借贷双方的利益，笔者认为可以引入美国的"破产隔离制度"，即平台进行清算时，出借人与借款人的资金分别属于出借人与借款人所有，不列入平台的清算财产，这样就能最大限度地保障交易双方的权益，将风险降到最低。

2. 建立协同监管机制

自 P2P 网络借贷在我国兴起，无论是学术界还是业界对监管主体的归属问题一直争论不休，政府也未及时对监管主体问题予以回应。2015 年可被称为 P2P 网络借贷的监管元年，2015 年 7 月中国人民银行等 10 部委联合印发的《指导意见》明确指出，平台由银监会负责监管，监管主体最终得以明确。从 P2P 网络借贷的本质来看，其并非金融机构，从事的也不是金融业务，加上其跨区域跨行业的特点，银监会很难单独完成监管任务，必须同其他部门及地区协同监管，提升监管效率，保证监管效果。银监会负责制定统一的行业标准和规范，指导地方金融监管部门的监管工作；地方金融监管部门负责本辖区 P2P 网络借贷机构的备案管理、风险防范、规范引导及违法处置，对本辖区的自律组织进行指导；平台上线运营需要到工商行政管理部门申领营业执照，到电信部门申领电信业务许可证，那么工商局及电信部门就应当在职责范围内对其实施监管；公安部对平台业务活动实施互联网安全监管，涉嫌非法集资的平台可以由公安部牵头展开调查和打击；国家互联网信息办公室负责对交易信息内容等业务进行监管。

3. 建立网络与信息安全保护制度

互联网技术的发展与运用，推动着社会的发展，并不断地与日常生活进行融合，人们的生活变得越来越便利。P2P 网络借贷随着移动互联网、第三方支付等网络技术的发展而产生，通过互联网促成交易，对互联网的依赖性及技术安全性要求非常高。所以，平台应当按照国家网络安全的有关规定和国家信息安全等级保护制度的要求，设置完善的防火墙、入侵检测、数据加密以及灾难恢复等网络安全设施和管理制度，保护出借人的资金安全；采取完善的管理控制措施和技术手段保障信息系统安全稳健运行，保护出借人与借款人的信息安全。政府互联网安全监控机构应当及时对网络安全技术进行系统升级，及时发布黑客风险预告或直接采取措施防止病毒入侵。政府监管部门需要督促平台按照法律要求建立网络与信息安全保护机制，保障金融消费者的账户及资金安全，维护其合法权益。

4. 建立统一的信用评级体系

良好的信用评级体系能够预测交易风险，降低违约率。在英美国家因为有一套完善的信用评级体系，所以违约率非常低。伴随着 P2P 网络借贷所带来的一系列风险，出借人也越来越注重规避交易风险与理性投资，过高的交易风险将导致这一行业被市场淘汰。建立统一的信用评级体系预测交易风险已成为业界的共识。目前，有网贷之家、金牛理财网、棕榈树推出了专门的平台信用评级体系，但是每个机构评价系统不一样，它们是利用自身掌握的数据及自己的标准进行评级，具有一定的局限性。而针对出借人和借款人的信用评价体系，一般是平台根据自己所掌握的数据及借款人提供的有关资料证明进行评级，且没有与中国人民银行征信系统进行对接，很难做出客观的信用评级。因此，应当尽快建立统一的信用评级体系，实现数据共享，预测交易风险。

5. 建立信息披露及报告制度[①]

严格的信息披露制度，能够使交易透明化，有助于出借人作出理性的投资抉择。英国的金融行为监管局非常重视平台信息披露制度的管理，"在 2014 年 3 月公告的《关于网络众筹和通过其他方式发行不易变现证券的监管规则》"，[②] 核心内容是强调信息披露的重要性，所有平台必须执行严格的信息披露制度，并要求所披露信息具备真实性，否则平台将会

---

① 《加快建立网络借贷监管框架》，《光明日报》2016 年 3 月 24 日。
② 转引自金琳琳《P2P 网络借贷监管问题研究》，硕士学位论文，河北大学，2015。

受到严重的处罚甚至被责令停业或者取缔。我国应当借鉴英国的经验建立严格的信息披露制度,平台必须在其官网上披露借款人的信息、融资项目基本信息、风险评估结果、平台运营及交易状况,同时平台还应当定期将财务报告、风险管理状况、实收资本及运用情况、业务经营情况等向监管部门报告。

6. 建立行业自律制度

P2P网络借贷是新型金融业态,政府缺乏有关监管经验,需要借助行业协会进行自律管理。2016年3月中国互联网金融协会正式挂牌成立,这是根据《指导意见》的文件精神组建的互联网金融领域的行业自律协会。近期,各地陆续成立了自律协会,这些协会不仅制定了自律规则、经营细则和行业标准,同时还接受有关人员的投诉和举报,并对此开展自律检查,为引导行业稳健发展发挥了重要作用。例如:2016年2月,由北京市网络借贷行业协会牵头联合成立的"合规风控联盟",发布了七条自律宣言。这不仅为行业自律组织积累了一定的规制经验,还可以为政府制定专门的法律和实施细则提供经验借鉴。

结　语

政府对P2P网贷行业实施监管与引导,是肃清当前混乱局面的重要方式,但并非唯一方式。通过对英美国家政府监管经验的分析我们发现,单纯地依靠政府进行严格的监管,虽然在一定程度上能够遏制行业乱象,却有可能抑制行业活力,阻碍其发展。那么,在实践中我们应当如何去把握政府监管的这个"度"呢?这是构建政府监管制度必须要解决的一个现实问题。任何一个新事物的诞生都有其历史必然性和偶然性的因素,我们不能因为它是新生事物,为了防止风险的发生就对其实施严格监管。新生事物是否利于社会的发展,我们先要观望一段时间,给它一个发展的机会,在观望的同时,也可以检验我们现有的监管制度是否存在问题。因此,当我们构建政府监管制度时机还不成熟、缺乏相关数据资料及监管经验的时候，通过行业自律发展积累相关的规制经验是合理的，也是可行的，只有这样才能正确把握规范与发展的辩证关系。总之，政府的职责不是仅仅实施风险监管，而应当着眼于公平价值的实现，建立一个数据共享、开放、包容及和谐的发展环境，这对于社会的可持续发展及稳定有着更为重要的意义。

On the P2P Network Lending Construction of Government Supervision System

Xiong Shiyao, Yi Dingqiang

Abstract: P2P network lending is private lending in the Internet era of financial innovation, to meet the small and micro businesses and individuals personalized, liberalization of the financial services fair, reflecting the spirit of the Internet in line with the concept of inclusive finance, the government should its supervision and proper guidance to facilitate their better serve the real economy. In China, due to the absence of government regulation and the existing system of laws and regulations have not yet been constructed, leading industry chaos hidden great risks. It is regrettable that the academic research focused on risk prevention, rarely get involved in government regulation system, and build our system of government regulation often is sunny P2P net loan industry, standardization, specialization of hope.

Keywords: P2P network lending; Government regulation; Credit rating

网络预约出租车法律规制分析

张敏纯　王　悦　董　婷[*]

摘　要："网约车"是网络预约出租汽车的简称，是互联网预约车业务的产物。随着一些打车软件的出现，网络预约车也逐渐兴起，例如人们耳熟能详的优步、滴滴等网约车，在提高城市出行效率的同时，对传统出租汽车行业的监管框架和监管方式造成了极大挑战。本文旨在顺应"互联网+"的时代发展趋势，梳理并分析我国网约车行业政府规制的现状，就网约车立法规制的完善提出建议。

关键词：网约车；立法规制；行政许可；合宪性

为了满足社会公众多样化需求，在构建多样化服务体系方面，出租车分为巡游出租汽车和网络预约出租汽车。近年来，在网约车兴起的同时，也出现了相应的问题，出租车司机罢运、黑车泛滥、钓鱼执法、专车被扣等行业问题不断涌现且愈演愈烈，反映出政府对城市出租车行业的规制制度还有一些不完善之处。对于网约车的监管难问题，各位专家、教授各抒己见，各大媒体频繁报道。

---

[*] 张敏纯，湖南岳阳人，长沙理工大学文法学院副教授，主要从事环境法、经济法研究；王悦，长沙理工大学文法学院2014级本科生；董婷，湖北荆州人，长沙理工大学文法学院2016级法律硕士，主要从事工程法研究。

一 政府对于网约车规制的现状

网约车服务出现之后,各地政府采取了不同的监管方法,其中主要包括以下几种:找网约车平台进行行政约谈,对网约车不作为进行诉讼或者是按照现有法规进行处罚。

2015年10月10日,交通运输部发布了《关于深化改革进一步推进出租汽车行业健康发展的指导意见(征求意见稿)》和《网络预约出租汽车经营服务管理暂行办法(征求意见稿)》(以下简称《意见稿》),并进行为期一个月的公开征求意见。在《意见稿》发布之前,北京、广州、大连、武汉等地区先后对滴滴出行进行了不同程度上的规定,针对滴滴出行的违法行为进行相关的整改、整顿。《意见稿》也在其中规定了诸如网络预约出租车的车辆应为7座以下车辆、车辆使用性质登记为出租客运、专车驾驶员应当取得驾驶证并具有3年以上驾驶经历等。《意见稿》中依然强调,"网络预约出租汽车经营者在服务所在地不应具有市场支配地位,不得妨碍市场公平竞争,侵害乘客合法权益和社会公共利益"。滴滴方面也采取了许多相应措施:如设立安全管理委员会,宣布将推出国内出行行业安全保障最高标准;2016年6月,由滴滴牵头组建的中国互联网协会分享经济工作委员会,宣布引入专车司机"负面清单",严格处理违规司机。

2016年7月28日,通过社会各界的努力,由交通运输部、工业和信息化部等7个部门制定的《网络预约出租汽车经营服务管理暂行办法》正式颁布。2016年11月1日起,《网络预约出租汽车经营服务管理暂行办法》(以下简称《办法》)正式施行。《办法》中严格规定了平台同车主之间的关系,以及对驾驶员、车辆的准入要求。当然值得庆祝的是,除了滴滴快车、专车合法化之外,连原先处于法律灰色地带的"顺风车"也在该《办法》中得到鼓励,并规定各地方可根据实际情况制定实施具体细则。同时,此前《意见稿》中争议极大的车辆性质、报废年限、平台与司机是否签订劳动合同、价格等条款，在《办法》中均做出让步和调整。

相较之前的版本，该《办法》有了较大的变化，对网约车的若干门槛有大幅度的降低。对此，业界和学界对于新规的评价颇高，认为网约车新规超出期待。但是《办法》并未走出《意见稿》的误区，即以竞争手段的不同人为划分巡游车与网约车的市场范围，实行错位发展和差异化经营，规定网约车只能通过网络预约的方式为乘客提供运营服务，而巡游车既能够巡游揽客，也可以通过电信与互联网等电召服务方式提供运营服务。这种做法实际上超越了政府在市场竞争中的角色定位，容易诱发竞争失衡。很显然，竞争手段的不同并非巡游车与网约车的根本差别所在。[1]

二 政府对网约车规制的法律分析

（一）规制的主体

依据我国现行法规内容与行业监管实况，我国出租车行业政府规制主体主要为交通运输主管部门和财政、发展改革、工商、税务及通信等主管部门。具体来讲，各主管部门各司其职，分别负责以下工作：①交通运输部负责指导全国出租车管理工作，地方交通运输主管部门负责本地出租车管理工作，地方道路运输管理机构负责具体实施；②通信主管部门主要负责网络预约出租车互联网信息服务申请备案工作，对出租车经营者违反互联网信息服务有关规定、危害国家网络安全的行为进行查处；③财政、交通运输、发展改革、价格主管部门要负责出租车运价制定和调节、建立完善燃油补贴制度，以及查处不正当价格行为；④工商、税务、旅游、劳动、公安、技术监督等其他主管部门，分别依照各自的职责范围，依法对出租车经营服务行为进行管理。例如工商部门负责查

---

[1] 张婷：《网约车规制的行政法理分析》，《时代法学》2017年第1期。

处出租车运营过程中的无照经营行为和不正当竞争行为。

从现阶段出租车行业的政府规制主体可看出,规制主体过多易造成财政负担,形成监管空白,导致出租车行业监管乱象,最终使得政府规制效果大打折扣。随着网约车服务的发展与规范,出租车行业的政府规制主体的种类和职权范围也应进行相应调整。

(二) 政府规制的必要性

完全竞争的市场结构是资源配置的最佳方式,但完全竞争的市场结构只是理论上的假设前提,实际生活中很难实现。现实中的市场不是万能的,出于垄断、外部性、信息不对称和公共物品等原因,市场存在种种无法克服的缺陷,即市场失灵。当市场这只"看不见的手"在资源配置中失灵时,需要政府这只"看得见的手"进行调节,克服市场本身的自发性、盲目性、滞后性等缺陷,从维护社会公共利益、保障公平秩序的角度出发,通过在数量、价格以及质量等方面进行规制,对相关的经济活动进行引导与规范,从而实现资源配置的最优化。

(三) 政府规制网约车的适度性

在"互联网+"时代,网络技术的应用使得专车等新型网约车服务较传统巡游出租车在服务模式上存在很大差异,因而政府规制手段也应有所不同才能准确反映二者差异,应有的放矢地进行监管。关于网约车的规制问题,在世界上存在完全禁止与适度管制的两种模式。例如,德国、法国、葡萄牙、巴西等国都禁止网约车行为,而我国与瑞士联邦均采取适度管制模式。《网络预约出租车经营服务管理暂行办法》在赋予网约车合法地位的前提下,将网约车管制具体实施细则的制定权下放到各省市。从国民经济发展与社会公益视角分析,网约车是我国公共交通工具的有效补充,可以满足社会公众多元化出行需求。

但出于对市场的管理和对需求者的考虑,网约车服务的质量与安全仍需要政府加大规制力度。其中安全方面主要包括乘客的人身财产安全和信息安全，要防止乘客信息遭到泄露与滥用。为了维护公众利益并促进网约车的健康发展，政府需要守住网约车服务的安全底线。在取消数量规制时规范网约车市场准入制定，车辆和驾驶员只有符合法定条件且履行法定程序后才被允许从事网约车服务，防止准入门槛过低而出现"黑车洗白"的现象。[①]

三　当前立法规制的不足

（一）网约车规制政策合宪性分析

宪法理论认为，国家对公民宪法基本权利的限制，通常应当符合法律优先原则、法律保留原则和比例相当性原则。

1. 法律优先原则

所谓法律优先，是指上一层次法律的效力高于下一层次法律规范，上位法优先于下位法。《行政许可法》中无对网约车进行具体的规定，国务院也无相关规定，但交通运输部规定了什么样的车可以从事网络约车服务，即只要是7座以下的私家车，都可以从事网络约车服务。在上位法没有规定可从事网约车服务的私家车必须是几年之内的、必须是多少钱的、必须是多长轴距的情况下，下位法与中央规定的不一致，违反了《行政许可法》第16条，法规、规章对实施上位法设定的行政许可作出的具体规定，不得增设行政许可。且《行政许可法》的立法目的是统一全国市场，不搞地方保护，公平对待公民，行政法规和地方的法规在设定行政许可时，不得禁止或限制外地人在本地从事生产经营活动，网络约车是一种服务，不能违反《行政许可法》，限制外地人进入本地进行网约车服务。北京、上海、南京提出外地户口居民不得在本地从事网约车服务，立法虽有自己的考量，但是已经违反了上位法即《行政许可法》

[①] 尹欣：《"互联网+"时代出租车行业政府规制法律问题分析研究》，硕士学位论文，北京交通大学，2016。

的规定。以上对人、车的规定都违反了法律优先原则。

2. 法律保留原则

法律保留是指国家只能通过制定法律的方式限制宪法基本权利，法律以下的规范文件（如行政命令等）无权设立限制。法无规定不可为，法无授权即禁止，全国人大及其常委会并未就出租车经营行政许可制定法律，国务院亦未制定行政法规，且出租车经营行政许可的法律基础迄今仍具有临时性，在权威性、严肃性上是有欠缺的。所以就形式审查而言，《办法》以及各省的规章或规范性文件，是不符合法律保留原则的，对于出租车经营资格证、车辆运营证以及驾驶员客运资格证的准入设定，应当由行政法规来予以明确，在比较成熟的情况下，应当由全国人大及其常委会通过制定法律确定下来。

3. 比例相当性原则

比例相当性原则是指法律限制基本权利的具体手段应当满足妥当性、必要性、手段与目的衡平性的要求。

其一，妥当性是指国家所采取的立法或者行政限制手段能够达到其所设定的目标。允许安全标准较高的营运车辆从事经营，逻辑上有提升安全性的作用，事实上是否能够真正产生保护乘客和公众安全的效果，尚需实证研究。

其二，必要性，又称"最小侵害性"，是指国家所采取的限制手段应当是各种可选手段中，能够达到目标而又对公民基本权利损害最轻微的方式。仅以"使用性质"（即"营运"或"非营运"）为标准来判断车辆的安全性，是一个过于简单粗放而且类似于形同虚设的方法。

其三，手段与目的衡平性是指国家的限制手段不应当顾此失彼、得不偿失，不应为达到某种目的而损害其他更加重要、更值得保护的利益。

网约车新政限制的目的是保障交通安全、缓解交通拥堵和控制城市人口，交通安全是重要的公共利益，但是一些城市限制牌照、限制外地户籍人员异地工作，明显有违宪法的平等权，也违反了我国《行政许可法》第15条规定，所以从违反上位法的标准来看，这一目的是不正当的结论也成立。再者对于外地车和户籍的限制，虽然在某种程度上也是为了保护本地人的就业，并使本地传统出租车行业免于竞争，但这并不能成为排除这些人进入该职业的正当理由，即便不考虑与《宪法》的平等权的冲突问题，这也侵犯了公民的自由权，而且并不能实现保护某种重要公共利益的目的。

网约车为公众出行提供了多样化的、便捷的服务，其原因在于它能够有效动员和整合碎片化的闲置资源。过高的准入门槛可能会使地方保护兴起，一些规定形同虚设，就算进行了规定，实行的可能性也较小。地方政府通过网约车实施细则，希望达到安全、环保、缓解交通压力以及疏散人口的目的，但是每个政策的出台、每一个立法都要有基本目标和辅助的配套目标。网约车应当解决市民的出行问题，如果这样的限制并没有解决市民的出行问题，那么则应当是市场归市场，政府归政府，让市场来选择。每个人都有选择出行方式的权利，不能将市场应做的事，全部交由政府做，这会让人们丧失了选择出行方式的权利。

（二）行政许可制的规定缺少法律依据

我国对于网约车的行政许可规制方式的合法性源于《巡游出租汽车经营服务管理规定（2016 修正）》将"网约车经营服务"定义为"提供非巡游的预约出租汽车服务的经营活动"。联系到网约车与电召服务类似的运营模式，结合社会一般观念，将网约车视为出租车的一种并非不可，那么对于出租车的规定适用于网约车自然符合逻辑，我国对于出租车的规制方式正是行政许可。

行政许可的设定是对一般自由的剥夺，是一种设定普遍禁止的行为，具有很强的创制性。正因为如此，我国《行政许可法》禁止部门规章设定行政许可的权力。如果部门规章创设了行政许可，就有违法增设行政许可之嫌。政府的规制必然要通过一系列的法律规范来实施，《办法》的出台对于网约车的规制无疑是有利的，但其中也存在一些不完善的地方。《办法》第 6 条规定，从事网约车经营的平台公司应当根据经营区域向相应的出租汽车行政主管部门申请"预约出租汽车运输证",作为部门规章的《办法》是否有权增设行政许可应该是值得商榷的。

违法增设行政许可条件,是指在对行政许可作出具体规定时,增设了违反上位法的其他条件的行为。《行政许可法》对此也作出了规定,即有权制定法律、法规的机关在对行政许可的条件作出具体规定时,不得违反上位法。也就是狭义上的违法增设行政许可条件的情形。《办法》第14条规定了网约车驾驶员的准入条件,其中有一条:无交通肇事犯罪、危险驾驶犯罪记录,无吸毒记录,无饮酒后驾驶记录,最近连续3个记分周期内没有记满12分记录。而《交通运输条例》和《道路运输从业人员管理规定》中的一致规定是:3年内无重大以上交通事故记录。《办法》中对网约车驾驶员的准入资格规定还是比较高的,有违法增设行政许可条件之嫌。

再者《行政许可法》要求国务院设定行政许可时规定行政许可实施条件,表示行政许可的条件应由国务院规定。且《行政许可法》第17条规定,除法律、行政法规、国务院决定、地方性法规和省、自治区、直辖市人民政府规章外,其他规范性文件一律不得设定行政许可。后三者效力只具有临时性,需要法律、行政法规的进一步认可。规定行政许可条件,也属于设定行政许可的范畴,国务院授权部委规定行政许可实施条件,显然违反《行政许可法》第17条规定。

《办法》依据的是国务院行政许可决定,其作为临时性许可,本身存在法律缺陷和不足,它设定了500项临时性行政许可,但并未规定实施这些行政许可的条件,而是授权国务院部门对实施行政许可的条件作出规定。实际上这种授权方式并不符合《行政许可法》精神。且国务院行政许可决定本身存在一定的法律瑕疵,与《行政许可法》的规定并不完全符合,且所设定的行政许可依照的是《行政许可法》第14条第2款的规定:必要时,国务院可以采用发布决定的方式设定行政许可。实施后,除临时性行政许可事项外,国务院应当及时提请全国人民代表大会及其常务委员会制定法律,或者自行制定行政法规。《行政许可法》第19条规定，起草法律草案、法规草案和省、自治区、直辖市人民政府规章草案，拟设定行政许可的，起草单位应当采取听证会、论证会等形式听取意见，并向制定机关说明设定该行政许可的必要性、对经济和社会可能产生的影响以及听取和采纳意见的情况。国务院行政许可决定没有广泛听取社会公众意见，也没有说明设定行政许可的必要性、对经济和社会可能产生的影响以及听取和采纳意见的情况。

而根据这一临时性许可而设立的《办法》规定的相关许可无疑也属于临时性行政许可规定。对于长期许可，应当注意延续的程序；而对于临时许可，应当严格监督它的"临时性"，防止将临时许可变成长期许可。但《办法》在制定和发布时并没有对其临时性许可的情况进行说明，很有可能是按照经常性许可的思路在进行运作，其实在法律上是有明显缺陷的。依靠惯性思维来思考，按照之前的程序来运作，可能会与立法精神背道而驰。①

（三）网约车市场形势变化快，法律明显滞后

从打车软件诸如滴滴、优步的发展过程来看，最初的所谓的网约车只适用于出租车，出租车不仅能够有效地降低空载率，还能够享受网约车平台给予的优厚补贴，一时间出租行业的整体收入大幅提高。但是好景不长，随着网约车行业内部的激烈竞争，网约车软件平台取消了补贴，私家车的引入使得竞争升级，出租车司机对于网约车抢占市场的行为是不欢迎的，全国各地也发生了多起出租车司机和网约车司机对峙的事件。面对变化如此迅速的市场，法律的规制明显是滞后的。

再者，网约车平台不断突破法律底线。法律规范的作用在于约束人们的行为，明确告诉人们违反法律的成本。然而网约车市场的不断竞争，促使这种新兴的共享经济主体不断寻求新的商机，致使市场风云变幻。比如，私家车刚进入网约车市场时因为资格和市场准入问题遭到了社会

---

① 沈福俊：《网络预约出租车经营服务行政许可设定权分析——以国务院令第412号附件第112项为分析视角》，《上海财经大学学报》2016年第6期。

的质疑和政府的监管处罚,各大网约车平台积极与汽车租赁公司签订协议,通过复杂的四方协议躲开了法律的规制。再如,在各地执法部门对网约车司机进行了相应处罚后,网约车平台公开承诺给予全额报销或者通过奖励的方式鼓励网约车司机继续违法运营。在缺乏法律规制的情况下,网约车平台的这种打法律的"擦边球"的行为不仅削弱了法律法规的功能,也使得政府的监管处于盲区。

最后,现行《办法》存在不完善的地方。市场的导向使网约车服务的发展迅猛,而目前相关部门的监管路径却沿袭了传统出租车行业的监管理念,这不仅无法有效地解决网约车规制难题,而且会阻滞新兴业态的发展,并制造新的问题。因此,在对网约车规制问题上必须谨慎为之,应先确立监管的理念,再制定监管的规则。①

四 网约车立法规制的法律完善

(一)依法完整设定相关行政法规,推进立法的完善

对于上述的《办法》和各省制定的规章或规范性文件来规制网约车运营,缺乏上位法依据,不符合法律保留原则:在制定时必须符合《宪法》的基本原则。对于车辆、驾驶员的准入设定,应当由行政法规来予以明确,在比较成熟的情况下,应当由全国人大及其常委会通过制定法律确定下来。立法者需要在具体情形中接受狭义比例原则审查,但立法者也有一定的形成自由:安装报警装置,司机需要具备驾驶证,无犯罪,无酒驾,无吸毒的证明等措施,则是合宪的准入标准。②

制定出租车行业行政法规、设定相应行政许可也应当严格遵循《行政许可法》相关规定,必须符合行政许可设定的程序。《行政许可法》第 19 条规定:"起草法律草案、法规草案和省、自治区、直辖市人民政府规

---

① 李坤耀:《关于网约车法律规制的思考》,《法制与社会》2017 年第 1 期。
② 赖伟能:《网约车规制政策的合宪性分析》,微信公众号"人大法律评论"。

章草案，拟设定行政许可的，起草单位应当采取听证会、论证会等形式听取意见，并向制定机关说明设定该行政许可的必要性、对经济和社会可能产生的影响以及听取和采纳意见的情况。"依照《行政许可法》第18条的规定，设定行政许可，应当规定行政许可的实施机关、条件、程序、期限。

首先，在立法时，可以将选择权交给市场主体，如居间人、承运人或其他即将会出现的角色，由营运者自主选择，如首汽等采用"互联网+出租车"的模式，滴滴更乐于充当居间人的角色等，在立法时都应予以尊重，而不是强求一律充当承运人。网约车新规的出台，其目的是保障乘客的人身权益和财产权益。对此，立法上不妨大胆探索，用其他方式加以实现这一目的，如建立司机准入制度、司机黑名单制度、强制性的社会保险制度等来实现保障乘客安全的立法目的，而不是如今这种较为死板的立法模式，不过这一点的实现也对当前的立法技术提出了较高要求。

其次，要遵守公平竞争、市场选择原则。目前，各地都对车辆本身的排气量、档次、舒适度等方面作出了限制。显然，这些本来应该是由市场主体自己通过市场选择来确定的内容，政府的行为显然违背了市场规律，也与我国目前改革精神相悖。同时，这种做法也是以保护传统出租车行业为出发点所作出的制度安排。

（二）健全相关行政部门监管机制

根据职权法定原则，无法律则无行政，但管理办法出台之后，行政监管的合法性自然会坐实。实际上，目前网约车平台已经在与公安机关合作，对司机的犯罪和违章记录进行核查，例如我们可以看到"某打车软件清退重大刑事犯罪前科司机"之类的报道。需要担心的是，在经营规模不断扩大的同时，平台公司会有故意或者过失为了扩大司机队伍而放松审查的行为。因此，相关部门对网约车进行行政监管肯定是必要的。与车辆资质审查一样，网约车平台应当将所有司机情况报送有关监管部门,包括驾驶员的身份信息、采集的图像、车辆数据资料等。监管部门应当进行备案,并以不定期随机抽查的方式,与公安部门的有关数据进行比对,以便对网约车的违法或者违规行为,及时采取相应的措施进行处罚,必要时,追究其刑事责任。[①]

(三) 建立健全"网约车"平台安全管理体系

与政府的外部监管相配套,形成合作监管关系。政府制定或者监督制定标准和要求,网络平台执行和落实标准,并承担相应的法律责任。合作监管减轻了政府的监管成本,给了网络平台较大的自主空间。同时,又能够通过市场竞争和法律责任促使网络平台将各种监管目标落实到位。

网约车服务于市民,能够满足其需求,利于民生,同时也涉及市场利益的分配。政府的有效监管,对立法技术提出了较高的要求。规范出租车行业的这项改革对于其他新业态的发展也具有示范性、标志性的意义。

Analysis on the Legal Regulation of Online Taxi Booking

Zhang MinChun, Wang Yue, Dong Ting

Abstract: "Car-hailing service" is the abbreviation of online taxi booking business, is the product of Internet about vehicle business, with the advent of some taxi booking apps, the car-hailing is also gradually rising, such as people familiar with the Uber, Didi Taxi and so on, in order to improve the efficiency and convenience of the urban traffic, while caused great challenges to the traditional taxi industry regulatory framework and the way of supervision. This article

---

① 邹伶媛:《网约车合法化及其安全监管问题研究》,《法制博览》2016 年第 23 期。

aims to conform to the "Internet +", the trend of the times, carrying on the system and combing with the discussion of the government regulation in China's car-hailing industry, and makes suggestions on its legislation on further development.

Keywords: Car-hailing service; the Legislative regulation; Administrative licensing ; Constitutionality

图书在版编目(CIP)数据

社会法学论丛. 2017年卷:总第3卷/王新生主编. -- 北京:社会科学文献出版社,2017.6
 ISBN 978-7-5201-1015-0

Ⅰ.①社… Ⅱ.①王… Ⅲ.①社会法学-文集 Ⅳ.①D902-53

中国版本图书馆CIP数据核字(2017)第133182号

社会法学论丛 2017年卷 总第3卷

主　　编 / 王新生

出 版 人 / 谢寿光
项目统筹 / 曹义恒
责任编辑 / 曹义恒　岳梦夏

出　　版 / 社会科学文献出版社·社会政法分社(010)59367156
　　　　　 地址:北京市北三环中路甲29号院华龙大厦　邮编:100029
　　　　　 网址:www.ssap.com.cn

发　　行 / 市场营销中心(010)59367081　59367018
印　　装 / 三河市尚艺印装有限公司

规　　格 / 开　本:787mm×1092mm　1/16
　　　　　 印　张:21　字　数:296千字
版　　次 / 2017年6月第1版　2017年6月第1次印刷
书　　号 / ISBN 978-7-5201-1015-0
定　　价 / 99.00元

本书如有印装质量问题,请与读者服务中心(010-59367028)联系

版权所有 翻印必究